**プリント形式のリアル過去問で本番の臨場感！**

# 石川県公立高等学校

## 2025年春受験用　解答集

本書は，実物をなるべくそのままに，プリント形式で年度ごとに収録しています。
問題用紙を教科別に分けて使うことができるので，本番さながらの演習ができます。

### ■　収録内容

・解答集（この冊子です）

書籍ＩＤ番号，この問題集の使い方，最新年度実物データ，教科別入試データ解析，
解答例と解説，ご使用にあたってのお願い・ご注意，お問い合わせ

・2024（令和６）年度 ～ 2022（令和４）年度　学力検査問題

・リスニング問題音声《オンラインで聴く》　詳しくは次のページをご覧ください。

| ○は収録あり | 年度 | '24 | '23 | '22 | | | |
|---|---|---|---|---|---|---|---|
| ■ 問題(一般入学) | | ○ | ○ | ○ | | | |
| ■ 解答用紙 | | ○ | ○ | ○ | | | |
| ■ 配点 | | ○ | ○ | ○ | | | |
| ■ 英語リスニング音声・原稿 | | ○ | ○ | ○ | | | |

全教科に解説
があります

注)国語問題文非掲載:2022年度の二

**問題文の非掲載につきまして**

著作権上の都合により，本書に収録している過去入試問題の本文の一部を掲載しておりません。ご不便をおかけし，誠に申し訳ございません。

本文の一部を掲載できなかったことによる国語の演習不足を補うため，論説文および小説文の演習問題のダウンロード付録があります。弊社ウェブサイトから書籍ＩＤ番号を入力してご利用ください。

なお，問題の量，形式，難易度などの傾向が，実際の入試問題と一致しない場合があります。

教英出版

JN131794

## ■ 書籍ＩＤ番号

リスニング問題の音声は，教英出版ウェブサイトの「ご購入者様のページ」画面で，書籍ＩＤ番号を入力してご利用ください。

入試に役立つダウンロード付録や学校情報なども随時更新して掲載しています。

書籍ＩＤ番号 166522

（有効期限：2025年9月30日まで）

【入試に役立つダウンロード付録】
「ラストチェックテスト（標準／ハイレベル）」
「高校合格への道」

【リスニング問題音声】
オンラインで問題の音声を聴くことができます。
有効期限までは無料で何度でも聴くことができます。

## ■ この問題集の使い方

年度ごとにプリント形式で収録しています。針を外して教科ごとに分けて使用します。①片側，②中央のどちらかでとじてありますので，下図を参考に，問題用紙と解答用紙に分けて準備をしましょう（解答用紙がない場合もあります）。

針を外すときは，けがをしないように十分注意してください。また，針を外すと紛失しやすくなりますので気をつけましょう。

① 片側でとじてあるもの

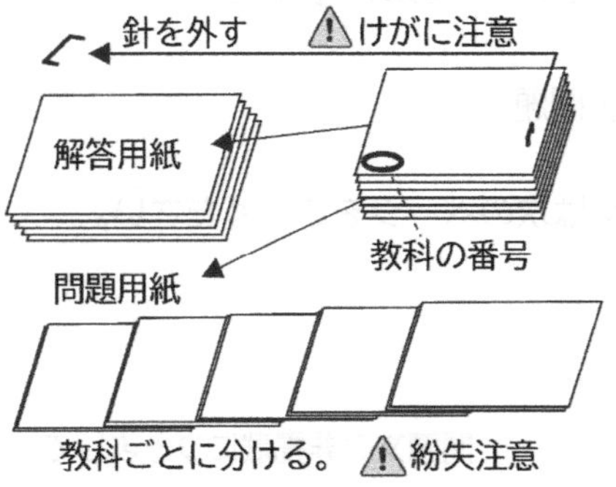


② 中央でとじてあるもの

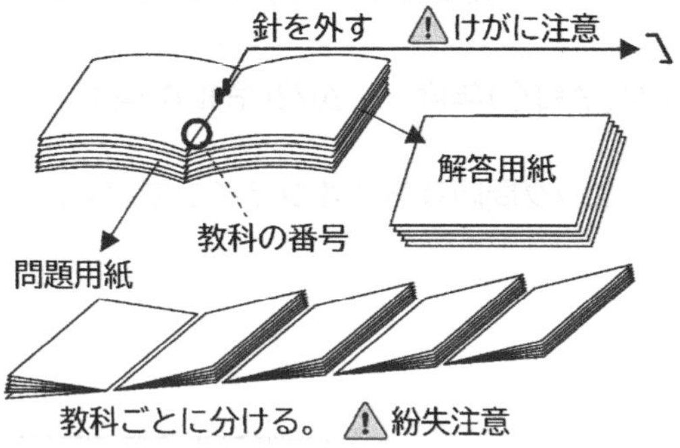


※教科数が上図と異なる場合があります。
解答用紙がない場合や，問題と一体になっている場合があります。
教科の番号は，教科ごとに分けるときの参考にしてください。

## ■ 最新年度 実物データ

実物をなるべくそのままに編集していますが，収録の都合上，実際の試験問題とは異なる場合があります。実物のサイズ，様式は右表で確認してください。

| | |
|---|---|
| 問題用紙 | Ａ４冊子（二つ折り） |
| 解答用紙 | Ａ３プリント |

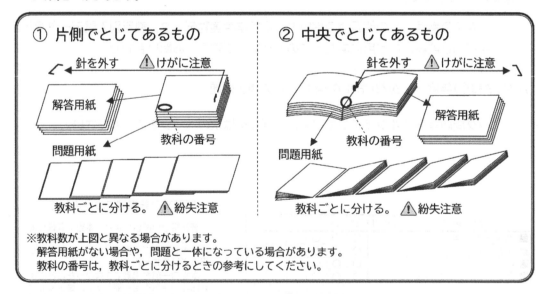

# 石川県　公立高校入試データ解析　国語

| 分野別データ | | | 2024 | 2023 | 2022 |
|---|---|---|---|---|---|
| 大問の種類 | 長文 | 論説文・説明文・評論 | ○ | ○ | ○ |
| | | 小説・物語 | ○ | ○ | ○ |
| | | 随筆・紀行文 | | | |
| | 古文・漢文 | | ○ | ○ | ○ |
| | 詩・短歌・俳句 | | | | |
| | その他の文章 | | | | |
| | 条件・課題作文 | | ○ | ○ | ○ |
| | 聞き取り | | | | |
| 漢字・語句 | 漢字の読み書き | | ○ | ○ | ○ |
| | 熟語・熟語の構成 | | ○ | | |
| | 部首・筆順・画数・書体 | | | | |
| | 四字熟語・慣用句・ことわざ | | | | ○ |
| | 類義語・対義語 | | | | |
| 文法 | 品詞・用法・活用 | | ○ | | |
| | 文節相互の関係・文の組み立て | | | | ○ |
| | 敬語・言葉づかい | | | | |
| 文章の読解 | 長文 | 語句の意味・補充 | ○ | ○ | ○ |
| | | 接続語の用法・補充 | ○ | ○ | ○ |
| | | 表現技法・表現の特徴 | | ○ | |
| | | 段落・文の相互関係 | ○ | | |
| | | 文章内容の理解 | ○ | ○ | ○ |
| | | 人物の心情の理解 | ○ | ○ | ○ |
| | 古文・漢文 | 歴史的仮名遣い | ○ | | ○ |
| | | 文法・語句の意味・知識 | | ○ | ○ |
| | | 動作主 | ○ | ○ | ○ |
| | | 文章内容の理解 | ○ | ○ | ○ |
| | 詩・短歌・俳句 | | | | |
| | その他の文章 | | | | |

| 形式データ | 2024 | 2023 | 2022 |
|---|---|---|---|
| 漢字の読み書き | 8 | 8 | 8 |
| 記号選択 | 9 | 7 | 6 |
| 抜き出し | 8 | 5 | 6 |
| 記述 | 6 | 7 | 8 |
| 作文・短文 | 1 | 1 | 1 |
| その他 | | 1 | |

## 2025 年度入試に向けて

漢字の読み書き，文学的文章，説明的文章，古典，条件作文で構成されている。本文に書かれていることを丁寧に読み解くことが求められている。記述量が多めなので，時間配分に注意し，問われたことについて的確にまとめる力をつけておこう。「～どのようなことか」「～なぜか」など，設問の文末に注意し，それに合った答え方をすること。国語知識の問題も出されているので，しっかり復習して得点源にしよう。条件作文は，メモや新聞原稿、図、パンフレット、グラフなどの資料をもとに 200 字程度で自分の考えを書くものが例年出題されている。

# 石川県 公立高校入試データ解析 数学

| 分類 | | 2024 | 2023 | 2022 | 問題構成 | 2024 | 2023 | 2022 |
|---|---|---|---|---|---|---|---|---|
| 式と計算 | 数と計算 | ○ | ○ | ○ | 小問 | [1](1)(2)計算問題 | [1](1)計算問題<br>(3)平方根<br>(4)不等式 | [1](1)(2)計算問題 |
| | 文字式 | ○ | ○ | ○ | | | | |
| | 平方根 | ○ | ○ | ○ | | | | |
| | 因数分解 | | | | | | | |
| | 1次方程式 | | | | 大問 | [4]連立方程式の文章問題 | [4]連立方程式の文章問題 | [4]連立方程式の文章問題 |
| | 連立方程式 | ○ | ○ | ○ | | | | |
| | 2次方程式 | ○ | ○ | ○ | | | | |
| 統計 | データの活用 | ○ | ○ | ○ | 小問 | | [1](5)箱ひげ図 | [1](5)中央値[2](1)標本調査 |
| | | | | | 大問 | [2]箱ひげ図等 | | |
| | 確率 | ○ | ○ | ○ | 小問 | [1](5)2個のさいころ | | [2](2)3枚の硬貨 |
| | | | | | 大問 | | [2]5個の色玉 | |
| 関数 | 比例・反比例 | ○ | ○ | | 小問 | [1](4)2乗に比例する関数の比例定数 | [1](2)反比例 | [1](4)変化の割合 |
| | 1次関数 | ○ | ○ | ○ | | | | |
| | 2乗に比例する関数 | ○ | ○ | ○ | | | | |
| | いろいろな関数 | | | | | | | |
| | グラフの作成 | ○ | | | 大問 | [3]文章問題<br>1次関数 | [3]文章問題<br>2乗に比例する関数，1次関数 | [3]文章問題<br>1次関数 |
| | 座標平面上の図形 | | | | | | | |
| | 動点，重なる図形 | | | | | | | |
| 図形 | 平面図形の性質 | ○ | ○ | ○ | 小問 | [1](3)平行四辺形の面積 | | [1](3)円周角と角度 |
| | 空間図形の性質 | ○ | ○ | ○ | | | | |
| | 回転体 | | | ○ | | | | |
| | 立体の切断 | | | | | | | |
| | 円周角 | ○ | ○ | ○ | | | | |
| | 相似と比 | ○ | ○ | ○ | 大問 | [5]作図<br>[6]平面図形<br>正方形，円，三角形<br>[7]空間図形<br>三角柱，三角すい | [5]作図<br>[6]空間図形<br>正六角柱<br>[7]平面図形<br>円，三角形 | [5]作図<br>[6]平面図形<br>折り返し図形<br>[7]空間図形<br>正四角柱，回転体 |
| | 三平方の定理 | ○ | ○ | ○ | | | | |
| | 作図 | ○ | ○ | ○ | | | | |
| | 証明 | ○ | ○ | ○ | | | | |

**2025年度入試に向けて**

50 分の試験時間に対し，途中の計算や考え方の説明を記述する問題が多いのが特徴である。これらの中には難易度の高い問題が含まれていて，他に証明や作図の問題もあるので，時間配分には十分気をつけたい。どのような問題も，すばやく正確に記述できるように練習しておこう。

# 石川県　公立高校入試データ解析　英語

| 分野別データ | | 2024 | 2023 | 2022 |
|---|---|---|---|---|
| 音声 | 発音・読み方 | ○ | ○ | ○ |
| | リスニング | ○ | ○ | ○ |
| 文法 | 適語補充・選択 | | | |
| | 語形変化 | | | |
| | その他 | | | |
| 英作文 | 語句の並べかえ | ○ | ○ | ○ |
| | 補充作文 | ○ | ○ | ○ |
| | 自由作文 | ○ | ○ | ○ |
| | 条件作文 | | | |
| 読解 | 語句や文の補充 | ○ | ○ | ○ |
| | 代名詞などの指示内容 | ○ | | |
| | 英文の並べかえ | ○ | ○ | ○ |
| | 日本語での記述 | | | |
| | 英問英答 | | | |
| | 絵・表・図を選択 | | | |
| | 内容真偽 | ○ | ○ | ○ |
| | 内容の要約 | ○ | ○ | ○ |
| | その他 | ○ | ○ | ○ |

| 形式データ | | | 2024 | 2023 | 2022 |
|---|---|---|---|---|---|
| リスニング | 記号選択 | | 7 | 7 | 7 |
| | 英語記述 | | 3 | 3 | 3 |
| | 日本語記述 | | | | |
| 文法・英作文・読解 | 読解 | 会話文 | 2 | 2 | 2 |
| | | 長文 | 1 | 1 | 1 |
| | | 絵・図・表 | 2 | 2 | 2 |
| | 記号選択 | | 20 | 20 | 20 |
| | 語句記述 | | 3 | 3 | |
| | 日本語記述 | | | | |
| | 英文記述 | | 3 | 5 | 6 |

**2025 年度入試に向けて**

リスニング問題では，長い会話や英文を聞き取って答えを出すために，質問で問われている内容をメモしよう。
会話文読解では，会話の内容だけではなく，図表を読み取る力も必要である。
長文読解では，空欄に入れる文を自分で考える作文問題が毎年出題される。文章の内容を正確にとらえた上で，自分の考えを英語で表現しなければならない。

# 石川県　公立高校入試データ解析　理科

| | 分野別データ | 2024 | 2023 | 2022 |
|---|---|---|---|---|
| 物理 | 光・音・力による現象 | ○ | ○ | |
| | 電流の性質とその利用 | ○ | ○ | ○ |
| | 運動とエネルギー | | ○ | ○ |
| 化学 | 物質のすがた | | ○ | ○ |
| | 化学変化と原子・分子 | ○ | ○ | ○ |
| | 化学変化とイオン | ○ | ○ | ○ |
| 生物 | 植物の生活と種類 | ○ | ○ | ○ |
| | 動物の生活と種類 | ○ | ○ | ○ |
| | 生命の連続性と食物連鎖 | | ○ | ○ |
| 地学 | 大地の変化 | ○ | ○ | ○ |
| | 気象のしくみとその変化 | | ○ | ○ |
| | 地球と宇宙 | ○ | | ○ |

| 形式データ | 2024 | 2023 | 2022 |
|---|---|---|---|
| 記号選択 | 17 | 16 | 15 |
| 語句記述 | 13 | 15 | 14 |
| 文章記述 | 5 | 5 | 9 |
| 作図 | 1 | 0 | 1 |
| 数値 | 5 | 7 | 5 |
| 化学式・化学反応式 | 1 | 1 | 1 |

## 2025年度入試に向けて

答えにたどり着くまでに時間を要するものが何問かある。このような問題は，その分野の内容を深く理解していないと，答えにたどり着くことができない。問題によって，分野をまたいで考えるようなものもあるので，分野にとらわれず，常に関連性を意識して学習を進めるとよいだろう。また，比較的長い文章で答える問題もいくつか出題されるので，普段から文章で答える問題の練習をしておこう。

# 石川県　公立高校入試データ解析　社会

| | 分野別データ | 2024 | 2023 | 2022 | 形式データ | 2024 | 2023 | 2022 |
|---|---|---|---|---|---|---|---|---|
| 地理 | 世界のすがた | ○ | ○ | ○ | 記号選択 | 4 | 6 | 7 |
| | 世界の諸地域<br>(アジア・ヨーロッパ・アフリカ) | ○ | | ○ | 語句記述 | 4 | 2 | 4 |
| | 世界の諸地域<br>(南北アメリカ・オセアニア) | ○ | ○ | | 文章記述 | 5 | 4 | 4 |
| | 日本のすがた | ○ | ○ | ○ | 作図 | | | |
| | 日本の諸地域<br>(九州・中国・四国・近畿) | | ○ | | 計算 | 1 | | |
| | 日本の諸地域<br>(中部・関東・東北・北海道) | ○ | | ○ | | | | |
| | 身近な地域の調査 | ○ | | ○ | | | | |
| 歴史 | 原始・古代の日本 | ○ | ○ | ○ | 記号選択 | 6 | 4 | 6 |
| | 中世の日本 | ○ | ○ | ○ | 語句記述 | 4 | 4 | 4 |
| | 近世の日本 | ○ | ○ | ○ | 文章記述 | 4 | 5 | 4 |
| | 近代の日本 | ○ | ○ | ○ | 並べ替え | 1 | 1 | 1 |
| | 現代の日本 | ○ | ○ | ○ | | | | |
| | 世界史 | ○ | | ○ | | | | |
| 公民 | わたしたちと現代社会 | | | ○ | 記号選択 | 4 | 2 | 2 |
| | 基本的人権 | ○ | ○ | | 語句記述 | 3 | 5 | 7 |
| | 日本国憲法 | | | | 文章記述 | 5 | 4 | 4 |
| | 民主政治 | ○ | ○ | ○ | | | | |
| | 経済 | ○ | ○ | ○ | | | | |
| | 国際社会・国際問題 | ○ | | ○ | | | | |

## 2025 年度入試に向けて

全体として資料をもとに考えさせる問題が多く，記述問題も多いので他県に比べて難しく感じる。大問ごとに地理・歴史・公民がバランスよく出題され，各分野とも重要語句の暗記を中心に学習すれば，ある程度の効果は見込めるだろう。文章記述は，資料をしっかりと読み取らないと書けない問題が多いので，教科書や資料集を読み込むことで資料のもつ意味をしっかりと理解し，何度も書く練習をしたい。

# 2024解答例 令和6年度 石川県公立高等学校

## 《2024 国語 解答例》

一 問1．⑴はこ ⑵しゅうろく ⑶びちく ⑷ほころ　問2．⑴毛布 ⑵単純 ⑶幹 ⑷染

二 問1．埋まった。　問2．エ　問3．種類…音訓 方法…「ザ」または「すわる」で調べる。／種類…部首 方法…「广」（まだれ）で調べる。／種類…総画 方法…十画で調べる。のうち1組　問4．なかったが

問5．イ　問6．勝手にたい焼き屋を始めたことを責められると思っていたところ、娘が新しい味のたい焼きの話をし始めたことに驚いたから。　問7．父の不安や迷いに今まで気づかず、自分の生活だけを憂いていたことを後悔し、今後はたい焼き屋の成功に向け、進んで親の手助けをしようとすること。

三 問1．イ　問2．現代社会の協力関係は洗練されており、個人の好き嫌いにはあまり影響を受けなくなっているから。　問3．ウ　問4．エ　問5．ア　問6．人格者　問7．X．学習 Y．本能

Z．悩む価値があるかどうかを吟味し、現代社会を生きる上で悩む必要のない問題だと理性によって判断する

四 問1．エ　問2．うけたまわり　問3．ウ　問4．われら横～ありきか

問5．A．横走り B．言葉なふて C．エ

五 〈作文のポイント〉

・最初に自分の主張、立場を明確に決め、その内容に沿って書いていく。

・わかりやすい表現を心がける。自信のない表現や漢字は使わない。

さらにくわしい作文の書き方・作文例はこちら！→https://kyoei-syuppan.net/mobile/files/sakupo.html

## 《2024 数学 解答例》

1 ⑴ア．−11 イ．−13 ウ．$\frac{14}{5}b$ エ．$\frac{3x-7y}{8}$ オ．$7\sqrt{3}$　⑵$x=\frac{5\pm\sqrt{13}}{6}$　⑶$y=\frac{10}{x}$　⑷$\frac{5}{3}$　⑸$\frac{1}{12}$

2 ⑴0.08　⑵符号…ウ 判断した理由…箱ひげ図より，第3四分位数は7.5であるが，b＝4，c＝4，d＝3のとき，小さい方から30番目も31番目も7点となり，第3四分位数が7となるため。

3 ⑴30　⑵右グラフ／5　※⑶46分40秒後

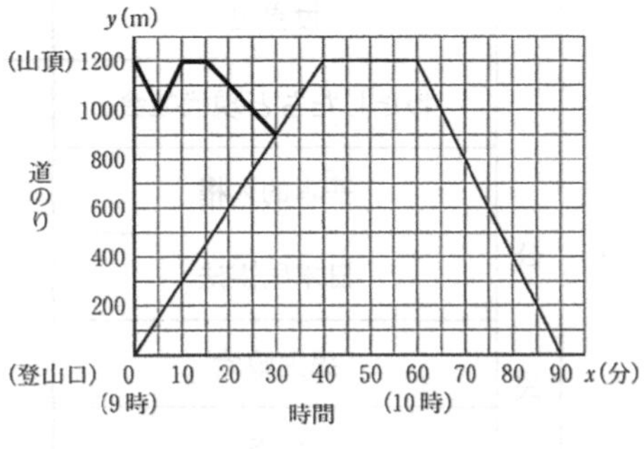


※4 3点シュート…4　2点シュート…24

5 右図

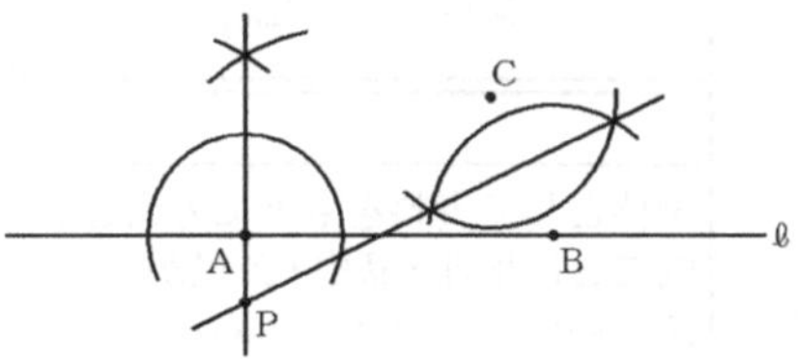


6 ⑴45

⑵△CDMと△LNDにおいて，

AD//BCより，錯角は等しいので，∠DMC＝∠NDL…①

正方形ABCDより，∠DCM＝90°…②

線分JKは円の直径より，∠JLK＝90°

よって，∠NLD＝90°…③

②，③より，∠DCM＝∠NLD…④

①，④より，2組の角がそれぞれ等しいから，△CDM∽△LND

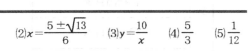

※(3) $(\frac{4}{3}\pi+\sqrt{3})$

7 (1)辺ＣＦ，辺ＤＦ，辺ＥＦ　※(2) $3\sqrt{6}$　※(3) $5\sqrt{2}$

※の方程式と計算は解説を参照してください。

## 《2024　英語　解答例》

1 A．No.１．ａ．正　ｂ．誤　ｃ．誤　No.２．ａ．誤　ｂ．誤　ｃ．正　B．No.１．ウ　No.２．ア

C．Part１…No.１．ア　No.２．イ　No.３．ウ

Part２…No.１．wanted to try doing　No.２．carry books　No.３．to write books for children

2 問１．［(X)／(Y)］　①［ア／ウ］　②［エ／ウ］　③［ウ／オ］　問２．Can I go with you

3 問１．エ　問２．エ　問３．the best tour　問４．あ．ア　い．ウ　う．イ　問５．ア　問６．I would take a picture of my soccer ball.　The ball looks old, but it shows how long I practice soccer and how much I like soccer.

問７．イ，オ

4 問１．the TV program　問２．ウ　問３．エ　問４．イ→ウ→ア→エ　問５．take people to some places

問６．A．ア　B．ウ　問７．ウ　問８．I live with my grandmother.　She started using a smartphone last year. When I taught her how to use the smartphone, she was very happy.　I think many elderly people have problems with using smartphones.　So I can show them how to use smartphones.

## 《2024　理科　解答例》

1 問１．(1)節足動物　(2)ウ，エ　問２．(1)鉱物　(2)ウ　問３．(1)黄色　(2)ア，ウ，エ　問４．(1)空気　(2)ア

2 問１．グリコーゲン　問２．小腸の表面積が大きくなるから。

問３．(1)白血球　(2)①赤血球　②ヘモグロビン　問４．イ　問５．(1)４　(2)①腎臓　②オ

3 問１．(1)電離　(2)20　(3)ア　問２．(1)石灰水が，試験管に逆流するのを防ぐため。　(2)炭素が酸化銅からうばう酸素の量が増え，その酸素が炭素と結びついて二酸化炭素として放出される量が増えたから。　(3)イ

4 問１．弾性力　問２．５　問３．右図

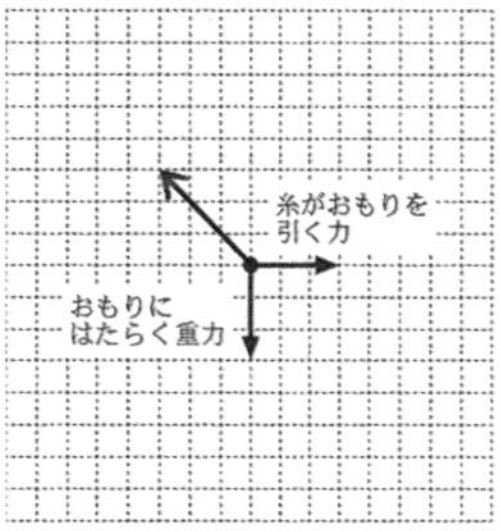


問４．力のつりあいの関係…Ｂ，Ｄ　作用・反作用の関係…Ｂ，Ｃ

問５．符号…イ　理由…２つのばねが物体を引く力の大きさは等しく，同じ力を加えたとき，ばねｂの方がばねａよりもばねののびが小さいから。

5 問１．衛星　問２．イ　問３．(1)金星は地球よりも太陽に近いところを公転しているから。　(2)エ　(3)①エ　②Ｃ

6 問１．(1)光合成　(2)ア　問２．(1) $2H_2+O_2\rightarrow 2H_2O$　(2)180　(3)ア，ウ，エ　(4)13.6

## 《2024 社会 解答例》

1 問1．アルプス　問2．北緯15度，東経150度　問3．ア，ウ　問4．D　問5．6月に平均気温が0度をこえ，川や流域の雪や氷がとけて流れ出すから。　問6．F国とG国は半日の時差がある位置にあり，F国が夜間であってもG国の企業の社員がコールセンター業務に対応できるから。

2 問1．口分田　問2．エ　問3．エ→イ→ウ→ア　問4．エ　問5．陸上で荷物を運ぶ馬借にとって，大津と坂本は，日本海側の物資が琵琶湖の水運を利用して集まる場所であり，その物資を京都に運ぶのに適した場所でもあったから。　問6．問屋制家内工業では商人が農民に原料や道具などを貸し出して製品を作らせて買い取り，工場制手工業では商人が工場を作って人を雇い，分業して製品を作らせた。

3 問1．⑴ア，エ　⑵公衆衛生　問2．ウ　問3．⑴3.25　⑵小選挙区制ではそれぞれの選挙区における候補者に投票し，各選挙区の最多得票者が当選となるのに対し，比例代表制では政党に投票し，各政党の得票数に応じて議席が配分される。　問4．語句…国民投票　理由…憲法は法律の上位に位置するので，その改正において，主権を持つ国民が最終的な意思決定をできるようにする必要があるから。

4 問1．オホーツク　問2．Ⅰ．南東　Ⅱ．親潮〔別解〕千島海流　問3．ア．D　ウ．B　問4．リアス海岸があり，その入り江や湾内の波が穏やかだから。　問5．水はけのよい扇状地を利用している。
問6．ドライバー不足の中で，バス会社と運送会社が連携することは，運送会社にとっては人手不足を補うことにつながり，バス会社にとっては運送会社から収入を得ることで路線バスを維持させることにつながるから。

5 問1．リンカン　問2．ウ，エ　問3．⑴国家総動員法　⑵Ⅰ．エ　Ⅱ．ウ　問4．⑴日本と清が朝鮮をめぐって対立する中，ロシアは東アジアに勢力を伸ばそうとしている。　⑵フランスに領事裁判権を認めていたから。
問5．国名…フランス　符号…ウ

6 問1．公企業　問2．ア，イ　問3．企業が株式等を発行し，資金を調達するしくみ。
問4．Ⅰ．先進国　Ⅱ．京都議定書で二酸化炭素排出量の削減義務を負わなかった発展途上国の排出量が増えてきていることから，発展途上国もその削減に取り組むべきである　問5．国内生産の割合が低く，特定の国に生産を依存している製品について，最大輸入国からの輸入が困難になったときに，国内産業が影響を受けないように，その他の国からも輸入できるような体制をつくっておくため。

## 《2024　国語　解説》

二　問1　時や場所、主要人物の心情の変化などを手がかりに、場面を分けることができる。この文章では、前半は学校での場面が、後半は家での場面が描かれていることから、場所が変化するところで分ける。

問2　直前の「よし、何とか噛《か》まずに言えた」という心情に重なるしぐさである。また、リード文に「藍《あい》は新しい環境になじめずにいた」とあり、なかなかクラスメイトに話しかけることができずにいたが、「思い切って声をかけ」られたのである。それらを考え合わせると、ここでの藍の心情には、エの「喜び」が適する。

問4　「まだ」は副詞。打ち消しの表現(この場合は「なかったが」)と呼応する。

問5　「飛び交う」とは「入りまじって飛ぶ」ことを意味し、この場合はたい焼きの新しい味について、みんなで意見を出し合っている様子を表現している。さまざまな「声」が入り混じって飛んでいることから、場が盛り上がっている様子が読み取れる。

問6　傍線部⑤の「目を大きくしている」は「目を丸くする」と同様の意味と考えられ、父が驚いている様子を表す。これは直前で、藍が「新しい味のたい焼きを作ったらと思って」と話し始めたことが理由である。では、なぜ、父は驚いたのか。この後の父の言葉を参照すると、父は自分が故郷に戻り、たい焼き屋を始めたことを「勝手なことをした」と感じていた。また、傍線部⑤の前で、藍が話しかけたときそれを聞かずに逃げようとしているが、それは藍から責められると思ったからである。それらの内容をまとめる。

問7　設問に「ここでは、藍がどうすることか」とあり、藍の具体的な行動を解答として求められていることに注意する。直前の藍の言葉を手がかりにする。藍は「たい焼き屋を成功させる」ために「わたしもがんばるから、一緒にやろうよ」と言っており、父のたい焼き屋を成功させるために、進んで手助けをしようとしている。また、設問の条件には「藍の後悔の内容にふれて」とある。そのため、この「進んで手助けをする」という内容の前に、後悔の内容を付け加え、解答をまとめる。

三　問2　第二段落3行目に「必ずしもすべての人と仲良くなる必要はありません」と、傍線部①と同じ内容があることに注目する。これに続く「現代社会の協力関係は洗練されており～影響を受けなくなっています」がその理由にあたる。設問の条件にある「本文に書かれた現代社会の特徴」にも触れられているので、この一文をまとめる。

問3　前後の段落の要点を捉える。第四段落の最後で「私たちの身体や脳は未《いま》だ～狩猟採集社会に適応していると言われて」いることを指摘した上で、第五段落ではその「狩猟採集生活がどんなものだったか」について述べている。そして、第六段落では狩猟採集社会で共通する「平等性」に触れ、そこから現代社会における人間関係に関する主張に向けて、論を広げている。その内容をまとめた、ウが適する。

問4　「育児」は「児を育てる」、エの「遅刻」は「(時)刻に遅れる」のように、下の漢字から上の漢字に返って読むと意味がわかる。　ア.「展開」は、同じような意味の漢字の組み合わせ。　イ.「清濁」は、反対の意味の漢字の組み合わせ。　ウ.「海底」は、上の漢字が下の漢字を修飾している。

問5　[ B ]をふくむ一文と、それ以降の内容に着目する。「平等性」があるために、怪我《けが》や病気をしても食べ物をわけてもらえて飢《う》えて死ぬことがないのだから、「平等性」は、「群れのメンバーが安定して生き残る」「安定して子孫を残す」という目的のために、理にかなった仕組みである。よって、アの「合理的」が適する。

問6　第九段落5～6行目に「偉ぶらず謙遜している人の方が人格者として評価されます」とある。

問7　「学ぶことが悩みの解決につながると筆者が考える理由」は最後の段落にまとめられている。1行目の「人間は学習によって本能を超えた行動ができる今のところ唯一の生物です」が、「人間は[ X ]によって[ Y ]を

超えた行動ができる生物であり」と一致するので、X には「学習」が、Y には「本能」が入る。また、3～4行目の「悩みというのは現実が本能にそぐわない状況で生じるものです。悩みの解決には～生物的な由来を理解することです」が、「Y によって悩みが引き起こされることを X したうえで」という内容と一致する。「理解すること」と「学習」は同意だととれる。また、「そして」から始まる最後の段落の5行目以降の内容が Z にあてはまる。

四　**問1**　登場するのは、「あるがざみ」(＝母)と「その子」。ア～ウの主語は母。エは、「母」が「ありきける」様子を「見」ている、「子」が主語。

**問2**　古文で言葉の先頭にない「はひふへほ」は、「わいうえお」に直す。

**問4**　6行目に「子笑ひて申しけるは、」とあり、その直後から子の言葉が始まる。会話の終わりは、引用の格助詞「と」を手がかりにする。すると、7行目に「と笑ひければ」とあり、その直前までが子の言葉である。

**問5A**　「がざみ」の母が子に注意したものの、実は自分も同じことをしていたという内容が入る。　**B**　母の様子が最終的にどうであったかについて、8行目に「言葉なふてぞゐたりける」とある。「言葉なふて」は「なにも言えずに」という意味。　**C**　どうすることが大切かは、本文の最後に「退ひて人の是非を見るべき」と述べられている。一歩引いたところで、その「是非」、つまり「正しいかどうか」を「見るのがよい」と言っている。

【古文の内容】

あるかにが、たくさん子を持っていた。その子は自分の習性で横走りするのを、母がこれを見て、注意して言うことには、「あなたたちはどうして横向きに歩くのか」と申したので、子はかしこまって（母の言葉を）お聞きして、「(これは私）一人の習性でもない。わたしたち兄弟は、皆習性に従っている。それならば、(母も）お歩きください。それをまねしましょう」と言ったので、(母が)「それならば」と言って先に歩いたのを（子が）見ると、（母の歩く様子は）自分の横走りに少しも違わない。子が笑って申し上げたことには、「私たちは横歩きですか、母上がお歩きなさるのは、縦歩きか」と笑ったので、(母は）なにも言えずにいた。

そのように、(人は)我が身の習性を省みず、人の過ちを言うものだ。もしそのように人が笑うようなときは、引いたところでそれが正しいかどうかを見極めるのがよいのではないか。

## 《2024　数学　解説》

1　(1)イ　与式$=5+(-9)\times2=5-18=\mathbf{-13}$

ウ　与式$=4ab^3\times\dfrac{7}{10ab^2}=\mathbf{\dfrac{14}{5}b}$

エ　与式$=\dfrac{4(x-3y)-(x-5y)}{8}=\dfrac{4x-12y-x+5y}{8}=\mathbf{\dfrac{3x-7y}{8}}$

オ　与式$=\sqrt{48}+3\sqrt{3}=4\sqrt{3}+3\sqrt{3}=\mathbf{7\sqrt{3}}$

(2)　2次方程式の解の公式より，$x=\dfrac{-(-5)\pm\sqrt{(-5)^2-4\times3\times1}}{2\times3}=\mathbf{\dfrac{5\pm\sqrt{13}}{6}}$

(3)　(底辺)×(高さ)＝10だから，$x\times y=10$ より，$\mathbf{y=\dfrac{10}{x}}$

(4)　**【解き方】$y$の変域に正の数が含まれるから，$y=ax^2$のグラフは上に開いた放物線であり，$a>0$である。**

$x$の絶対値が大きいほど$y$の値は大きくなるから，$-2\leqq x\leqq3$での$y$の最大値は，$x=3$のときの，$y=a\times3^2=9a$である。よって，$9a=15$より$a=\mathbf{\dfrac{5}{3}}$となり，$a>0$に合う。

(5)　**【解き方】さいころを2つ使う問題では，右のような表にまとめて考えるとよい。**

大小2つのさいころの目の出方は全部で6×6＝36(通り)ある。そのうち

| | | | | a | | | | | |
|---|---|---|---|---|---|---|---|---|---|
| | | | | 1 | 2 | 3 | 4 | 5 | 6 |
| b | 1 | 2b | 2 | | | | | | |
| | 2 | | 4 | | | | | | ○ |
| | 3 | | 6 | | | | ○ | | |
| | 4 | | 8 | | ○ | | | | |
| | 5 | | 10 | | | | | | |
| | 6 | | 12 | | | | | | |

条件に合う出方は表の○の3通りだから，求める確率は，$\frac{3}{36}=\frac{1}{12}$

2　(1)　（相対度数）$=\frac{\text{（その階級の度数）}}{\text{（度数の合計）}}=\frac{3}{40}=0.075$ より，**0.08** である。

(2)　40個のデータの第3四分位数は，40÷2＝20，20÷2＝10より，大きい方から10番目と11番目のデータの平均である。したがって，解答例以外にも以下のような解答が考えられる。

箱ひげ図より，第3四分位数は7.5点であり，8点が1人いるので，大きい方から10番目が8点，11番目が7点である。したがって，7点以下が40－10＝30(人)だから，b＋c＋d＝30－3－4－7－6＝10である。**ウ**はb＋c＋d＝11となるため適当でない。

3　(1)　グラフから，Aさんが下山を開始したのは出発から60分後，登山口に戻ったのは出発から90分後とわかる。よって，下山にかかった時間は，90－60＝**30**(分間)

(2)　Bさんは200m下りるのに$\frac{200}{40}=5$(分)かかり，再び5分かけて山頂に戻った。また，グラフより，9時30分にAさんは登山口から900mの地点にいたので，このときBさんは山頂から1200－900＝300(m)下りていた。Bさんが300m下りるのに$\frac{300}{20}=15$(分)かかったので，Bさんが山頂を再び出発したのは，9時15分である。

したがって，グラフは，点(0，1200)，(5，1000)，(10，1200)，(15，1200)，(30，900)を順に直線で結べばよい。また，求める時間は，15－10＝**5**(分間)

(3)　Aさんが山頂まで登ったときの速さは，$\frac{1200}{40}=30$(m/分)だから，Cさんは400m上るのに，$\frac{400}{30}=\frac{40}{3}$(分)かかった。したがって，Cさんが出発したのは，Aさんが出発してから，$60-\frac{40}{3}=\frac{140}{3}$(分後)である。

よって，求める時間は，$\frac{140}{3}$分後＝$46\frac{2}{3}$分＝46分($\frac{2}{3}\times60$)秒後＝**46分40秒後**

4　Aチームがこの試合で決めた3点シュートの数を$x$本，2点シュートの数を$y$本とする。

合計得点について，$3x+2y+8=68$…①

1点のフリースローは8÷1＝8(本)決め，決めた本数の合計は$(80\times\frac{45}{100})$本だから，$x+y+8=80\times\frac{45}{100}$…②

①を整理すると，$3x+2y=60$…③，②を整理すると，$x+y=28$…④

③－④×2で$y$を消去すると，$3x-2x=60-56$　　$x=4$　　④に$x=4$を代入すると，$4+y=28$　　$y=24$

よって，3点シュートを**4**本，2点シュートを**24**本決めた。

5　円の中心は弦の垂直二等分線上にあるから，PはBCの垂直二等分線上にある。したがって，Aを通る直線ℓの垂線と，BCの垂直二等分線の交点をPとすればよい。

6　(1)　F，GはそれぞれBC，DCの中点だから，FC＝GC＝$4\times\frac{1}{2}=2$(cm)

OF＝OG＝$4\times\frac{1}{2}=2$(cm)で，∠OFC＝∠OGC＝90°だから，四角形OFCGは正方形である。

円周角は，同じ弧に対する中心角の半分の大きさだから，∠FIG＝$\frac{1}{2}$∠FOG＝$\frac{1}{2}\times90°=$**45°**

(2)　まず，問題文の仮定を図にかきこんで，証明のために必要な条件を探そう。条件が足りない場合は，問題の内容に応じて，図形の性質，平行線の同位角・錯角，円周角の定理などからわかることもかきこんでみよう。

(3)　**【解き方】(おうぎ形FPQの面積)－{(おうぎ形ORFの面積)－△ORF}で求める。**

△BFPにおいて，BF：FP＝2：4＝1：2，∠PBF＝90°だから，

△BFPは3辺の比が1：2：$\sqrt{3}$の直角三角形なので，∠BFP＝60°

おうぎ形FPQの面積は，$4^2\pi\times\frac{60}{360}=\frac{8}{3}\pi$(cm²)…①

∠HFP＝90°－60°＝30°であり，HFが直径だから，∠HRF＝90°

したがって，△RHFも3辺の比が1：2：$\sqrt{3}$の直角三角形だから，

∠RHF＝60°，RH＝$\frac{1}{2}$FH＝$\frac{1}{2}\times4=2$(cm)，

RF＝$\sqrt{3}$RH＝$2\sqrt{3}$(cm)

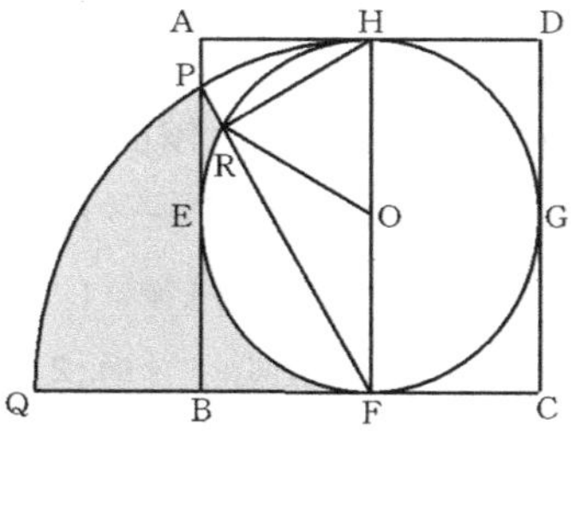

$\triangle$ＲＨＦ$=\frac{1}{2}\times 2\times 2\sqrt{3}=2\sqrt{3}$(㎠)であり，ＯはＦＨの中点だから，

$\triangle$ＯＲＦ$=\triangle$ＲＨＦ$\times\frac{1}{2}=2\sqrt{3}\times\frac{1}{2}=\sqrt{3}$(㎠)…②

中心角は，同じ弧に対する円周角の２倍の大きさだから，$\angle$ＲＯＦ＝２$\angle$ＲＨＦ$=2\times 60°=120°$なので，

おうぎ形ＯＲＦの面積は，$2^2\pi\times\frac{120}{360}=\frac{4}{3}\pi$(㎠)…③

①，②，③より，求める面積は，$\frac{8}{3}\pi-(\frac{4}{3}\pi-\sqrt{3})=\frac{4}{3}\pi+\sqrt{3}$(㎠)

7 ⑴ **【解き方】辺ＡＢと同じ面上にある辺(右図の○印の辺)は，辺ＡＢと交わるか平行なので，ねじれの位置にはない。**

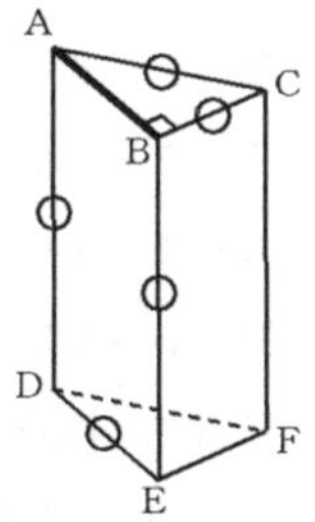


辺ＣＦ，辺ＤＦ，辺ＥＦのうち辺ＡＢと平行な辺はない。また，延長したとき辺ＡＢと交わる辺もない。よって，この３本はすべて辺ＡＢとねじれの位置にある。

⑵ **【解き方】ＥＨ$=4\times\frac{1}{2}=2$(cm)，ＥＩ$=3\times\frac{2}{2+1}=2$(cm)だから，$\triangle$ＧＥＨ$\equiv\triangle$ＧＥＩなので，$\triangle$ＧＨＩはＧＨ＝ＧＩの二等辺三角形である。**

ＧＥ$=10\times\frac{1}{2}=5$(cm)だから，三平方の定理より，

ＧＨ＝ＧＩ$=\sqrt{2^2+5^2}=\sqrt{29}$(cm)

$\triangle$ＥＨＩは直角二等辺三角形だから，ＨＩ$=\sqrt{2}$ＥＨ$=2\sqrt{2}$(cm)

$\triangle$ＧＨＩにおいて右のように作図できる。

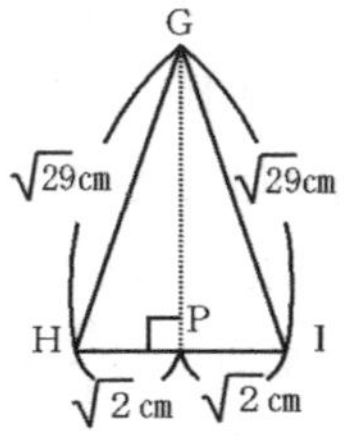


三平方の定理より，ＧＰ$=\sqrt{(\sqrt{29})^2-(\sqrt{2})^2}=3\sqrt{3}$(cm)

$\triangle$ＧＨＩ$=\frac{1}{2}\times 2\sqrt{2}\times 3\sqrt{3}=3\sqrt{6}$(㎠)

⑶ **【解き方１】ＣＬ＝$x$cmとし，三角すいＣＫＬＭの体積を$x$の式で表して，体積について$x$の方程式をたてる。**

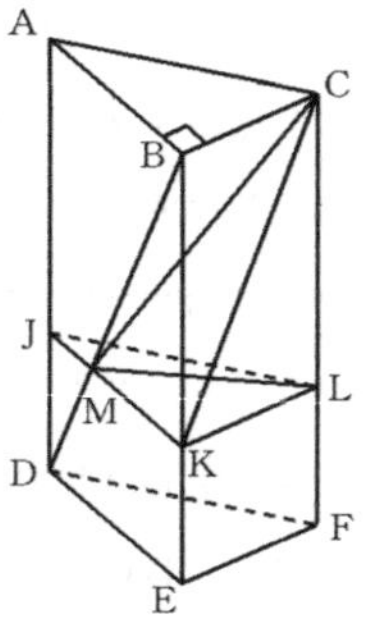


ＪＫ//ＤＥより$\triangle$ＢＭＫ∽$\triangle$ＢＤＥで，ＢＫ＝ＣＬ＝$x$cmだから，

MK：DE＝BK：BE　　MK：4＝$x$：10　　MK$=\frac{4x}{10}=\frac{2}{5}x$(cm)

$\triangle$MKＬ$=\frac{1}{2}\times$MK$\times$ＫＬ$=\frac{1}{2}\times\frac{2}{5}x\times 3=\frac{3}{5}x$(㎠)だから，三角すいＣＫＬＭの体積は，

$\frac{1}{3}\times\triangle$MKＬ$\times$ＣＬ$=\frac{1}{3}\times\frac{3}{5}x\times x=\frac{1}{5}x^2$(㎤)と表せる。

よって，$\frac{1}{5}x^2=10$　　$x^2=50$　　$x=\pm 5\sqrt{2}$

$x>0$より$x=5\sqrt{2}$だから，ＣＬ$=5\sqrt{2}$cm

**【解き方２】三角すいＣＫＢＭと三角すいＣＫＬＭは，底面をそれぞれ$\triangle$ＣＫＢ，$\triangle$ＣＫＬとしたときの高さが等しく，$\triangle$ＣＫＢ＝$\triangle$ＣＫＬだから，体積も等しい。**

三角すいＣＫＢＭの体積は10㎤だから，$\triangle$ＢＭＫの面積をＳとすると，$\frac{1}{3}\times$Ｓ$\times$ＢＣ＝10より，

$\frac{1}{3}\times$Ｓ$\times 3=10$　　Ｓ＝10　　$\triangle$ＢＭＫ∽$\triangle$ＢＤＥで，面積比は$10:(\frac{1}{2}\times 4\times 10)=1:2$である。

相似な図形の面積比は相似比の２乗に等しいから，$\triangle$ＢＭＫと$\triangle$ＢＤＥの相似比は，$\sqrt{1}:\sqrt{2}=1:\sqrt{2}$

よって，ＣＬ＝ＢＫ＝ＢＥ$\times\frac{1}{\sqrt{2}}=\frac{10}{\sqrt{2}}=5\sqrt{2}$(cm)

## 《2024　英語　解説》

1　A　No. 1　質問「マークは次に何と言うでしょうか？」…Ａ「修学旅行の準備をしているの，マーク？」→Ｂ「うん，ママ。持ち物を確認しているところだよ」→Ａ「修学旅行の２日目は雨が降るそうよ」より，ａ「傘を持っていくよ」が適切。　　No. 2　質問「エミリーはなぜジョンに電話しましたか？」…Ａ「もしもし，エミリーです。ジョンに代わってもらえますか？」→Ｂ「申し訳ないけど，彼は外出中だよ。サッカーの練習で学校へ行ったよ」

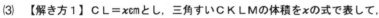

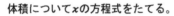

→A「あとで私に電話するよう伝えていただけますか？宿題について話したいので」→B「もちろん。彼に伝えるよ」より，c「宿題について話すため」が適切。

B No.1 質問「トムは明日，どうやって公園へ行きますか？」…A「トム，明日はどうやって公園に行くの？」→B「歩いて行くか，バスに乗って行こうと思ってるよ。昨日自転車が壊れちゃったんだ」→A「そうなの？徒歩だと，あなたの家から約30分かかるよ。私は父に車で連れていってもらうの。一緒に行かない？」→B「いいね，行こう」より，Aの父親の車に乗せてもらうから，ウが適切。

No.2 質問「彼女はどのTシャツを買いますか？」…A「いらっしゃいませ」→B「Tシャツを探しているのですが」→A「前にネコ，うしろにハートがプリントされたこちらの白いTシャツはいかがですか？」→B「素敵ですが，黒がいいです」→A「申し訳ありません。同じデザインの黒はないです。でも，両面にハートがプリントされた黒のTシャツならございます」→B「いいですね，それをください」より，両面にハートがプリントされたアが適切。

C Part1 【Part1 放送文の要約】参照。

No.1 「デービス先生の職場体験はどれくらいの期間でしたか？」…ア「5日間」が適切。

No.2 「スミスさんはデービス先生に，男の子のために何をするよう頼みましたか？」…イ「彼は先生に，男の子の左手を洗うよう頼みました」が適切。

No.3 「デービス先生は職場体験を通して何を学びましたか？」…ウ「他の人のために働くことは大切である」が適切。

【Part1 放送文の要約】

みなさん，こんにちは。みなさんは職場体験をしたそうですね。今日は，私が10年前にした職場体験について話そうと思います。私たちの中学校のすべての生徒はNo.1ア5日間の職場体験をしました。

私はクラスメート4人と一緒に病院に行きました。看護師のスミスさんが私たちにたくさんのことを教えてくれました。彼は病院を案内してくれて，医師と看護師の仕事について話してくれました。私たちは，看護師がけがをした人を世話するのを手伝いました。例えば，病室を掃除したり，ベッドを整えたり，タオルを畳んだり，食事を運んだりしました。私にできることは多くありませんでしたが，私は彼らのために一生懸命働きました。

3日目，私は入院しているひとりの男の子に出会いました。彼は，友達とバスケットボールをしていた時，右腕の骨を折ったと話してくれました。No.2イスミスさんは私に彼の左手を洗うように頼みました。私がそうすると，男の子は私を見てほほえみ，感謝してくれました。私はそれを見てうれしくなりました。私は病院でたくさんのことを経験し，No.3ウ他の人たちのために働くことが大切だとわかりました。当時，私は自分の将来の仕事について確信はありませんでしたが，他の人たちのために働いてその人たちを幸せにしたいと思いました。

では，お互いに職場体験について話してください。パートナーと話し合ってください。

Part2 【Part2 放送文の要約】参照。

No.1 質問「由紀子はなぜ職場体験で図書館に行くことにしましたか？」…由紀子の最初の発言より，母の仕事をやってみたかったからである。Because she wanted to try doing her mother's job. が適切。

・want to ～「～したい」　・try ～ing「～をやってみる」

No.2 質問「ブライアンの友達にとって，図書館で何をするのが大変でしたか？」…ブライアンの2回目の発言より，本を運ぶのが大変だったから，To carry books.が適切。　・to ～「～すること」(to不定詞の名詞的用法)

No.3 質問「由紀子は将来，何をしたいですか？」…由紀子の最後の発言より，She wants to write books for children in the future.「彼女は将来，子どもたちのための本を書きたい」が適切。

【Part２ 放送文の要約】

ブライアン：由紀子，君の職場体験はどうだった？

由紀子　　：とても楽しかったよ。私の母は図書館で働いているの。だから No.1 私は母の仕事をしてみたくて，３日間図書館に行ったよ。簡単ではない仕事もあったよ。例えば，本を正しい場所に戻さなければならなかったの。すごく時間がかかったよ。

ブライアン：そうなんだ。僕の友達のひとりも図書館で働いたよ。No.2 彼が言うには，本を運ぶことが大変だったって。本はとても重いからね。一番印象に残っていることは何？

由紀子　　：そうだなあ，子どもたちに本を読んであげたことかな。本の登場人物の気持ちを表現するようにしたの。子どもたちはお話を聞いて楽しそうだったよ。みんな，その本がすごく気に入って，また読んでとせがんできたの。本を読んであげた時の子どもたちの笑顔は忘れられないな。

ブライアン：本当にいい経験をしたんだね。

由紀子　　：私はこの経験を通して自分の夢について考えたの。No.3 私は将来，子どもたちのための本を書きたいな。

ブライアン：由紀子，君の夢が叶いますように。

２　【本文の要約】参照。

問１①　「ずっと見たかったアクション映画」は，〈関係代名詞（＝that）＋語句（＝I've wanted to watch）〉で後ろから名詞（＝movie）を修飾する形にする。

②　文中に疑問詞を含む間接疑問文だから，Do you know のあとは〈疑問詞＋肯定文〉の語順にする。

③　「（人）に～させる／（人）が～するのを許可する」＝let＋人＋動詞の原形

問２　会話の流れから，ナンシーが貴志に，一緒に行ってもいいか尋ねる文が適切。Can I go and watch it with you?「一緒にそれを見に行ってもいい？」などでもよい。

【本文の要約】

ナンシー：今週末はどんな予定？

貴志　　：僕は映画に行こうと思っているよ。①ずっと見たかったアクション映画があるんだ（＝There's an action movie that I've wanted to watch）。

ナンシー：誰が出ているの？

貴志　　：ミスター・ホワイトだよ！僕のお気に入りなんだ。

ナンシー：私も好きだよ。一緒に行ってもいい（＝Can I go with you）？

貴志　　：もちろんだよ！一緒に土曜日の午後見に行こう。

ナンシー：うん。あ，ちょっと待って…。予定があるのを忘れていたよ。今度の土曜日の午後は家族で買い物に行かなくちゃいけないんだった。日曜日の午後はどうかな？

貴志　　：いいよ。その日も僕は予定がないから。

ナンシー：②どこで見ることができるか知ってる（＝Do you know where we can watch it）？

貴志　　：うん，ABC 映画館でやっているよ。そこはスクリーンが大きくて席が快適だよ。

ナンシー：やった！映画は何時に始まるの？

貴志　　：ＯＫ。③僕が映画の時間を調べてみるよ（＝Let me check the movie time）。

ナンシー：ありがとう。

3 【本文の要約】参照。

**問1** 文末の next month「来月」より，未来のことを表すエが適切。 ・be going to ～「～する予定だ」

**問2** ア「何か当ててみて！」，イ「それを聞いて残念だよ」，ウ「待ちきれないよ」は話の流れに合わない。

**問3** マークの１～３回目の発言より，彼が近々来日する父のために，３つのツアーの中から最もよいツアーを選びたくて，クラスメートたちに相談していることを読み取る。tour を代名詞にして the best one としてもよい。「最も…な○○」＝the＋最上級＋○○

**問4あ** 直後の because 以下より，たくさんの場所を訪れ，買い物や地元の食べ物を楽しめるアが適切。

**い** 直後の３文より，歴史のある場所を訪れ，自由時間が設けられていて，特別ガイドと話ができるウが適切。

**う** 日本の食事を食べることができ，日本の伝統的な活動に参加できるイが適切。

**問5** イディオムの意味がわからくても，直後の文から，マークは歴史のある建物について学べるツアー(＝雅人の提案)を気に入っていることがわかるから，ア「雅人の意見の方にもっと興味があるよ」が適切。

・take ～'s side「～を支持する」

**問6** マークの質問「君がもしこのコンテストに出るとしたら，どんな種類の写真を撮る？その理由も教えて」に対して，２文以上のまとまりのある英文で答える。

**問7** 【パンフレット】参照。ア「地元の歴史ツアーに参加する場合，マークと父は×9時30分までにナギサ駅に行かなければならない」…ツアーの開始10分前に集合するので，９時20分である。 イ○「マークが父と平日に市内観光ツアーに参加する場合，彼らは合計9000円支払う」…ツアー代金は一人5000円だが，平日の火曜日は500円引きの4500円になる。 ウ「マークと父は，１日のうちに×3つのツアーすべてに参加することができる」 エ「マークの父は写真撮影が好きだが，×コンテストに参加したことはない」 オ○「文化体験ツアーでは，寿司を作れるだけでなく伝統的な日本の料理も食べることができる」

【本文の要約】

マーク：来月，父が僕に会いに日本に来る予定だよ。僕は，父に日本についてたくさん知ってもらいたいと思っている。このパンフレットを見て。父と一緒に，外国人向けバスツアーに参加しようと思っているんだ。

明子　：(1)エいい考えだね！(＝That's a good idea!)

マーク：このパンフレットにはツアーが３つあるよ。でもまだひとつに決めていないんだ。みんなの意見を聞かせてよ。

昇　　：お父さんは何かしたいことはあるの？

マーク：父の趣味は写真を撮ることなんだ。よく，友達と写真を共有したり写真コンテストに参加したりしてるよ。父は日本で，例えば，有名な場所を見学したり，地元の食べ物を食べてみたり，写真を撮ったりといった，何か日本らしいことをしたいみたい。

雅人　：なるほど。協力して，お父さんにとって(2)最もいいツアー(＝the best tour)を決めよう。

昇　　：そうだなあ，僕はあア市内観光ツアーを選ぶのがいいと思う。たくさんの素敵な景色，お店，おいしい地元の食べ物が含まれているよ。

明子　：そうね，でも，半日のツアーで多くの場所に行かなくてはいけないから，慌ただしいよ。

マーク：あ，このツアーは朝早く出発するんだね。父は早起きが得意ではないんだ。

昇　　：本当？このツアーを選ぶのは難しいかもね。

雅人　：いウ地元の歴史ツアーはどう？有名な歴史のある場所をたくさん訪れるよ。それぞれの場所で写真を撮る時間をより長く確保できるよ。それにそこで特別な話も聞けるよ。

マーク：いいね！父は世界遺産に興味があるんだ。そういう場所を見ればわくわくすると思うよ。カメラで日本の大切

なものを記録することができるしね。

明子　：面白いね。でも私は**うィ文化経験ツアー**がおすすめだよ。日本の伝統的な活動に参加したり，日本の食事を食べたり，素敵な写真を撮ったりできるよ。

昇　　：僕は，このツアーで日本料理を作るのが楽しいと思うよ。マーク，どう思う？

マーク：うーん，それもいいけど，僕は雅人を支持したいな。父は歴史のある建物についてたくさん学ぶことが好きだから，このツアーに参加したら，父にとって素晴らしい思い出になると思うんだ。

雅人　：僕もそう思う。珍しい場所で食事をとるのも，お父さんにとっていい経験になるさ。

明子　：じゃあ，地元の歴史ツアーが素晴らしい写真を撮る機会を与えてくれそうだね。お父さんは写真を撮ることで，日本での大切な瞬間や日本の美しいものを思い出すことができるし，写真を通して自分自身を表現できるね。

マーク：ありがとう！父と話して，このツアーを薦めるよ。きっと，次の写真コンテスト用の写真を撮る機会がたくさんあると思う。

昇　　：次のコンテストのテーマは何なの？

マーク：次の写真コンテストのテーマは「家族や友達に見せたいもの」だって聞いたよ。昇，君がもしこのコンテストに出るとしたら，どんな種類の写真を撮る？その理由も教えて。

昇　　：(例文)僕は自分のサッカーボールの写真を撮るよ。そのボールは古ぼけて見えるけど，僕がどれだけの間サッカーの練習に励んでいるか，そして，どれだけサッカーが好きかを表しているんだ。（＝I would take a picture of my soccer ball.　The ball looks old, but it shows how long I practice soccer and how much I like soccer.）

マーク：君の写真は家族や友達にとって魅力的だろうね。

4　【本文の要約】参照。

問１　代名詞などの指示語は直前の名詞や文を指すことが多い。ここでは，直前の文の the TV program を指す。

問２　・because of ～「～のせいで」　・for some reasons「何らかの理由で」

問３　グラフ２と一致するものを選ぶ。No.　I didn't have much confidence in driving.と No.　I had no confidence in driving.と答えた人の合計は 27.1＋36.1＝63.2%だから，エが適切。ア「約 20%は運転を心配していなかった」，イ「約半数は運転に自信があった」，ウ「半数以上は運転にまったく自信がなかった」はグラフの内容と合わない。

問４　接続詞や指示語の指す内容をヒントに並べ替える。

問５　コミュニティバスを説明する文にする。直後の such as ～につながるよう，最後は名詞にすること。

問６Ａ　・give up＋名詞「～を手放す」　　Ｂ　some places they want to（　　）「彼らが（　　）したい場所」より，ウの visit ～「～を訪れる」が適切。ア「手放す／あきらめる」，イ「～を信頼する」，エ「～を無駄にする」は不適切。

問７　勝は祖父の自動車免許返納について考えたことをきっかけに，自分の町の高齢者が免許を返納したあとでも充実した日常を送れる方法を模索しているから，ウ「高齢者のためにより良い町にしよう」が適切。ア「交通事故に気をつけよう」，イ「自動車免許の返納方法」，エ「安全サポート車の未来」は不適切。

問８　【ケビン先生と翼の会話の要約】参照。　「高齢者のためにできること」について自分で考え，４文以上の英文にする。無理に難しい内容にしなくてもよいので，文法やスペルのミスの無い文にしよう。

**【本文の要約】**

みなさん，私たちの町は，高齢者の方々にとって暮らしやすいと思いますか？もしこの町の高齢者が運転をやめたら，彼らにとって生活を楽しむことは難しくなると，私は思います。この町をより良い場所にするための方法はあるのでしょうか？

私の祖父は 80 代です。祖父は友人に会いに，週２回車を運転します。時々運転が心配なことがあるそうです。ある

日，家族で，高齢者による交通事故に関するテレビ番組を見ました。その番組によると，75 歳以上で運転免許を持っている人の数は年々増加しているそうです。また，問1 それ(＝the TV program)によると，多くの高齢者が運転を続けていて，このことが交通事故の数を増やしているかもしれないそうです。

私はこの深刻な問題について考え，高齢運転者についてインターネットで調べました。グラフ1を見てください。これは，なぜ65歳以上の高齢者が自動車事故を起こすのかを示しています。彼らは，年を取るにつれて，目の前の人や危険な物にすぐに気づくのが難しくなっていきます。私は，高齢運転者による多くの交通事故が起こるのは，彼らの誤り あのせい(＝because of) だとわかりました。高齢者の中には，運転したい，またはする必要があるという人もいます。私は，彼らは安全運転を続けるために，自分の車ではなく，もっと安全な車を使う方がいいのではないかと思います。実際，「安全サポート車」として知られる車が人気になっています。そのような車は，高齢者が目の前に人や物を見つけた時に安全に停車するのを補助する特徴をいくつも備えています。

い何らかの理由で(＝for some reasons) 運転免許証を返納した高齢者もいます。グラフ2を見てください。運転免許証を返納した65歳以上の人々に関する調査によると，(1)エ 60%以上の人が運転を心配していました。私の祖父は運転免許証を返納することを考えているそうです。私は，祖父は運転をやめた方がいいと思います。しかしながら，運転免許証の返納は祖父にとって難しい決断です。(2)イ 祖父のような高齢者にとって車は必要なものです。ウ もし彼らに車がなかったら，出かけるのにバスに頼らなくてはいけません。ア しかし，この町のバスは減ってきています。エ これが，ここに住んでいる高齢者にとっての問題の原因です。バスがなければ，買い物に行くのも，病院に行くのも，人と会うのも，行事などに参加するのも難しいので，彼らは寂しく悲しく感じることでしょう。

私たちの町ではバスの運行があまり頻繁ではありませんが，町は来年，特別路線のコミュニティバスの数を増やそうとしています。これらのバスは，病院，郵便局，スーパー，町役場のような (3) (例文) いくつかの場所に人々を連れていってくれます(＝take people to some places)。高齢者は気楽に自由に出かけ，快適な生活を維持することができます。私の祖父はこれを聞いて喜んでおり，運転をやめることになりそうです。

私は祖父に心地よい生活を送ってほしいと思っています。私たちの町を高齢者にとってより良い場所にするためには，運転免許証 Aア を手放した(＝give up) 後の彼らの生活を支援することが大切です。例えば，この町に特別なタクシーを導入することによって，彼らはあちこち移動することができます。彼らはタクシーに乗り合い，定額料金で Bウ 行きたい場所(＝places they want to visit) に行くことができます。このようにすれば，彼らは気軽に地域社会に参加する機会をもっと得られると思います。この町をもっと良い場所にするための方法を一緒に考えましょう。

【ケビン先生と翼の会話の要約】

ケビン先生：勝のスピーチは素晴らしかったね。私は，この町の高齢者のみなさんが幸せな暮らしを送れることを願ってるよ。翼，君はどう思う？

翼　　　　：彼らは日常生活で支援を必要としていることがあります。僕たちは彼らのために何かできるはずです。

ケビン先生：私は海外旅行をしたい高齢者に英語を教えているよ。日常生活で高齢者を支援するために，君は何ができるかな？

翼　　　　：(例文) 僕は祖母と同居しています。祖母は去年，スマートフォンを使い始めました。その際，祖母にスマートフォンの使い方を教えたところ，とても喜んでもらえました。高齢者の中にはスマートフォンの使い方がわからず困っている人がたくさんいると思います。ですから，僕は彼らにスマートフォンの使い方を教えることができます。(＝I live with my grandmother. She started using a smartphone last year. When I taught her how to use the smartphone, she was very happy. I think many elderly people have problems with using smartphones. So I can show them how to use smartphones.

## 《2024　理科　解説》

1　問1(1)　節足動物のうち，カブトムシは昆虫類，カニは甲殻類に分類される。　(2)　うろこをもつのは，メダカ(魚類)とワニ(は虫類)である。カエルやサンショウウオは両生類で，体表は湿った皮膚におおわれている。

問2(2)　イは深成岩，ウは火山岩について述べたものである。

問3(1)　ＢＴＢ溶液は酸性で黄色，中性で緑色，アルカリ性で青色を示す。　(2)　アとウとエはアルカリ性，イは酸性を示す。

問4(2)　弦のはりを強くすると，振動数が大きくなり，音は高くなる。また，同じ強さで弦をはじくと，振幅は変わらず，音の大きさは同じになる。よって，図のときより振動数が大きく(波の数が多く)，振幅の大きさが同じアが正答となる。なお，図の音と比べて，イは低く同じ大きさの音，ウは同じ高さで大きな音，エは同じ高さで小さな音である。

2　問3　血液は，酸素を運ぶ赤血球，ウイルスや細菌などを分解する白血球，出血したときに血液を固める血小板，養分や不要物を運ぶ血しょうからできている。

問4　ア×…体内の血液の量は変化しない。　イ○…１分間に左心室から送り出される血液の量は 75×80＝6000(㎤)だから，激しい運動をしているとき，１分間に左心室から送り出される血液の量は安静時の 30000÷6000＝5(倍)である。　ウ×…イ解説より，１分間に 6000 ㎤の血液が送り出されるから，血液は１分間→60 秒間に 6000÷5000＝1.2(周)する。よって，血液が１周(右心室から送り出された血液が右心室に到達)するのに 60÷1.2＝50(秒)かかるから，右心室から送り出された血液が右心房に到達するのにかかる時間は50秒より少し短い時間と考えられる。　エ×…血液は，全身→右心房→右心室→肺→左心房→左心室→全身と循環している。それぞれの→《矢印》で到達したり，送り出されたりする血液の量は等しいから，左心房と右心房に到達する血液の量は同じである。

問5(1)　肺で，血液中に酸素を取り込んで二酸化炭素を出す。(肺以外の)全身から心臓にもどる血液と心臓から肺に送られる血液が，二酸化炭素を多く含む静脈血である。よって，ａ，ｃ，ｄ，ｅを流れる血液は静脈血である。なお，肺から心臓に向かう血液と心臓から全身に送られる血液は，酸素を多く含む動脈血である。　(2)　①Ｐが肺，Ｑが肝臓，Ｒが小腸，Ｓは腎臓である。　②腎臓では，血液をろ過して，血液中の尿素などの不要な物質を取り除き尿をつくっている。よって，血液が腎臓を通過すると，尿素が減少する。なお，アミノ酸は小腸で血液中に吸収され，アンモニアは肝臓で尿素につくりかえられ，二酸化炭素は肺で排出される。

3　問1(1)　塩化銅は，銅イオンと塩化物イオンに電離する〔$CuCl_2 \rightarrow Cu^{2+} + 2Cl^-$〕。　(2)　200×0.1＝20(ｇ)

(3)　塩化銅水溶液に電流を流すと，陽極では水溶液中の塩化物イオンが電子を放出して塩素原子となり，２つの塩素原子が結びついて塩素分子となる。よって，陽極で発生する気体は塩素である。塩素は水に溶けやすく，黄緑色である。なお，陰極では水溶液中の銅イオンが電子を受けとって銅原子となって付着する。

問2(1)　石灰水などの冷たい液体が加熱部に流れ込むと，試験管が割れるおそれがある。　(3)　酸化銅と炭素の粉末を混ぜて加熱すると，酸化銅は還元されて銅になり，炭素は酸化されて二酸化炭素になる〔$2CuO + C \rightarrow 2Cu + CO_2$〕。図３より，炭素が 0.30ｇまでは試験管の中にある固体の質量が一定の割合で減少するが，0.30ｇを超えると増加する炭素の質量と同じだけ試験管の中にある固体の質量が増加する。これより，酸化銅4.00ｇと炭素 0.30ｇが過不足なく反応して，3.20ｇの銅ができ，二酸化炭素が 4.00＋0.30－3.20＝1.10(ｇ)発生したとわかる。したがって，二酸化炭素 1.10ｇに含まれる炭素は 0.30ｇ，酸素は 1.10－0.30＝0.80(ｇ)であり，二酸化炭素は炭素原子１個と酸素原子２個が結びついてできているから，炭素原子１個と酸素原子１個の質量の比は$\frac{0.30}{1}:\frac{0.80}{2}=3:4$となる。

4　**問2**　$2\times\frac{12.5}{5}=5$（N）

**問3**　ばねがおもりを引く力は，糸がおもりを引く力とおもりにはたらく重力の合力とつり合っている。

**問4**　力のつりあいの関係にある２力と作用・反作用の関係にある２力は，どちらも大きさが等しく，一直線上にあり，向きが反対である。力のつりあいの関係にある２力は，同じ物体に力がはたらくから，おもりにはたらく２力であるＢとＤが力のつりあいの関係にある。また，作用・反作用の関係にある２力は異なる物体の間で対になってはたらく力だから，ばねがおもりを引く力（Ｂ）とおもりがばねを引く力（Ｃ）が作用・反作用の関係にある。

**問5**　ａとｂの長さが等しいことから，ばねが物体を引く力の大きさはａとｂで等しい。図３より，ばねを引く力が等しいとき，ｂの方がａよりばねののびが小さいから，おもりをつるしていない状態でのばねの長さはｂの方が長いと考えられる。

5　**問3⑵**　地球から見たとき太陽と金星のなす角度が 45 度だから，太陽が水平線に沈んでから，地球が 45 度自転したときに金星は沈む。地球は１日→24 時間で１周→360 度動くから，45 度自転するのに $24\times\frac{45}{360}=3$（時間）かかる。よって，金星が沈む時刻は，太陽が水平線に沈んだ 19 時８分のおよそ３時間後の 22 時頃である。

図ｉ

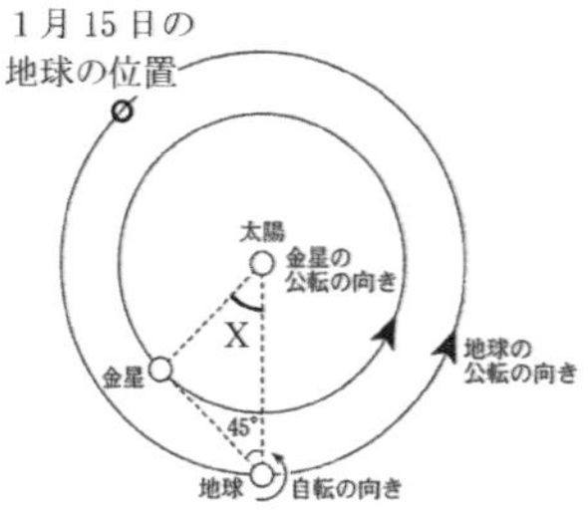


⑶　①太陽を金星と地球のそれぞれを直線で結んだときにできる角の小さい方をＸとする（図ｉ）。地球から見て，金星が太陽と同じ方向にあるとき，金星を見ることはできず，金星の公転周期（約 225 日）は地球の公転周期（365 日）より短いから，７月４日から９月２日までで金星を見ることができないときのＸはおよそ０度である。地球は１日で $\frac{360}{365}=0.98\cdots\to1.0$ 度動き，金星は $\frac{360}{225}$ ＝1.6（度）動くから，Ｘは１日で 1.6－1.0＝0.6（度）小さくなる。図ｉの点線の三角形は直角二等辺三角形だから，このときのＸは 45 度である。したがって，６月４日の 45÷0.6＝75（日後）の８月 18 日の観察のときに金星を見ることができなかったと考えられる。

②６月４日の 225 日後の１月 15 日に，金星は図１と同じ位置にあり，地球は 1.0×225＝225（度）動いた位置にある（図ｉ参照）。このときのＸは 360－225－45＝90（度）である。太陽，金星，地球の位置関係が図１のようになっている（Ｘが 45 度）とき，金星は半月のような形に見え，これよりＸが大きいと半月より満ちた形，Ｘが小さいと半月より欠けた形に見える。よって，１月 15 日に見えた金星の形は半月より満ちたＣのように見える。なお，地球と金星の間の距離が図１のときより大きいので，６月４日に見えた金星より小さく見える。

6　**問1⑵**　アは中生代，イは新生代，ウは古生代の示準化石である。なお，エは中生代から現在まで生きているので，示準化石には適さない。

**問2⑴**　燃料電池は，水素〔$H_2$〕と酸素〔$O_2$〕が結びついて水〔$H_2O$〕ができるときに発生する電気エネルギーを利用している。化学反応式では，矢印の前後で原子の組み合わせは変わるが，原子の種類と数は変わらないことに注意しよう。　**⑵**　〔電力量（Ｊ）＝電力（Ｗ）×時間（ｓ）〕である。白熱電球とＬＥＤ電球の電力の差が 60－10＝50（Ｗ）だから，それぞれを１時間→3600 秒間使ったときの消費する電力量の差は 50×3600＝180000（Ｊ）→180kJ である。　**⑷**　表より，抵抗器を流れる電流の大きさが最も大きくなるのは，水平面と太陽電池面のなす角度が 60 度のときとわかる。これは太陽電池面と光がなす角度が 90 度になるときで，水平面と光のなす角度と，水平面と太陽電池面のなす角度の和が 90 度になる。夏至の日の太陽の南中高度（水平面と太陽光のなす角度）は〔90 度－緯度（度）＋地軸のかたむき（度）〕で求められ，90－37＋23.4＝76.4（度）である。よって，水平面と太陽電池面のなす角度が 90－76.4＝13.6（度）のとき抵抗器を流れる電流の大きさが最も大きくなる。

## 《2024 社会 解説》

1　問１　アルプス山脈　　アルプス山脈は，新期造山帯のアルプスヒマラヤ造山帯に位置する。

問２　北緯 15 度，東経 150 度　　右図の太線が経度０度の本初子午線と緯度０度の赤道であり，経線と緯線は 15 度ごとに引かれていることから判断する。

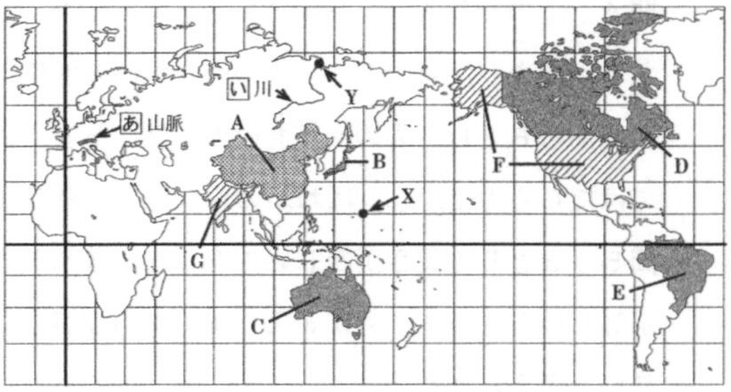


問３　ア，ウ　　イ．誤り。中国では，沿岸部に経済特区が設けられた。エ．誤り。日本の石炭輸入量のうち，オーストラリアからの輸入量が最も多い。

問４　D　　人口密度が小さいアとウは，国土面積が広く人口が少ないCのオーストラリアとDのカナダのいずれかである。海に囲まれたオーストラリアの方が，カナダより領海と排他的経済水域の面積の和は大きくなると考えられるので，アがカナダ，ウがオーストラリアと判断する。イはEのブラジル，エはBの日本。

問５　日本では３～４月頃に雪解けが始まるが，シベリアでは０度を上回るのが６月になるため，雪解けが遅くなることに気が付きたい。

問６　シリコンバレーとインドの時差が 13.5 時間あり，インドには英語を話せる人も多いため，24 時間体制での対応が可能になる。

2　問１　口分田　　６年ごとにつくられる戸籍をもとに，６歳以上の男女に口分田を支給し，死亡したときに国に返させるしくみを班田収授という。

問２　エ　　平清盛が権力を得たのは 12 世紀の中頃である。高句麗は紀元前１～７世紀，明は 14～17 世紀，新羅は紀元前１～10 世紀に朝鮮半島や中国に成立した国である。

問３　エ→イ→ウ→ア　　元による１度目の襲来を文永の役，２度目の襲来を弘安の役という。文永の役で火器と集団戦法に苦戦し上陸を許した鎌倉幕府は，２度目の襲来に備えて博多湾岸に防塁を築いた。そのため，２度目の襲来では上陸を許さなかった。元寇で命をかけて戦ったにもかかわらず，充分な恩賞をもらえなかった御家人の中には，生活に困って領地を売ったり質に入れたりする者も多かった。そこで幕府は永仁の徳政令を出して，御家人の借金を帳消しにしたが，効果は一時的なものであった。

問４　エ　　株仲間は江戸時代の同業者の組合，五人組は江戸時代の農村の組織，惣は室町時代の農村の組織。

問５　日本海を通って東北地方から運ばれた物資は，敦賀や小浜から琵琶湖を経由して坂本や大津に運ばれ，そこから馬借によって京都に持ち込まれた。

問６　工場制手工業の問屋制家内工業との大きな違いは，労働者を工場に集めて分業によって，効率よく生産することにある。

3　問１⑴　ア，エ　　社会権には，生存権，教育を受ける権利，勤労の権利，労働基本権がある。　⑵　公衆衛生　　社会保障制度の４つの基本的な柱については右表を参照。

| 社会保険 | 社会福祉 | 公衆衛生 | 公的扶助 |
|---|---|---|---|
| 医療保険<br>年金保険<br>雇用保険<br>労災保険<br>介護保険など | 児童福祉<br>母子福祉<br>身体障がい者福祉<br>高齢者福祉など | 感染症予防<br>予防接種<br>廃棄物処理<br>下水道<br>公害対策など | 生活保護<br>（生活・住宅・教育・医療などの扶助） |
| 加入者や国・事業主が社会保険料を積み立て，必要なときに給付を受ける | 働くことが困難で社会的に弱い立場の人々に対して生活の保障や支援のサービスをする | 国民の健康増進をはかり，感染症などの予防をめざす | 収入が少なく，最低限度の生活を営めない人に，生活費などを給付する |

問２　ウ　　刑事裁判では，罪を犯したと思われる人を被告人として，検察官が起訴することから始まる。

問３⑴　3.25 倍　　最も有権者数が少ない３区の１票は，最も有権者数が多い２区の１票の，130÷40＝3.25(倍)

の価値がある。 (2) 小選挙区制では候補者に投票し最多得票者1名が当選するが，比例代表制では政党に投票し，得票数に応じて各政党に議席が配分される。日本では比例代表選挙において，ドント式が採用されている。

**問4** 国民投票　　国会が憲法改正の発議をすると，国民投票が行われ，有効投票の過半数の賛成が得られれば，天皇が国民の名において，直ちに改正の公布をする。

4 **問1** オホーツク海　　オホーツク海は，流氷の南限となっている。

**問2** Ⅰ＝南東　Ⅱ＝親潮(千島海流)　　季節ごとに向きが変わる風を季節風(モンスーン)という。季節風は，夏は海洋から大陸に向かって，冬は大陸から海洋に向かって吹く。[い]の地域では，夏の湿った南東季節風が，寒流である千島海流上空で冷やされることで発生した霧を運んでくるため，濃霧によって日照時間が少なくなり，作物が育ちにくくなる。

**問3** ア＝D　ウ＝B　　アは野菜の割合が高いことから，大消費地である東京に向けた近郊農業が盛んな茨城県と判断する。ウは果実の割合が高いことから，りんごの栽培が日本一の青森県と判断する。イはCの新潟県，エはAの北海道。

**問4** Y県の沿岸には，複雑な海岸地形のリアス海岸が多いことに着目する。リアス海岸は，岬と湾が交互に続き，波がおだやかなため，養殖に適した地形といえる。

**問5** 扇状地は水はけがよく，果樹栽培に適していることは確実に覚えておきたい。

**問6** バス会社と運送会社が，効率よくそれぞれの問題点を補う取り組みとして，貨客混載が行われる。

5 **問1** リンカン　　北部側が支援するリンカンが大統領になったことから，南北戦争が起きた。

**問2** ウ，エ　　GHQに占領されていた時期は1945年～1952年までである。警察予備隊は1950年に作られた。20歳以上の男女に選挙権が与えられたのは1945年であった。安保闘争は1960年，沖縄の本土復帰は1972年。

**問3**(1) 国家総動員法　　軍部の強い要求で国家総動員法が制定されると，国民は軍需品の工場などに動員されて働かされたり，生活全体にわたって厳しい統制を受けたりした。 (2) Ⅰ＝エ　Ⅱ＝ウ　　蒋介石は，国民政府を南京につくり，戦争が始まると拠点を漢口，次いで重慶に移し，アメリカ・イギリス・ソ連などの援助を受けて，日本軍と戦った。アは北京，イは奉天，ウは重慶，エは南京。

**問4**(1) 左の武士が日本，右の男が中国(清)，魚が朝鮮，橋の上の男がロシアを表している。 (2) ビゴーはフランス人であり，フランス・アメリカ・イギリス・オランダ・ロシアには，安政の五か国条約によって領事裁判権が認められていた。

**問5** 国名＝フランス　符号…ウ　　日本，アメリカ，中国，フランス，ソ連のうち，第一次世界大戦における三国協商の国はフランスとソ連，国際連盟が発足した時の常任理事国は日本とフランス，国際連合の常任理事国はアメリカ，中国，フランス，ソ連だから，[え]はフランスである。[い]は日本，[う]はソ連だから，残った[あ]と[お]はアメリカと中国であり，アメリカと中国では，アメリカのみ北大西洋条約機構(NATO)に加盟している。

6 **問1** 公企業　　公企業には，市営バス・上下水道などの地方公営企業，国立印刷局などの独立行政法人，NHKなどの特殊法人などがある。

**問2** ア，イ　　固定資産税は市町村税，自動車税は道府県税に分類される。

**問3** 証券会社などを通じて株式を購入することも直接金融にあたる。間接金融は，銀行などの金融機関から融資を受けた場合などである。

**問4** Ⅰ＝先進国　1990年の時点で二酸化炭素の排出量が多いXが先進国，少ないYが発展途上国である。

Ⅱ．京都議定書では，先進国だけに温室効果ガスの排出削減を求めたが，パリ協定では発展途上国をふくむすべての国に温室効果ガスの排出削減の目標設定を義務付けた。

**問5** 部品の半分以上を海外からの輸入に頼っている製品を製造する際，海外からの部品の供給が滞れば，その製品は製造できないことになる。輸入先を増やすことは，そのリスクを減らすことになる。

# 石川県公立高等学校

## 《2023　国語　解答例》

一　問1．⑴ほうそう　⑵す　⑶あいまい　⑷おごそ　　問2．⑴急　⑵宿舎　⑶散策　⑷垂

二　問1．イ　　問2．何をやるにも道具は大事なので、自分に合う、いいものを買うべきだと考えているから。
問3．ウ　　問4．射に集中できる　　問5．狂いがあっても先輩に調整してもらう　　問6．エ　　問7．やり終える前に意識が次に向くから、やることが雑になると言われ、ほかの人の道具を見たところ、自分はものの扱いが雑だと気づいて恥ずかしくなり、直そうと決めたから。

三　問1．ウ　　問2．⑴エ　⑵知識を文字に表した　　問3．経験のない段階で教わっても分からなかったことが、成長し、経験を重ねた時、記憶にあったおかげで意味を持つことがあるから。　　問4．正当化された、真なる信念　　問5．伝えられた事柄や本で読んだ事柄について、カバーする範囲や他の知識との関係、使われる場面を考える作業を行い、知識として自分で構成すること。　　問6．C

四　問1．右漢文　　問2．巨伯　　問3．ウ　　問4．人が皆いなくなった状態。
問5．A．自分が病気の友人の身代わりになろう　B．義

看㆓友人疾㆒

五　私は、日常生活で外来語を使う時に、その外来語の定着度や、相手の年齢や経験などを考えて、日本語への言い換えや説明の工夫をするように心がけたい。その理由は、ニュース番組に出演した解説者が、「エビデンス」という言葉を繰り返し使ったことがあり、私はこの言葉の意味を知らなかったため、話の内容が頭に入らなかったということがあったからだ。もし、一度でも「エビデンス」という言葉を日本語に言い換えてくれていれば、言葉の意味とニュースの内容を理解できたと思う。

## 《2023　数学　解答例》

1　⑴ア．9　イ．10　ウ．$12x^2$　エ．$\frac{7a-11b}{12}$　オ．$2\sqrt{6}$　　⑵$y=-\frac{12}{x}$　　⑶15　　⑷$a-7b<200$
⑸イ，エ

2　⑴3　※⑵$\frac{3}{5}$

3　⑴4　　⑵$\frac{7}{4}$　※⑶6

※4　とり肉1パックの内容量…200　ぶた肉1パックの内容量…260

5　右図

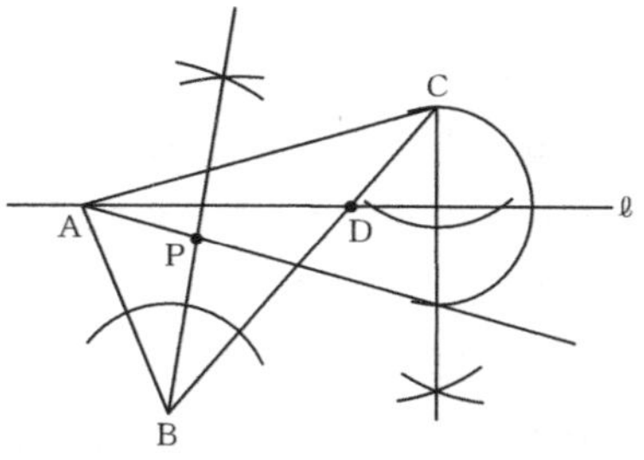


6　⑴辺CD，辺IJ，辺GL　※⑵$4\sqrt{7}$　※⑶5：3

7　⑴65
⑵△ABDと△CAFにおいて
$\overset{\frown}{AD}=\overset{\frown}{CF}$より AD＝CF…①　∠ABC＝∠ACB＝45°より AB＝CA…②
等しい円周角に対する弧は等しいので $\overset{\frown}{BA}=\overset{\frown}{AC}$
$\overset{\frown}{BA}=\overset{\frown}{AC}$，$\overset{\frown}{AD}=\overset{\frown}{CF}$より $\overset{\frown}{BD}=\overset{\frown}{AF}$　したがって BD＝AF…③
①，②，③より，3組の辺がそれぞれ等しいから △ABD≡△CAF
※⑶$\frac{9}{2}$

※の考え方，方程式と計算は解説を参照してください。

## 《2023　英語　解答例》

1　A．No. 1．a．誤　b．正　c．誤　No. 2．a．正　b．誤　c．誤　　B．No. 1．ア　No. 2．エ

C．Part 1…No. 1．ア　No. 2．イ　No. 3．ア　Part 2…No. 1．the train　No. 2．cannot stop

No. 3．He will listen to music.

2　問1．[(X)／(Y)]　①[ウ／イ]　②[オ／ア]　③[オ／エ]　　問2．I had a pet at home

3　問1．あ．イ　い．エ　う．ア　　問2．A．エ　B．ア　　問3．(1)one of the new videos　(2)a list of homestay programs　　問4．ウ　　問5．For example　　問6．Will I be able to speak English if I study abroad?

問7．ウ，オ

4　問1．A．イ　B．エ　C．ウ　　問2．ウ　　問3．エ→ウ→ア→イ　　問4．many products were made for young people　　問5．イ　　問6．(a)making products young people want to use　(b)I want to introduce *Bon Odori*. *Bon Odori* is a Japanese traditional dance.　Many people dance in a circle at the summer festival.　I would like people from abroad to know this wonderful traditional dance.

## 《2023　理科　解答例》

1　問1．(1)分解　(2)イ，エ　　問2．(1)偏西風　(2)ア　　問3．(1)イ→エ→ウ→ア　(2)600　　問4．(1)光源　(2)エ

2　問1．栄養生殖　　問2．子は親の染色体をそのまま受けつぐから。〔別解〕子は親と同じ遺伝子を受けつぐから。

問3．あ．減数　い．半分　　問4．(1)ウ　(2)ＡＡ　(3)エ

3　問1．断層　　問2．ウ　　問3．①0　②10　　問4．ア

問5．記録紙は動くが，おもりについたペンはほとんど動かないから。　　問6．26.7

4　問1．水素　　問2．$ZnSO_4 \rightarrow Zn^{2+} + SO_4^{2-}$　　問3．溶液中の銅イオンが減少したから。

問4．(1)ウ　(2)エ　(3)①イ　②ア

5　問1．直流　　問2．イ　　問3．(1)80　(2)9　(3)イ　　問4．符号…ア　理由…コイルの下部には，左向きに力がはたらき，また，コイルの上部には，流れる電流の向きと磁石による磁界の向きが両方ともコイルの下部とは反対向きになるため，左向きに力がはたらくから。

6　問1．位置エネルギー　　問2．アルミニウム　　問3．(1)感覚器官　(2)①鼓膜　②うずまき管　　問4．1.5

問5．符号…ア　理由…物体は点A，Bどちらの位置で離しても点Cの位置を通過するとき，等速直線運動をしていると考えられることから，物体にはたらく摩擦力は，物体にはたらく斜面に平行な重力の分力と等しく，また，点Cの位置で離すと静止することから，物体にはたらく摩擦力は，物体にはたらく斜面に平行な重力の分力と等しいから。

## 《2023　社会　解答例》

1　問1．⑴北アメリカ　⑵イ　　問2．ロサンゼルスの太平洋岸…ウ　ブエノスアイレス…ア　　問3．a．×　b．○　　問4．Y国のとうもろこしの産地は，うの地域の港に続く水路の上流にあり，水運を利用すれば安く大量に運べるから。　　問5．自国民の雇用を守りながら，多くの手作業が必要となる短い期間に労働力を確保できるようにするため。

2　問1．執権　　問2．⑴エ　⑵清がイギリスに敗れたことを知り，薪や水を与えることで，外国との争いを避けようと考えたから。　　問3．⑴符号…ウ　名称…石見　⑵武士と農民の身分の区別が明確になったから。

問4．大宝律令が制定されたときは，人々が納める税は戸籍によって決められていたが，Dの時期は，税は国司が決め，朝廷に納めた残りを自分のものにできたから。　　問5．D→A→C→B

3　問1．国事行為　　問2．エ　　問3．プライバシーの権利　　問4．理由…最高裁判所は，法律などが憲法に違反していないかどうかを，最終的に決定するから。　Xの語句…国民審査　　問5．地方交付税交付金は，地方公共団体の収入の不足分を補うために国から配分されているが，景気が回復したことにより，多くの地方公共団体で地方税による収入が増えたから。

4　問1．リアス海岸　　問2．イ　　問3．ウ　　問4．山を切り開いてニュータウンを建設し，出た土で海を埋め立てて市街地を広げた。　　問5．X市とY市が道路で結ばれたので，併設されている自動車道を活用することにより，観光客を増やすため。　　問6．ア．E　オ．C

5　問1．征韓論　　問2．国名…ロシア　符号…イ　　問3．⑴国際連盟　⑵ドイツが占領していた山東省の権益を日本が引きつぐこと。　　問4．イ，エ　　問5．高い関税をかけて，自国の植民地以外の国からの輸入品をしめ出そうとした

6　問1．クーリング・オフ　　問2．ア，ウ　　問3．⑴均衡価格　⑵生産者から直接仕入れる　　問4．株主総会で経営者以外の自社の株主の様々な意見に左右されずに，経営者が自社の経営方針を決められるから。

# 2023解説 石川県公立高等学校

令和5年度

## 《2023　国語　解説》

二　問１　几帳面《きちょうめん》とは、細かいところまで、物事をきちんと行うさま。傍線部①を少し言い換えると、「家の中から庭の隅々まですべて掃き清められ、家中どこも整然としている」ということ。こういう家の様子から、祖母が几帳面な性格であることが読み取れる。

問２　祖母の考えは、少し前の「何をやるにしても道具は大事だよ。ちゃんと自分に合う、いいものを買いなさいね。お金はちゃんとあげるから」という発言から読み取れる。この「ちゃんと自分に合う、いいものを買」うことの反対の行為が「安物買い」であり、だから傍線部②で「安物買い」をしないようにと念押ししている。

問３　ここでの「キリ」とは、限りや果て、際限のこと。「カケと矢については上をみればキリがない」をもう少し具体的に述べたのが次の文であり、「特注で自分に合う形に作ってもらったり、素材をグレードアップすればいくらでも高いものになる」、つまり「無限だ(＝限りが無い)」ということ。

問４　「自分の矢を使ったとき」に「実感した」ことは、次の段落の最後の２文に書かれている。「間に合わせの矢では矢の長さがまちまちだったりしてそのたびごとに少しずつ感覚が変わったが、自分の矢ではそれ(＝少しずつ感覚が変わること)がない。だから、射《しゃ》に集中できる」とある。

問５　「自分の弦となると」何が変わるのかを考える。前後の、「自分の道具を持つことは、自分自身で管理すべきことが増える、ということでもあった」「自分の弦があるのは誇らしいけど、ちょっと手間だな、と楓は思った」からも推測できるように、自分の道具となると、道場で借りる道具とちがって人任せにはできない。傍線部⑤の「そう」が指しているのは、「(弦に)狂いがあれば先輩に調整してもらっていた」の部分である。

問６　前田さんは、「カケは床に置かないのよ～買ったばかりの新品でしょう？」と言い、それを聞いて楓が「はい、すみません」と謝り、非を認めた後も、「それに、外した紐《ひも》はちゃんとカケに巻きつけて。ほら、こんな風にぐちゃぐちゃなってるとだらしないでしょう？」とこまごまとした注意を続けた。よって、エが適する。

問７　前田さんから「あなたは何かやる時、全部やり終える前に視線がほかのところに移っている。意識が次に向いているの。だからやることが雑になるのね」と指摘された後の、傍線部⑦までの楓の行動や心の動きに着目する。楓は「ほかの人たちのカケを見」て、「ちゃんと紐を巻いてきれいに置いている人がほとんどだ」と気づき、さらに「ほかの道具の扱いも観察して」「ひとつひとつほかの人たちのやることを意識して見ると、自分がとても雑にものを扱っていたことに気がついた」。そして、こうしたことに気づいた「楓は恥ずかしくなった」。さらに、傍線部⑦の直前の「だけど、ちゃんと直さなければ、年を取ってもこのままだろう」という部分から、今後はこうした部分を直そうと決意したことがわかる。

三　問１　Ｘ．多くの人が持つ「知識は伝えることができる」という「(間違った)信念の表れ」の例として、直前の内容に直後の内容を付け加えているから、「また」が入る。　Ｙ．前の文で述べていることを根拠に、当然のこととして以下のことを述べているから、「だから」が入る。よって、ウが適する。

問２⑴　「本は知識の泉だ」という表現は、「～のようだ」などの言葉を用いずに、特徴を他のもので表しているので、エの「隠喩」が適する。　⑵　３段落目の２番目の文で、「書物は知識を文字に表したものであり、それ自身は知識ではない」と、「書物(本)」のことを説明している。

問３　最後から２番目の段落の「経験のない段階で何かのことを教わっても、ほとんどそれは意味がない。しかし、あなたは成長する、経験を重ねる。こうなると、昔はちんぷんかんぷんだった(けれど記憶していた)ことが意味を持つことがある」をまとめる。前後に「それは(＝記憶に意味は)ある時もあるというのが答えだ」「だから記憶が

意味がないというわけではない」とあることもヒントになる。

**問４**　文脈からいって、筆者が論じたい「有用な知識」「役立つ、意味のある知識」の方ではなく、前の段落で説明されている「伝統的な哲学」における知識を指す。「伝統的な哲学」における知識は、「正当化された、真なる信念」と言われるとある。

**問５**　筆者は、「有用性を持つ知識」に必要な３要素として、「一般性」「関係性」「場面即応性」を挙げている。この内容をふまえて述べたのが、「伝えられた事柄、本で読んだ事柄がどのような範囲をカバーするのか、それは他の知識とどう関係するのか～どこで使われるのかを考える作業を行わない限り～知識とはならないのだ」という部分である。こうした作業を行いながら、人は相手からの情報を「知識として構成して」いく。「知識を作る」というのは、このようにして、情報を「知識として構成して」いくことを指している。

**問６**　C の直前に「これ(＝無意識の働き)が勝手に、それまでに貯《たくわ》えたいろいろな他の知識との結びつきを作ってくれるし、それが働く場所も勝手に見つけてくれる場合も多々ある」とある。この下線部のようなことがあるからこそ、抜けている一文に書かれているように悩まなくてもよいことも多いのである。

**四**　**問１**　「疾」から「看」に三字返るので、「一・二点」を用いる。

**問２**　病気の友人を遠く見舞いに来たのは、巨伯である。

**問３**　「至り」の主語は「賊」だから、主語を表す格助詞「が」が適する。

**問４**　賊は、巨伯が残っていることに驚き、なぜ残っているのか尋ねている。このことから、大軍が来た時、郡がどうなるのかを考える。「空」という漢字の意味もヒントになる。

**問５Ａ**　巨伯は賊に対して、「寧《むし》ろ我が身を以て友人の命に代へん」と言った。　**Ｂ**　賊たちは、自分たちは「無義の人」であり、巨伯のいる郡を「有義の国」だと考え、軍を引き返した。賊たちは、巨伯の行為について、「義」があると考えたのである。

【漢文の内容】

巨伯は、遠くまで行って友人の病気を看病し、胡賊が郡を攻めるのに出くわした。友人が、巨伯に語って言うには、「私は、今にも死のうとしている。あなたは、去るべきだ。」と。巨伯が言うには、「遠くまで来て対面したのに、あなたは私を立ち去らせようとする。義を捨ててまで生きようとするのは、どうしてこの巨伯にできようか(いやできない)。」と。そうしているうちに賊がもうやって来て、巨伯に言うには、「大軍が来たならば、この郡は人がまったくいなくなるだろう。お前はいったいどういう男なのか。あえて一人踏みとどまっているとは。」と。巨伯が言うには、「友人は病気であり、これを見捨てることはできない。それよりはむしろ自分が身代わりになって友人の命に代えよう。」と。賊が互いに言うには、「我々は、無義の人であるのに、有義の国に入ることができようか。」と。そのまま軍を引き返して帰ってしまった。

## 《2023　数学　解説》

1　(1)ア　与式＝５＋４＝**９**

イ　与式＝９×２－８＝**10**

ウ　与式＝$\dfrac{15x^3y^2}{2}\times\dfrac{8}{5xy^2}=\mathbf{12x^2}$

エ　与式＝$\dfrac{4(4a-2b)-3(3a+b)}{12}=\dfrac{16a-8b-9a-3b}{12}=\mathbf{\dfrac{7a-11b}{12}}$

オ　与式＝$3\sqrt{6}-\dfrac{2\sqrt{3}}{\sqrt{2}}=3\sqrt{6}-\dfrac{2\sqrt{6}}{2}=3\sqrt{6}-\sqrt{6}=\mathbf{2\sqrt{6}}$

(2)　反比例の式は$y=\dfrac{a}{x}$と表される。この式に，$x=2$，$y=-6$を代入して，$-6=\dfrac{a}{2}$　. $a=-12$

よって，$\boldsymbol{y=-\frac{12}{x}}$である。

⑶　**【解き方】$60n=A^2$（Aは自然数）となればよい。**

$60n=2^2\times3\times5\times n$より，$\sqrt{60n}$が自然数となるとき，$n=3\times5\times a^2$（aは自然数）と表せる。nの最小の値は，$a=1$のときの$3\times5\times1^2=$**15**である。

⑷　7人にbmLずつ分けたときの合計の量は7bmLだから，$\boldsymbol{a-7b<200}$となる。

⑸　**【解き方】箱ひげ図からは，右図のようなことがわかる。半分にしたデータ（記録）のうち，小さい方のデータの中央値が第１四分位数で，大きい方のデータの中央値が第３四分位数となる（データ数が奇数の場合，中央値を除いて半分にする）。**

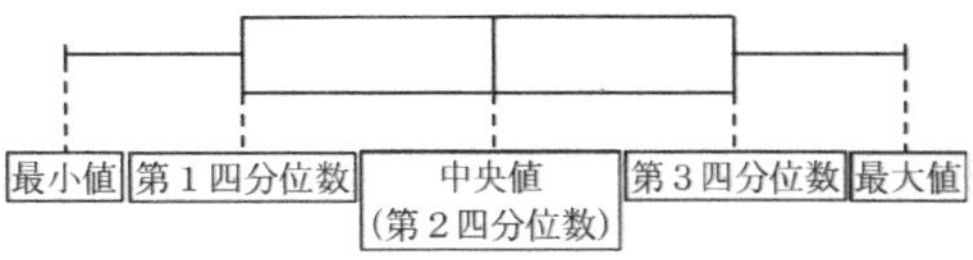


ア．箱ひげ図から平均値は求められないので，正しいとは言えない。

イ．第３四分位数は，１組が７冊，２組が８冊で２組の方が大きい。よって，正しい。

ウ．（四分位範囲）＝（第３四分位数）－（第１四分位数）である。１組の四分位範囲は$7-3=4$（冊），２組の四分位範囲は$8-3=5$（冊）だから，正しくない。

エ．どちらの組の人数も31人だから，第３四分位数はデータの大きい方から$(31-1)\div2=15$（個）の中央値である。よって，$15\div2=7.5$より，大きい方から８番目の値が第３四分位数であり，１組は７冊，２組は８冊だから，どちらの組も７冊以上の生徒は８人以上いる。よって，正しい。

オ．２組の最大値は10冊だから，２組には必ず10冊の生徒がいる。一方で１組には必ずいるとは言えないので，正しいとは言えない。

以上より，正しいものは**イ**，**エ**である。

2　⑴　箱から玉を２個取り出すとき，数字の和が４になるには２つの数字が１と３，または２と２であればよい。

３個の赤玉を①，②，③，２個の白玉を１，２とすると，数字の和が４になる２個の玉の取り出し方は，

（①，③）（１，③）（②，２）の**３**通りである。

⑵　**【解き方】２回とも同じ色の玉を取り出すと，O，P，Qは１本の線分上にあり，三角形ができない。よって，O，P，Qが三角形になる条件は，取り出した２個の玉の色が異なることである。**

３個の赤玉を①，②，③，２個の白玉を１，２とすると，取り出した２個の玉の色が異なるのは，右図の○をつけた場合であり，12通りある。すべての玉の取り出し方は$5\times4=20$（通り）あるから，求める確率は，$\frac{12}{20}=\boldsymbol{\frac{3}{5}}$

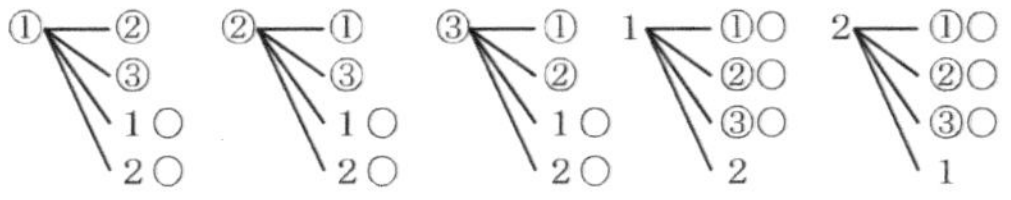

3　⑴　**【解き方】（長方形の周の長さ）$\div2=$（長方形の縦の長さ）＋（長方形の横の長さ）である。**

$x=22$のときの縦の長さをpcmとすると，横の長さは$(p+3)$cmだから，$p+(p+3)=22\div2$　　$p=4$

よって，縦の長さは**4**cmである。

⑵　**【解き方】正方形の１辺の長さは$\frac{x}{4}$cmと表せる。**

$x=8$のとき，正方形の１辺の長さは$\frac{8}{4}=2$（cm）だから，$y=2\times2=4$

$x=20$のとき，正方形の１辺の長さは$\frac{20}{4}=5$（cm）だから，$y=5\times5=25$

（変化の割合）$=\frac{(y\text{の増加量})}{(x\text{の増加量})}$より，求める変化の割合は，$\frac{25-4}{20-8}=\frac{21}{12}=\boldsymbol{\frac{7}{4}}$

⑶　**【解き方】縦と横の長さの比が１：４の長方形の面積のグラフと，縦の長さがａcmの長方形の面積のグラフの，どちらが放物線でどちらが直線かを考える。**

長方形の縦と横の長さが１：４のとき，縦の長さは$\frac{x}{2}\times\frac{1}{1+4}=\frac{x}{10}$(cm)，横の長さは$\frac{x}{10}\times 4=\frac{2}{5}x$(cm)と表せるから，$y=\frac{x}{10}\times\frac{2}{5}x$より$y=\frac{1}{25}x^2$となり，グラフは放物線となる。よって，$x=50$のとき，$y=\frac{1}{25}\times 50^2=100$である。

図３

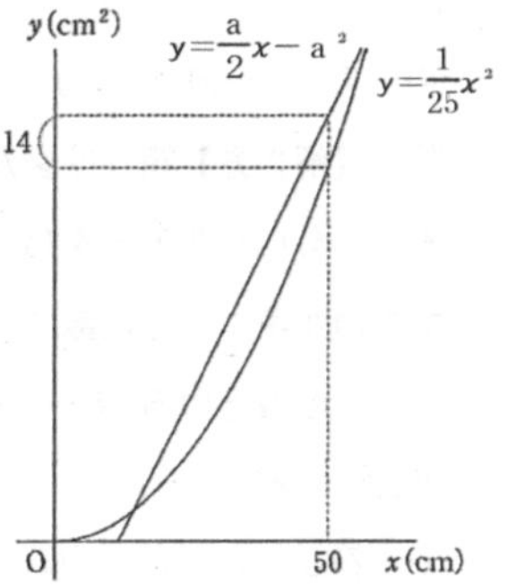


長方形の縦の長さがａcmのとき，横の長さは$(\frac{x}{2}-a)$cmだから，

$y=a(\frac{x}{2}-a)$より$y=\frac{a}{2}x-a^2$となる。よって，$x=50$のとき，

$y=\frac{a}{2}\times 50-a^2=25a-a^2$となり，グラフは直線となる。

図より，$x=50$のとき直線の方が放物線より$y$の値が14大きいから，

$(25a-a^2)-100=14$　　$a^2-25a+114=0$　　これを解いて，$a=6，19$

$a<\frac{25}{2}$より，$a=$**６**である。

４　**【解き方】とり肉１パックの内容量を$x$ｇ，ぶた肉１パックの内容量を$y$ｇとして，連立方程式を立てる。**

とり肉１パックとぶた肉２パックの内容量について，$x+2y=720$…①，

合計金額について，$\frac{x}{100}\times 120+\frac{2y}{100}\times 150=1020$より，$2x+5y=1700$…②

②－①×２で$x$を消去すると，$5y-4y=1700-1440$　　$y=260$

これを①に代入して，$x+2\times 260=720$　　$x=200$

よって，とり肉１パックの内容量は**200ｇ**，ぶた肉１パックの内容量は**260ｇ**である。

５　**【解き方】条件②から，Ｐは∠ＡＢＣの二等分線上にある。また，条件③から，直線ℓについてＣと対称な点をＣ′とすると，Ｐは直線ＡＣ′上にある。**

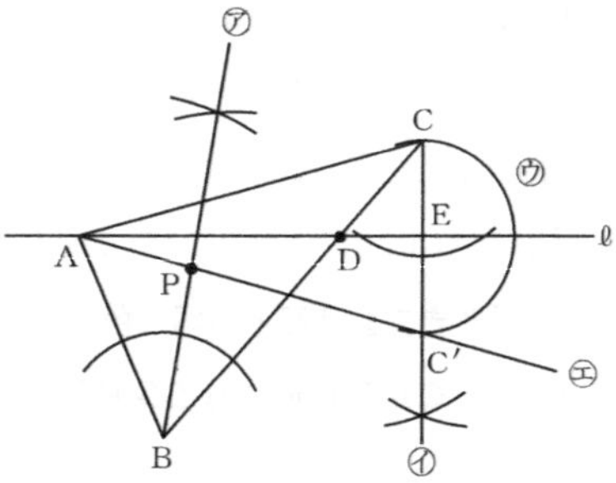


手順㋐：∠ＡＢＣの二等分線を作図する。

手順㋑：Ｃからℓに垂線を引く。

手順㋒：㋑で引いた垂線とℓの交点をＥとすると，Ｅを中心とし，半径がＣＥの円と直線ＣＥの交点がＣ′である。

手順㋓：㋐で引いた直線と，直線ＡＣ′の交点がＰである。

６　⑴　正六角形の対辺は平行だから，ＡＦ//ＣＤである。

四角形ＣＩＪＤ，四角形ＡＧＬＦは長方形だから，ＣＤ//ＩＪより，ＡＦ//ＩＪ，また，ＡＦ//ＧＬである。

よって，辺ＡＦと平行な辺は，**辺ＣＤ，辺ＩＪ，辺ＧＬ**である。

⑵　**【解き方】∠ＡＧＩ＝90°だから，ＡＧとＧＩの長さからＡＩの長さを求められる。正六角形は６つの合同な正三角形に分けられるから，右の図ｉのように作図できる。**

図ｉ

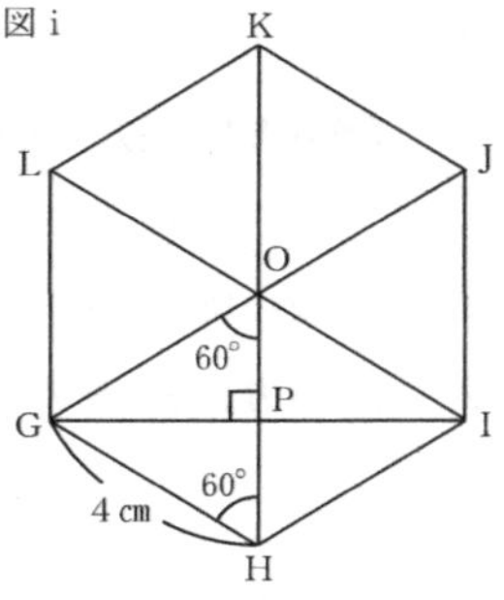


△ＧＨＰは３辺の長さの比が$1:2:\sqrt{3}$の直角三角形だから，

$GP=\frac{\sqrt{3}}{2}GH=2\sqrt{3}$(cm)となる。よって，$GI=2GP=4\sqrt{3}$(cm)

∠ＡＧＩ＝90°だから，三平方の定理より，

$AI=\sqrt{AG^2+GI^2}=\sqrt{8^2+(4\sqrt{3})^2}=\sqrt{112}=$**$4\sqrt{7}$**(cm)である。

⑶　**【解き方】立体ＭＮ－ＩＪＫＬを図ⅱのように切断し，三角すい２つと，三角柱１つに分けて体積を考える。**

⑵の解説をふまえる。図ⅱの三角すいＮ－ＫＬＱと三角すいＭ－ＪＩＲについて，ＬＱ＝ＩＲ＝$\frac{1}{2}$ＯＨ＝２(㎝)，ＱＫ＝ＲＪ＝ＧＰ＝$2\sqrt{3}$㎝，∠ＬＱＫ＝∠ＩＲＪ＝90°である。

ＮＫ＝ＭＪ＝$x$㎝だから，三角すいＮ－ＫＬＱと三角すいＭ－ＪＩＲの体積は等しく，その合計は，$\frac{1}{3}\times(\frac{1}{2}\times2\times2\sqrt{3})\times x\times2=\frac{4\sqrt{3}}{3}x$(㎤)となる。

次に，(四角柱ＮＱＫ－ＭＲＪの体積)＝$(\frac{1}{2}\times2\sqrt{3}\times x)\times4=4\sqrt{3}x$(㎤)となるから，(立体ＭＮ－ＩＪＫＬの体積)＝$\frac{4\sqrt{3}}{3}x+4\sqrt{3}x=\frac{16\sqrt{3}}{3}x$(㎤)

図ⅱ

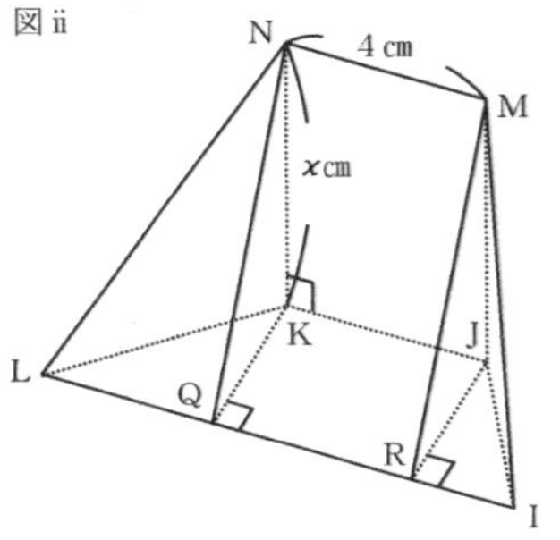


また，(正六角形ＧＨＩＪＫＬの面積)＝６△ＯＧＨ＝$6\times(\frac{1}{2}\times4\times2\sqrt{3})=24\sqrt{3}$(㎠)だから，

(正六角柱ＡＢＣＤＥＦ－ＧＨＩＪＫＬの体積)＝$24\sqrt{3}\times8=192\sqrt{3}$(㎤)となる。

したがって，$\frac{16\sqrt{3}}{3}x=192\sqrt{3}\times\frac{1}{12}$　　これを解いて，$x$＝３となるから，ＤＭ：ＭＪ＝(８－３)：３＝**５：３**

７　⑴　**【解き方】同じ弧に対する円周角の大きさは中心角の大きさの$\frac{1}{2}$倍である。**

∠ＢＯＣ＝82°であり，$\overset{\frown}{BC}$に対する中心角である。∠ＢＡＣは$\overset{\frown}{BC}$に対する円周角だから，$82°\times\frac{1}{2}=41°$　　三角形の１つの外角は，これととなり合わない２つの内角の和に等しいから，∠ＡＥＤ＝24°＋41°＝**65°**

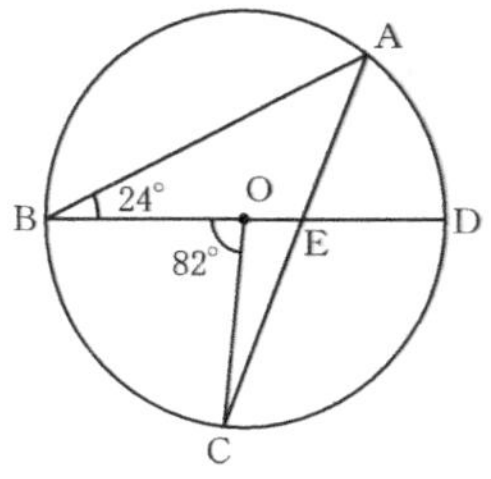


⑵　まず，問題文の仮定を図にかきこんで，証明のために必要な条件を探そう。
条件が足りない場合は，問題の内容に応じて，図形の性質，平行線の同位角・錯角，円周角の定理などからわかることもかきこんでみよう。

⑶　**【解き方】平行線や円周角を考えると相似な三角形が多く見つかる。**
**このうち，ＢＣを１辺に持つ△ＡＢＣと△ＤＥＣの相似関係に注目する。**
**まずはＡＥ→ＥＣの順に求める。**

△ＡＧＥと△ＡＥＢにおいて，

ＧＥ//ＢＣより，∠ＡＥＧ＝∠ＡＣＢ＝∠ＡＣＤ，$\overset{\frown}{AD}$に対する円周角だから，∠ＡＢＥ＝∠ＡＣＤ　　よって，∠ＡＥＧ＝∠ＡＢＥである。

また，∠ＥＡＧ＝∠ＢＡＥだから，△ＡＧＥ∽△ＡＥＢである。

したがって，ＡＥ：ＡＢ＝ＡＧ：ＡＥより，ＡＥ：(１＋２)＝１：ＡＥ

$AE^2=3$　　$AE=\pm\sqrt{3}$　　ＡＥ＞０より，ＡＥ＝$\sqrt{3}$㎝

図ⅲ

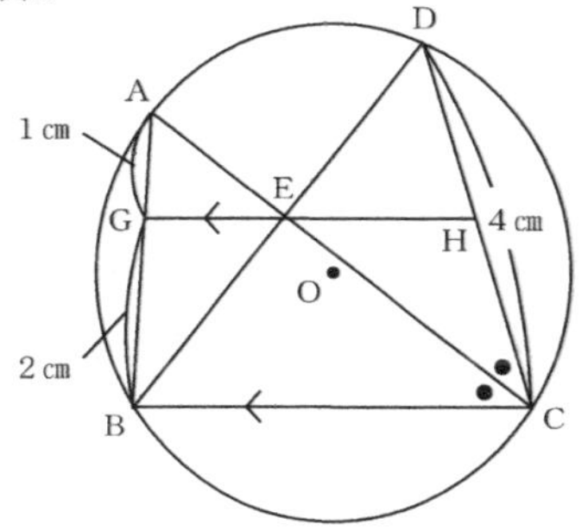


ＧＥ//ＢＣ，ＡＧ：ＧＢ＝１：２だから，ＡＥ：ＥＣ＝１：２　　よって，ＥＣ＝$2\sqrt{3}$㎝

次に，$\overset{\frown}{BC}$に対する円周角だから，∠ＣＡＢ＝∠ＣＤＥであり，∠ＢＣＡ＝∠ＥＣＤだから，△ＡＢＣ∽△ＤＥＣである。よって，ＡＣ：ＤＣ＝ＢＣ：ＥＣより，$(\sqrt{3}+2\sqrt{3}):4$＝ＢＣ：$2\sqrt{3}$

したがって，ＢＣ＝$\frac{9}{2}$㎝である。

## 《2023　英語　解説》

１　**Ａ　No. １**　質問「ティムは次に何と言うでしょうか？」…Ａ「こんにちは，ティム！あなたは野球が好き？」→Ｂ「うん，僕が一番好きなスポーツだよ。どうして？」→Ａ「私は来週野球の試合に行くよ」より，ｂ「楽しそうだね」が適切。　　**No. ２**　質問「マークはパーティーに何を持ってきますか？」…Ａ「今週の金曜日はスーザン

の誕生日だね。誕生日パーティーをしようよ，マーク！」→B「うん，しよう。彼女は甘いものが好きだから，僕はチョコレートケーキを作るよ」→A「いいね。じゃあ，私は飲み物を準備するよ」→B「ありがとう。スーザンはドーナツも好きだよ。持ってきてくれない？」→A「いいよ。持っていくね」の流れより，a「チョコレートケーキ」が適切。**B No. 1** 質問「明日の朝，アレックスは何をしますか？」…A「アレックス，午後にこの部屋を掃除してくれない？」→B「ごめん，お母さん。宿題をしなきゃ。その後，友達と買い物に行くんだ」→A「明日はどう？」→B「午前中はギターの練習をするけど，午後は部屋の掃除ができるよ」→A「ありがとう」の流れより，アが適切。

**No. 2** 質問「彼らは庭で何を見ていますか？」…A「うちの庭へようこそ！」→B「すごい！君の家の庭には美しい花が咲いているんだね」→A「ありがとう。日曜日には，大きな木の下のベンチに座って本を読むのが好きなの」→B「いいね！」→A「来月，桜の木を植えようと思っているの。私は桜が好きだけど，ここには桜がないよ」→B「いい計画だね。ああ，なんて素敵な犬小屋なんだ！犬を飼っているの？」→A「ええ。彼は庭で遊ぶのが大好きよ」の流れより，花，大きな木，ベンチ，犬小屋があるエが適切。

**C Part 1** 【Part 1 放送文の要約】参照。

**No. 1** 「ミラー先生の話の主なテーマは何ですか？」…ア「効果的に勉強する方法」が適切。

**No. 2** 「ミラー先生は学生の頃，いつ勉強しましたか？」…イ「早朝」が適切。

**No. 3** 「ミラー先生の友人は，休憩するときに何をしましたか？」…ア「彼はフルーツを食べました」が適切。

【Part 1 放送文の要約】

こんにちは，みなさん！私の英語の授業へようこそ。今，みなさんは高校生になり，もっと熱心に勉強しようと決心した人がたくさんいると思います。毎朝，バスの中で勉強している生徒がいるのを見かけます。No.1ア今日は，効果的に勉強するためのアドバイスをします。

まず，いつ勉強するべきか考えてみてください。No.2イ私は高校生のとき，朝早くから勉強しました。私は5時に起きて学校に行く前に2時間勉強しました。放課後にテニスをして，夜はとても眠かったので，朝に勉強することが私にとっては一番良かったです。最も効果的に勉強できるときに学ぶべきです。

次に，長時間勉強する時は，休憩をとって好きなことをするべきです。例えば，私は疲れたら散歩をしました。No.3ア私の友人はフルーツが好きだったので，その日のフルーツを選んで食べて楽しんでいました。みなさんは休憩するときに楽しめるものを見つけるべきです。

人にはそれぞれの勉強の仕方があります。私たちにとって最良の方法を見つけましょう。

**Part 2** 【Part 2 放送文の要約】参照。

**No. 1** 質問「恭子は中学生のとき，多くの高校生が勉強しているのを見ました。彼らはどこで勉強していましたか？」…恭子の1回目発言より，電車の中だから，the train が適切。

**No. 2** 質問「雅史はテレビゲームをすることが自分にとって良いことではないと思っています。なぜですか？」…雅史の2回目の発言より，テレビゲームを始めるとやめられなくなるからである。cannot stop が適切。

**No. 3** 質問「雅史は次に休憩するときに何をしますか？」…恭子と雅史それぞれの最後の発言より，He will listen to music.「彼は音楽を聴きます」などで答える。

【Part 2 放送文の要約】

恭子：ミラー先生の話は楽しかったね。No.1中学生のとき，電車の中で勉強している高校生がたくさんいて驚いたよ。

雅史：ミラー先生の話から多くのことを学べたよ。勉強する時に休憩することは大切だね。恭子は休憩するときに何をする？

恭子：普段は40分勉強して，それから10分ダンスをするよ。それを繰り返すの。あなたは驚くかもしれないけど，ポップ音楽に合わせて踊ると，もっと頑張るエネルギーを得られるよ。

雅史：ああ，そうなの？僕は休む時はテレビゲームをするよ。でも，No.2 ゲームを始めるとやめられなくなって，長い間やり続けてしまうんだ。だから，それは良い考えではないと思うな。

恭子：私もそう思うよ。あなたは休憩のために何か違うものを見つけるべきね。

雅史：その通りだね。

恭子：ダンスはどう？

雅史：うーん。ダンスは苦手だよ。

恭子：じゃあ，No.3 音楽を聴くのはどう？音楽は疲れた時に役立つよ。音楽を聴いたあとには，さらに覚えることができると思うよ。

雅史：え，本当に？いいね。No.3 今度そうしてみるよ。

2 【本文の要約】参照。

【本文の要約】

キャシー：先週末，私は病気で寝ていたの。サチはいつも私と一緒にいて，私の面倒を見てくれたの。

健　　　：なんて親切なんだ！

キャシー：感謝の気持ちを伝えるために，彼女に魚をあげたよ。

健　　　：魚？どうして？

キャシー：ああ，サチは私のかわいい猫よ。私は熱があったから，彼女は私のことを心配して，長い間そばにいてくれたの。①それが私の回復に役立ったよ（＝That helped me feel better）。

健　　　：君の気持ちを理解できるんだね。

キャシー：そうだね。私が毎日仕事から帰ってくると，②彼女は家の前で私を待っているの（＝she is waiting for me in front of my house）。私が「ただいま」と言うと，いつも反応してくれるよ。

健　　　：わぁ，とてもかわいいね。我が家にもペットがいたらなあ。（＝I wish I had a pet at home）。でも飼えないんだ。実は父は動物が好きじゃないんだ。

キャシー：私にとって，サチは動物ではなくて，大切な家族の一員なの。

健　　　：なるほど。③父にペットは家族の一員になれるってことをわかってほしいな（＝I want my father to know pets can be family members）。

3 【本文の要約】参照。

問２　ウェブサイトのCheck Out Students' Stories!参照。　A　動画を公開している４人の学生はすべてアメリカ以外の国出身である。　B　寮生活についての動画を公開しているのはカイラである。

問３　ウェブサイトのWhat's new?参照。　(1)　Three new videos are coming soon!の１に「トライアウト」とある。「～のひとつ」＝one of ～　(2)　If you want to stay with American families, visit the website below!にA new list of homestay programs comes every week.とある。

問４　チームのメンバーになるのに，なぜテストを受けないといけないのか理解できないが，がんばろうとする洋人の気持ちを読み取る。ウ「僕は『トライアウト』を受けたくないけど，受けようと思う」が適切。

問５　such as ～「～のような」は直後に事例を挙げる形。洋人の５回目の発言にある，同様に事例を挙げているFor example ～「例えば～」を抜き出す。

問６　桃子の質問に対して，直後にルーカスが「君は日本でも英語を話すより多くの機会を見つける努力をすべきだよ」と言っていることから，桃子の質問は「留学すれば英語が話せるようになるの？」などが考えられる。

問７　ア×「洋人は寮に住む学生が開催するクリスマスパーティーに参加するのを楽しみにしている」…本文にな

い内容。　イ×「桃子は学校の行事について知りたいので洋人は桃子にウェブサイトを使うように言いました」…本文にない内容。　ウ○「桃子と洋人は外国に住んだことがありません」　エ×「桃子はアメリカ人の家族と1年間暮らすことに決めました」…本文にない内容。　オ○「このウェブサイトには留学に関する有用な情報がたくさん掲載されています」…ウェブサイトの内容より正しい。

【本文の要約】

洋人　：1年間アメリカに留学しようと思っているけど，向こうの生活が想像できないよ。問7ウ海外に行くのはこれが初めてなんだ。

桃子　：あら，そうなの？問7ウ私はまだ海外に行ったことがないけど，私も1年間留学することにとても興味があるの。ルーカス，アドバイスをくれない？

ルーカス：良いサイトを知ってるよ。あイ見て！(＝Look!)留学についてたくさん学べるよ。アメリカをクリックしよう！

桃子　：このウェブサイトで動画を何本か見ることができるね。

ミア　：アメリカに留学している学生の中の数人が，現地の生活について話しているよ。彼らは全員Aエ他の国(＝other countries)出身よ。彼らの話は，あなたたちにとっても大いに役立つかもしれないわ。

洋人　：うーん，僕はバスケットボールチームに入りたいな。サトコさんの動画を見れば，アメリカの部活について学ぶことができるよ。

ルーカス：「What's New?」を見て。君は(1)新しい動画のうちの1本も見るべきだね。「トライアウト」ってことだよ。

洋人　：「トライアウト？」聞いたことがないよ。いエそれは何？(＝What is it?)

ルーカス：チームに入るために受けなければならないテストだよ。僕は自分の学校のバレーボールチームのメンバーになるために，「トライアウト」を3回も受けたよ。

洋人　：好きなことを楽しむために，テストを受けなければならないの？どうして？理解できないよ。でも…。わかった。頑張ってみる。

ミア　：頑張って，洋人！桃子，知りたいことはある？

桃子　：えっと，現地の家族と暮らすのと，学生寮に入るのでは，どちらがいいかな？

洋人　：家族の一員としてアメリカのリアルな日常を体験できるから，ホームステイがいいと思うな。例えば，家庭料理を食べさせてもらったり，休日に何か活動をしたりすることができるよ。

ミア　：長く滞在するなら，寮の方がいいよ。世界中から来る学生に会って，たくさんの友達を作ることができるの。また，クリスマスパーティーのような，学生たちが開催するイベントも楽しむことができるよ。

桃子　：面白そうね！私は寮生活の方が魅力的だと思うな。

ルーカス：でも，君はアメリカの生活についてよく知らないから，アメリカに行くなら君にとってはホームステイの方がいいと思うよ。

ミア　：それか，最初の2，3か月はアメリカ人の家族と一緒に過ごしてから，寮に引っ越してもいいね。後でBアカイラさんの動画を見るのを忘れないでね！

桃子　：そうするよ。違いを理解するのに役立つわね。でも，どうすればホームステイプログラムを見つけることができるかな？

ルーカス：君たちはウェブサイトの新しい情報をチェックして，(2)ホームステイプログラムのリスト(＝a list of homestay programs)を見ることができるよ。自分にとって最適なプログラムを選ぶことができるよ。

洋人　：うアわかった。(＝I see.)今，確認してみるよ。

ルーカス：もっとアドバイスが必要なら，クリックしてアメリカに留学している学生たちとオンラインで話すことができるよ。

桃子　　：とても助かるわ！実は今，質問があるの。(3)アメリカに留学すれば英語が話せるようになるの？

ルーカス：うーん，僕なら「君は日本でも英語を話すより多くの機会を見つける努力をすべきだよ」と答えるよ。

ミア　　：あなたはいろんな学生からさまざまな答えをもらえるよ。たった1回のクリックで新しい世界への扉が開くよ！

4 【本文の要約】参照。

問1 A　現在完了進行形〈have/has＋been＋~ing since ○○〉「○○以来ずっと～している」の文。　B　〈関係代名詞(＝who)＋語句(＝made them)〉が後ろから名詞(＝artist)を修飾し，「それらを作った職人」となる。

C　直後の「人々が何を望んでいるか」より，最適な動詞はcheck「調べる」である。

問2　グラフ1「伝統工芸品を買ったことがありますか？」参照。若い人ほどNoの割合が大きいことがわかる。

問3　接続詞や指示語の指す内容をヒントに並べ替える。

問4　many products were made for young people「多くの製品が若い人向けに作られていた」など，若い人向けの漆製品がたくさんあったことを答える。

問5　(3)の段落では，若い人向けの漆製品が若い人の心をつかみ始めていることが書かれている。イ「現代的なデザインによって，若い人は伝統工芸品により興味を持つようになっています」が適切。

問6【グレン先生と智香のやり取り】参照。　(a)　最終段落の最初の文を引用して智花が考える漆製品を守る手段を答える。・by ~ing「～することによって」　(b)　4文以上の条件を守って，できるだけ簡単な文法，単語を使って文を書こう。(例文)「私は盆踊りを紹介したいです。盆踊りは日本の伝統舞踊です。夏祭りでは多くの人が輪になって踊ります。この素晴らしい伝統舞踊を海外の人に知ってもらいたいです」

【本文の要約】

「智香，お誕生日おめでとう！」祖母は私の15歳の誕生日に小さな漆製の鏡をプレゼントしてくれました。それは私が人生で初めて手にした日本の伝統工芸品でした。とてもきれいで大変気に入りました。祖母は私と同じ年齢のときにその鏡を買いました。50年ほど前のものですがとてもきれいで驚きました。実は，祖母は若い頃Aイから(＝since)いろいろな漆製品を使っています。祖母は私にそれらの良い点を教えてくれました。「漆製の器は，他の器よりも食べ物を長く保温することができるよ。それに，漆製品は長持ちするから，ずっと使うことができるの」それから，漆製品についてもっと知りたいと思いました。

しかし，インターネットで事実を知り，私は悲しくなりました。グラフ1を見てください。調査によると，あより若い(＝younger)人ほど日本の伝統工芸品を購入する数がい少ない(＝fewer)です。なぜ彼らがそれらを買わないのかわかりますか？祖母は「日本の伝統工芸品の良さを知らないからだと思うよ。一つ使ってみれば，その使いやすさを理解して，工芸品に興味を持つようになるだろうね」と言っています。(1)ェ現代の若い人がそれらにあまり興味を持たずに年を取ったらどうなるのでしょうか。ゥ彼らは工芸品を買わず，より多くの漆職人が職を失うでしょう。ァそして最終的に，このすばらしい日本の伝統は失われます。ィこれは絶対にあってはならないことですが，どうすれば若い人にそれをくい止めることに興味を持ってもらえるのでしょうか？私はこれらの素晴らしい製品を守るために何ができるかを考えるようになりました。

グラフ2を見てください。あらゆる年代の人々が現代風のデザインの伝統工芸品を好んでいます。先週，祖母が私を家の近くの博物館に連れていってくれました。そこには現代風のデザインの漆製品がたくさんありました。アニメのキャラクターやかわいい動物が描かれた漆製の器を見かけました。漆製のキーホルダーやスマートフォンケースも見かけました。(2)多くの製品が若い人向けに作られていたので驚きました(＝I was surprised because many products were made for young people)。私にとってそれらはすべて新鮮でした。多くの若い人がそれらを見て楽しみ，買っている人さえいました。実際私はかわいい赤ちゃんパンダの絵が入った器を買いました。出会った若い女性は「伝統工芸品は日常的に

使うものではないと思っていたけど，このデザインなら日常生活でも使えるわ。とてもかわいいの」と話しました。(3)イ現代的なデザインによって，若い人は伝統工芸品により興味を持つようになっています。

新しい工芸品を見た後，私はBエそれらを作った若い漆職人(＝the young lacquerware artist <u>who</u> made them)と話す機会がありました。彼は私に，日本の伝統工芸品が大好きで，特に若い人にとって魅力的なものにするために何とかしようとしていると言いました。彼は若い人が好む新しいデザインを創り出しています。彼は，新しい時代のものを取り入れることは，伝統的なデザインを保持することと同じくらい重要だと考えています。私はこのアイデアが伝統工芸の問題を解決するかもしれないと思いました。

私は祖母の鏡を見て漆製品に興味を持ち，今では漆職人になって若い人たちが使いたがる漆製品を作りたいと思っています。このようにして，漆製品を守ることができると思います。私たちの生活は時代とともに変化するので，伝統工芸の職人は常に人々が何を望んでいるかCウを調べ(＝check)，時代の変化についていくべきです。私は伝統技術を学ぼうとすると同時に，この日本の伝統工芸品をより魅力的にするために新しいことに挑戦しようと思います。

【グレン先生と智香のやり取り】

グレン先生：あなたのスピーチはよかったです。私はあなたの夢を応援したいです。

智香　　　：私は漆職人になって，(a)若い人が使いたい製品を作ること(＝making products young people want to use)によって漆製品を守る努力をしたいです。

グレン先生：日本には伝統的な物事や行事がたくさんあります。あなたは海外の人に何を紹介したいですか？

## 《2023　理科　解説》

1　問1(2)　二酸化炭素〔$CO_2$〕や水〔$H_2O$〕は分子を作るが，銅〔Cu〕やマグネシウム〔Mg〕のような金属は分子を作らない。

問2(1)　偏西風の影響で，日本の天気は西から東へ移り変わることが多い。　(2)　風向とは風が吹いてくる向きで，図1は，風が北東から吹いてくることを示している。

問3(1)　反射鏡を調節してからプレパラートをステージにのせ，プレパラートと対物レンズをできるだけ近づけて，対物レンズとプレパラートを遠ざけながらピントを合わせる。　(2)　15×40＝600(倍)

問4(2)　光がガラスから空気へ進むとき，境界面に近づくように屈折するので，エが正答となる。

2　問1　ジャガイモやむかごは栄養生殖を行う。

問3　精細胞や卵細胞などの生殖細胞が作られるとき，染色体の数が半分になる減数分裂が行われる。これらの生殖細胞が受精してできた受精卵の染色体の数は，親の体細胞の染色体の数と同じになる。

問4(1)　ウ○…Qの柱頭でQの花粉が自家受粉しないように，Qのやくをすべて切り取る。　(2)　丸い種子のPとしわの種子のQを交配させてできた種子がすべて丸い種子になったので，Pは純系の遺伝子(AA)をもつ。なお，②のRのように，しわの種子Qと交配させてできる種子が丸：しわ＝1：1となる場合，Rは純系ではない遺伝子(Aa)をもつ。

(3)　③でできた種子がもつ遺伝子の割合はAA《丸》：Aa《丸》：aa《しわ》＝1：2：1である。これらのうち，AAの種子をまいてできた種子(この総数を2tとする)はすべて丸になり，Aaの種子をまいてできた種子(この総数を4tとする)は丸：しわ＝3：1となる。よって，丸：しわ＝(2t＋3t)：t＝5：1となるから，丸い種子の数は$18000\times\frac{5}{5+1}$＝15000(個)となり，エが正答となる。

3　問2　日本付近では，太平洋プレートやフィリピン海プレートのような海洋プレートが北アメリカプレートやユーラシアプレートのような大陸プレートの下にしずみこんでいる。

問3　震度は地震によるゆれの程度で，0，1，2，3，4，5弱，5強，6弱，6強，7の10段階で表す。

**問4**　地震が発生したとき，最初に起こる小さなゆれを初期微動，次に起こる大きなゆれを主要動といい，初期微動を伝える波をＰ波，主要動を伝える波をＳ波という。Ｐ波とＳ波は震源で同時に発生するが，Ｐ波はＳ波よりも伝わる速さが速いので，最初に初期微動が起こる。

**問5**　地震が発生して地面がゆれても，ばねにつるされたおもりは慣性によって同じ場所にとどまろうとする。

**問6**　図ｉ参照。。震源の深さは$\sqrt{150^2-90^2}=120$(km)である。よって，震央までの距離が160 kmのＹの震源からの距離は$\sqrt{160^2+120^2}=200$(km)である。初期微動継続時間は震源からの距離に比例するから，$20\times\frac{200}{150}=26.66\cdots\to26.7$秒となる。

**図ｉ**

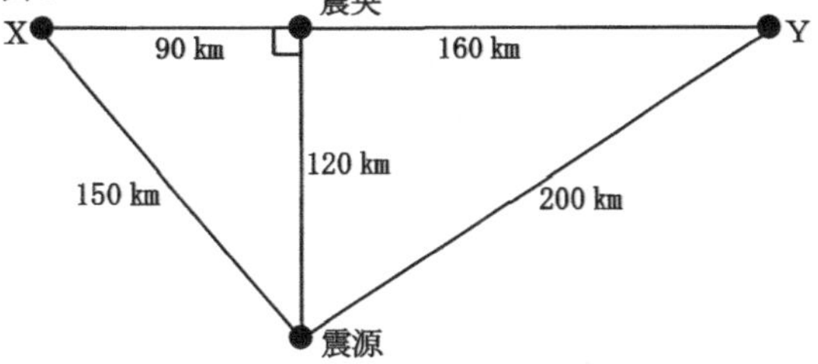


4　**問1**　うすい塩酸に鉄粉を入れると水素が発生する。

**問2**　硫酸亜鉛は水溶液中で亜鉛イオン〔$Zn^{2+}$〕と硫酸イオン〔$SO_4^{2-}$〕に電離する。

**問3**　硫酸銅水溶液中に亜鉛を入れると，赤色の物質(銅)が金属表面に付着し，硫酸銅水溶液の色がうすくなる。これは，亜鉛原子が電子を失って亜鉛イオン〔$Zn^{2+}$〕になり，かわりに銅イオン〔$Cu^{2+}$〕が電子を受け取って銅原子になって金属表面に付着したからである。銅イオンによって塩化銅水溶液は青色になるので，銅イオンが減少すると青色がうすくなる。

**問4(1)**　セロハンには，イオンを通過させる性質がある。　**(2)**　エ○…亜鉛板で亜鉛原子が電子を失って亜鉛イオンとなり〔$Zn\to Zn^{2+}+2e^-$〕，この電子が導線中を亜鉛板から銅板へ移動し，銅板の表面で銅イオンが電子を受け取って銅原子となる〔$Cu^{2+}+2e^-\to Cu$〕。　**(3)**　実験Ⅱより，マグネシウムは亜鉛よりもイオンになりやすく，実験Ⅲより亜鉛は銅よりもイオンになりやすいとわかるから，イオンになりやすい順に，マグネシウム，亜鉛，銅となる。よって，硫酸亜鉛水溶液と亜鉛板を硫酸マグネシウム水溶液とマグネシウム板に変えると，電圧計の針が同じ向きにより大きくふれる。また，硫酸銅水溶液と銅板を硫酸マグネシウム水溶液とマグネシウム板に変えると，電子の移動する向きが反対になり，電圧計の針は左にふれる。

5　**問2**　イ○…扇風機にはモーターが使われている。モーターは磁界の中でコイルに電流を流すことで，コイルに回転する力が生まれる装置である。アは電気エネルギーを光エネルギーに変える装置，ウ，エは電磁誘導を利用しており，ウは運動エネルギーを電気エネルギーに，エは電気エネルギーを熱エネルギーに変える装置である。

**問3(1)**　図２では，500mAの－端子につないでいるので，最大目盛りが500mAとなり，80mAを示している。

**(2)**　〔電圧(Ｖ)＝抵抗(Ω)×電流(Ａ)〕，〔電力(Ｗ)＝電圧(Ｖ)×電流(Ａ)〕，〔電力量(Ｊ)＝電力(Ｗ)×時間(ｓ)〕，300mA→0.3Ａより，$20\times0.3=6$(Ｖ)，$6\times0.3=1.8$(Ｗ)，$1.8\times5=9$(Ｊ)となる。　**(3)**　図１で，コイルの下部(黒く塗った部分)を流れる電流はＵ字形磁石の磁界から黒い矢印の向きの力(以下力とする)を受けるので，図３では，コイルが時計回りに回転する。コイルが回転する向きは360°変化するが，力の向きは一定だから，コイルが90°～270°回転するとき，コイルの回転を止める向きに力がはたらく。よって，この範囲を通過しているときにスイッチを切った状態にしておく。

**問4**　コイルの下部と上部で，コイルに流れる電流の向きとＵ字形磁石による磁界の向きがともに反対になるので，力の向きは同じになる。コイルの下部では，図３と同様に左向きの力を受け，コイルの上部でも左向きの力を受けて，コイルはアのように動く。

6　**問2**　図ⅱ参照。Ｘの立方体の体積は$2\times2\times2=8$(cm³)，質量は21.6ｇである。図４にこの点をとる。同じ物質は密度が等しく，図ⅱで原点を通る同じ直線上にあるので，Ｘはアルミニウムである。

**図ⅱ**

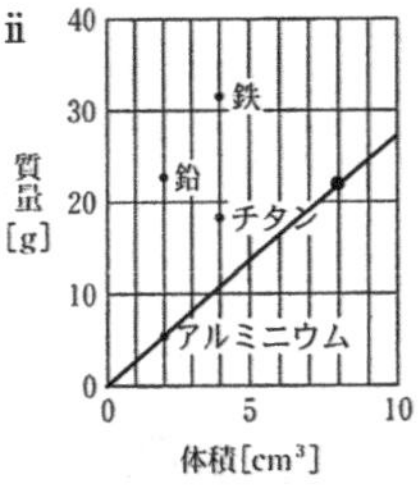


**問3(2)**　耳では，鼓膜で受け取った空気の振動が耳小骨で増幅し，うずまき管に伝わる。

**問4**　テープ１本分を打点するのにかかる時間は$\frac{6}{60}=0.1$(秒)である。15 cm→0.15mより，

$\frac{0.15}{0.1}$=1.5(m/s)となる。

**問5**　図2と図3では，ある時点からテープの長さが一定であり，Cでは物体が静止したままであったので，どの地点でXを離しても，斜面に平行に斜め下向きにはたらくXの重力の分力と摩擦力の大きさが等しいことがわかる。Xの重力の分力はXの速さによらず等しいので，Cの位置で受ける摩擦力の大きさ(a～c)も等しい。

## 《2023　社会　解説》

1　**問1**(1)　北アメリカ州　　X国はメキシコである。　(2)　イ　　メキシコや南米の国の多くは，過去にスペインの植民地支配を受けていたために，公用語がスペイン語の国が多い。

**問2**　ロサンゼルス…ウ　ブエノスアイレス…イ　　ロサンゼルスは，北半球の地中海性気候だから，冬(1月)の方が夏(7月)より雨が多い。ブエノスアイレスは，南半球の温暖湿潤気候だから，夏(1月)の方が冬(7月)より雨が多い。

**問3**　a＝×　b＝○　　a．Y国はアメリカ合衆国であり，自動車製造の中心地はピッツバーグではなくデトロイトである。ピッツバーグは鉄鋼がさかんな都市である。b．正しい。

**問4**　中央部に広がるプレーリーにとうもろこしの生産地(コーンベルト)があり，メキシコ湾と太平洋から輸出していることが読み取れる。河川を上流から船で輸送する場合，流れにそって進むため，輸送にかかるコストは少なくなると考えられる。

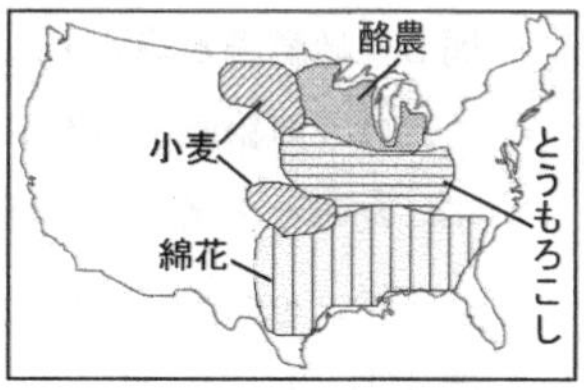


**問5**　資料3と資料4から，外国人の労働期間が1年以内と短いことを読み取る。また，資料3の「事前に自国民に向けて求人活動を行っている」から，雇用は自国民を優先していることが読み取れる。資料4で，就労先での仕事内容が手作業であることを読み取れば，多くの労働力が必要な手作業の人材として，外国人労働者をあてようとしていることがわかる。

2　**問1**　執権　　初代執権は，源頼朝の妻北条政子の父，北条時政であり，以後，北条氏が執権職を独占した。

**問2**(1)　エ　　アは田沼意次，イとウは徳川吉宗の政策である。　(2)　清がアヘン戦争でイギリスに敗れたことを知った江戸幕府は，異国船打払令を薪水給与令に改め，来航した外国船に薪や水を与えることにした。

**問3**(1)　ウ／石見銀山　　アは佐渡金山，イは足尾銅山，エは別子銅山の位置である。　(2)　農民を農業に専念させ，武士と農民の身分の違いをはっきりさせる豊臣秀吉の政策を兵農分離という。

**問4**　平安時代になると，地方の政治は国司に任され，国司は，定められた額の税を朝廷に納めればよくなったので，自分の収入を増やすために，農民から税をしぼり取る者が現れるようになった。

**問5**　D→A→C→B　　D(平安時代)→A(鎌倉時代)→C(安土桃山時代)→B(江戸時代)

3　**問1**　国事行為　　天皇の国事行為には，内閣総理大臣の任命，最高裁判所長官の任命，憲法改正・法律・政令・条約の公布，国会の召集，衆議院の解散，栄典の授与などがある。

**問2**　エ　　ストライキは社会権に属する。アは精神活動の自由，イは生命・身体の自由，ウは経済活動の自由。

**問3**　プライバシーの権利　　「生活をのぞき見されたかのような」からプライバシーの権利と判断する。プライバシーの権利や環境権，知る権利，自己決定権など，日本国憲法に規定のない権利を，新しい人権と呼ぶ。

**問4**　すべての裁判所に違憲審査権があり，その最終決定権が最高裁判所にあることを必ず盛り込もう。

**問5**　地方交付税交付金がどのような財源であるかを考える。地方税収の格差を是正するために使い道を指定せず交付するのが地方交付税交付金だから，税収が多い地方公共団体では，地方交付税交付金は交付されなくなったり，配分される地方交付税交付金の額が少なくなったりする。

4　**問1**　リアス海岸　　圏は福井県の若狭湾沿岸である。岩手県の三陸海岸，三重県の志摩半島，愛媛県の宇和海沿岸などにもリアス海岸が広がる。リアス海岸は，沈降した山地の谷の部分に海水が入り込むことで，複雑に入り組

んだ形状になる。

**問2**　イ　　大阪平野，奈良盆地，紀伊山地の位置関係を把握する。

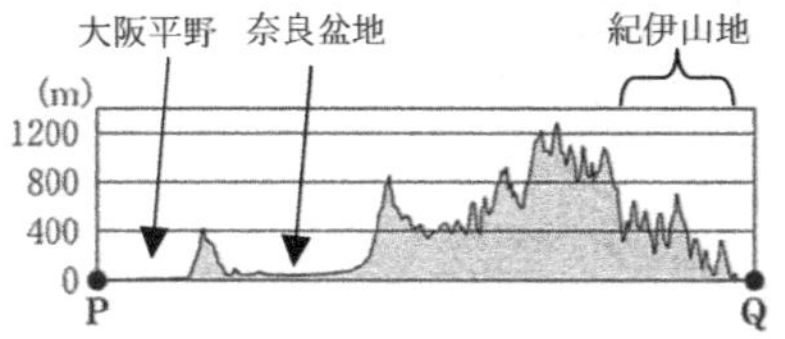


**問3**　ウ　　(収穫量)÷(作付面積)で，水田１ヘクタールあたりの米の収穫量を求めることができる。

**問4**　須磨ニュータウンを造成するときに削り取った土を利用して，人工島ポートアイランドや六甲アイランドなどがつくられた。

**問5**　X市は尾道市，Y市は今治市であり，尾道市と今治市は瀬戸内しまなみ海道で結ばれた。瀬戸内しまなみ海道は，自動車専用道路と自転車専用道路があるため，自転車で瀬戸内海を横断することが可能である。

**問6**　ア＝E　オ＝C　　Bは鳥取県，Cは岡山県，Dは広島県，Eは香川県，Fは愛媛県，Gは高知県である。わかりやすいものから考えていく。これらの県のうち，製造品出荷額等の多いイとオは，広島県と岡山県のどちらかである。広島県と岡山県では，広島県の方が製造品出荷額等の額は多いから，イが広島県，オが岡山県である。瀬戸内海に面した県の方が，山陰や南四国の県より工業は発達しているから，イとオの次に製造品出荷額等の多いアとエが香川県と愛媛県のどちらかである。愛媛県はみかんをはじめとした果実の栽培がさかんなことから，アが香川県，エが愛媛県と判断する。ア＝香川県(E)，イ＝広島県(D)，ウ＝高知県(G)，エ＝愛媛県(F)，オ＝岡山県(C)，カ＝鳥取県(B)

5　**問1**　征韓論　　征韓論を唱えたのが板垣退助，西郷隆盛，征韓論に否定的だったのが大久保利通，木戸孝允であった。

**問2**　ロシア／イ　　1875 年，樺太千島交換条約によって，千島列島が日本領，樺太がロシア領になった。アは樺太(サハリン)，ウは南西諸島，エは台湾。

**問3**(1)　国際連盟　　アメリカ大統領ウィルソンの提案で，国際連盟が発足した。　(2)　第一次世界大戦中，日本はイギリスとの日英同盟を理由として，連合国側で参戦し，中国のドイツ領に侵攻した。日本政府は，1915 年，中国政府に対して二十一か条の要求を提出した。その内容は「山東省のドイツ権益の譲渡」「旅順・大連の租借期間の延長」などであり，中国政府はその多くを認めざるを得なかった。パリ講和会議で，山東省のドイツ権益が中国に返還されると中国国民は期待していたが，日本への権益の譲渡が決まると，1919 年５月４日，ペキンの学生たちが日本製品を使わないことを訴えるなど，反日運動を起こした。

**問4**　イ，エ　　イは 1930 年，エは 1937 年。アは 1910 年，ウは 1955 年である。

**問5**　イギリスやフランスが，ブロック経済政策で世界恐慌を乗り越えようとしたことを考える。ブロック経済政策は，高い関税をかけることで，国内で他国の商品が売れなくなるようにする政策である。

6　**問1**　クーリング・オフ　　一般にクーリング・オフ制度は，不当な訪問販売や電話勧誘販売などによる契約を，一定期間内であれば一方的に解約できる制度である。

**問2**　ア，ウ　　イ．誤り。労働基準法では，１日８時間をこえて労働させてはならないと定められている。エ．誤り。企業を私企業と公企業に分けたとき，法人企業は私企業である。

**問3**(2)　流通経路の工夫とあることから考える。卸売業者→仲卸業者→小売業者の経路がなければ，より安く消費者に商品を提供できる。

**問4**　株主総会では，保有する株式の数に応じて議決権が与えられる。そのため，大口の株主になればなるほど，その株主の意見は通りやすくなる。今回は株式の９割を取得したため，この経営者より強い権利をもつ株主はいないことになる。ただし，上場企業で経営者が多くの株式を取得すると，証券取引所での取引が停止され，株式の上場が廃止される場合がある。

# 石川県公立高等学校

## 《2022　国語　解答例》

一　問1．⑴ととの　⑵りょくちゃ　⑶かんげい　⑷と　　問2．⑴柱　⑵油田　⑶勤務　⑷背筋

二　問1．エ　　問2．自信が無かった　　問3．イ　　問4．練る　　問5．パン作りは重労働だが、パン屋になる夢をかなえた父に辛そうな様子がないから。　　問6．夢がしぼんでいく息子に、自分が夢をかなえて、人生やればできるという所を見せてやろうと思ったから。　　問7．夢を持っても失敗して傷ついたり、苦労するだけだと思い、夢をしまいこんでいたが、父の思いを知り、映画監督になる夢を追いかけようと思ったから。

三　問1．固有　　問2．ウ　　問3．環境に合うように形質を特殊化した動物は、それぞれの環境で進化の先頭に立っているから。　　問4．イ　　問5．進歩的変化　　問6．世代交代　　問7．退化は、対立遺伝子の頻度が増加し、生存と生殖に有害な器官が消失したり、縮小したりすることだが、それは集団における任意の遺伝子の頻度が増加する進化の一形態だ

四　問1．いわざりけり　　問2．ウ　　問3．ア
問4．A．て文字を第三句の最後に置いている　B．正しくない　C．真青に成り

五　(例文)私はB案のほうがより効果的であると考える。一つ目の理由は、A案は生徒会役員だけが立つが、B案は各部活動の部員が部活動ごとに立つので、より多くの生徒があいさつ運動に関わることができるからだ。自分自身もあいさつ運動に関わる方が、目標の実現に向けて積極的に取り組めるだろう。二つ目の理由は、A案のように校舎内に入ってから行うより、B案のように玄関前で行う方が、その後校舎に入ってからのあいさつにつながるのではないかと思うからだ。

## 《2022　数学　解答例》

1　⑴ア．－3　イ．－19　ウ．10ａｂ　エ．$\frac{-x-7y}{20}$　オ．$3\sqrt{3}$　　⑵$x=\frac{5\pm\sqrt{33}}{4}$　　⑶66　　⑷5　　⑸4

2　⑴180　※⑵$\frac{3}{8}$

3　⑴43　⑵350　※⑶840，960

※4　学校から公園までの道のり…1200
公園から動物園までの道のり…2800

5　右図

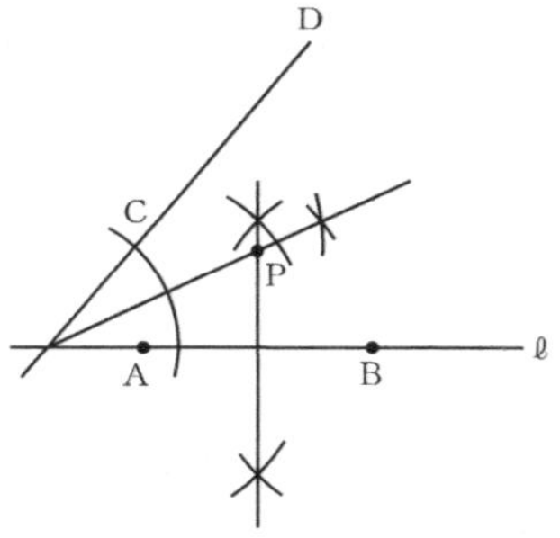


6　⑴38

⑵△ＡＢＫと△ＨＩＧにおいて，
仮定より，ＡＢ＝ＨＡ＝ＨＩ…①　∠ＡＢＫ＝∠ＨＩＧ＝90°…②
線分ＧＨを対称の軸として，点Ａが対称移動した点がＩなので，∠ＧＡＪ＝∠ＧＩＪ，∠ＧＪＩ＝90°
よって，∠ＢＡＫ＝∠ＧＩＪ＝90°－∠ＩＧＪ…③　また，△ＨＩＧについて，∠ＩＨＧ＝90°－∠ＩＧＨ…④
③，④より，∠ＢＡＫ＝∠ＩＨＧ…⑤
①，②，⑤より，1組の辺とその両端の角がそれぞれ等しいから，△ＡＢＫ≡△ＨＩＧ

※⑶$\frac{64}{5}$

7　⑴辺ＡＥ，辺ＢＦ，辺ＣＧ，辺ＤＨ　※⑵192π　※⑶$\frac{16}{5}$

※の考え方，方程式と計算は解説を参照してください。

## 《2022 英語 解答例》

1 A. No. 1. a. 誤 b. 正 c. 誤 No. 2. a. 誤 b. 誤 c. 正 B. No. 1. エ No. 2. イ

C. Part 1…No. 1. イ No. 2. ウ No. 3. イ Part 2…No. 1. Twice No. 2. eight

No. 3. I like Masami's family rule because I feel good when I clean my room.

2 ①エ ②ア ③イ ④ウ

3 問1. あ. ウ い. ア 問2. watching performances is not as good as performing 問3. ア 問4. A. イ B. イ 問5. (1)why don't you join us (2)our group has people from different countries 問6. We can understand different cultures. And I think it helps us make friends with people who have different cultures. 問7. ア, ウ

4 問1. エ 問2. ア→ウ→エ→イ 問3. ア 問4. ウ 問5. I met in the store on the beach

問6. A. カ B. ア C. オ D. イ 問7. (a)ウ (b)I can save electricity. I can turn off lights when I don't need them. And I will not set the air conditioner temperature too low in summer. If more people do so, we can protect the environment.

## 《2022 理科 解答例》

1 問1. (1)マグマ (2)ア 問2. (1)電解質 (2)イ, エ 問3. (1)反射 (2)イ 問4. (1)不導体〔別解〕絶縁体 (2)0.16

2 問1. 組織 問2. えらで呼吸している幼生のときは水中で生活し, 肺で呼吸している成体のときは陸上で生活するから。 問3. (1)背骨があるかないか。 (2)①アサリ ②外とう膜 (3)エ 問4. 特徴…前向きについている。 利点…獲物との正確な距離をはかることができる。〔別解〕立体的に見える範囲が広い。

3 問1. (1)エ (2)水酸化物イオン 問2. (1)酸素はものを燃やす性質があるので, 火のついた線香を試験管の中に入れた。 (2)$2Ag_2O \rightarrow 4Ag + O_2$ (3)エ 問3. (1)ビーカーC, ビーカーD, ビーカーE (2)78

4 問1. 等速直線運動 問2. イ 問3. (1)右図 (2)0.025 問4. ウ

問5. 符号…ウ 理由…どちらの斜面でも, 水平な台から同じ高さまで小球を押し上げたから。

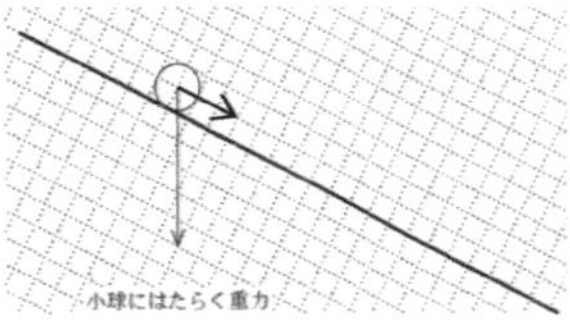


5 問1. ア 問2. 停滞前線 問3. (1)1.2 (2)符号…ウ 理由…風向が北よりに変わり, 気温が低下したから。

問4. 符号…ア 理由…夜は北よりの陸風がふき, 昼は南よりの海風がふいているから。

6 問1. (1)液体 (2)①精細胞 ②卵細胞 問2. イ 問3. 1000 問4. (1)クレーター (2)符号…ア

理由…冬至で満月が観測できるときは, 地球の地軸の北極側が月の方向に傾いており, 夏至で満月が観測できるときは, 地球の地軸の北極側が月と反対の方向に傾いているから。

## 《2022　社会　解答例》

1　問1．ユーラシア　問2．ア　問3．A国…エ　C国…イ　問4．ウ　問5．ヨーロッパの国々が植民地支配を行ったときに引いた境界線を，国境線として使っているところが多いから。
問6．符号…Y　理由…Y国が2004年にEUに加盟し，Y国と西ヨーロッパの国々の国境を越えた移動がしやすくなったことで，賃金の安いY国に他国の工場が進出したから。

2　問1．エ　問2．承久の乱　問3．都…ウ　天皇…後醍醐　問4．イ，エ　問5．大名同士の関係が婚姻により強くなるのを防げるから。　問6．幕府の財政負担が大きくなるのを防ぎ，石高が低くても有能な家臣を登用しやすくすること。

3　問1．(1)行政権　(2)内閣総理大臣によって任命され，その過半数は国会議員の中から選ばれる。
問2．Ⅰ．両院協議会　Ⅱ．衆議院　問3．イ，ウ，エ　問4．少数の常任理事国の反対によって，安全保障理事会で決議案が否決された場合，緊急特別総会で多くの加盟国の賛成で可決することにより，国際平和・安全の維持や回復を図ることができるようにするため。

4　問1．関東ローム　問2．a．×　b．○　問3．促成栽培　問4．［符号／県名］ア．［C／茨城］
ウ．［B／群馬］　問5．符号…F　理由…F県は，東京に通勤・通学する人が多く，昼間人口が少なくなるから。
問6．Z区は海面より低い地域が広く，浸水すると水が引きにくいため，区内の建物の高いところに避難しても，その場に長く取り残されるおそれがあるから。

5　問1．農地改革　問2．(1)a．フランス　d．イタリア　(2)ウ　問3．改正前は，収穫量に応じた年貢を，収穫量や価格が変化する米で納めさせていたが，改正後は，政府が定めた地価を基準とする地租を現金で納めさせたから。　問4．(1)イ　(2)工場で機械を用いて生産するようになったため，紡績業では，綿糸を大量生産できるようになり，原料である綿花をインドから安く大量に仕入れる必要があったから。　問5．C→D→B→A

6　問1．間接税　問2．供給量が需要量より少なくなったから。　問3．Ⅰ．55000　Ⅱ．50000　Ⅲ．有利
問4．再配達を減らすことで，車両から排出される二酸化炭素を削減することができるから。
問5．Ⅰ，Ⅱ．エ　Ⅲ．一般の銀行の貸し出し金利が下がるため，企業がお金を借りて生産活動を活発に行い，景気が回復する

# 石川県公立高等学校

## 《2022　国語　解説》

二　著作権に関係する弊社の都合により本文を非掲載としておりますので、解説を省略させていただきます。ご不便をおかけし申し訳ございませんが、ご了承ください。

三　問３　第３段落で、「ある動物のある形質を取り上げ～どちらが進化しているなどと断じることは、進化学とは無縁の所業である」と述べ、進化に序列はない、つまり人間が一番進化しているわけではないという筆者の考えを示している。次の第４段落では、具体的な動物をあげて進化がどういうものかを説明し、さらに第５段落で「このようにそれぞれの環境で生活する動物は、体の構造や器官などをその環境に合うように特殊化することで適応を身につけた。そしてそれぞれの環境に適応しているという点では、それぞれの動物は動物界の先頭に立っている」と、進化に序列がないと考える理由を述べている。

問５　傍線部②は、直接的には前の行の「進化イコール進歩」を指している。これを「誤解」だとしており、同じことをこの段落の最初で、「進化は進歩的変化、という誤解もよく耳にする」と言っている。

問６　「スポーツ選手の運動スキルの上達など」について、直後で、それを「進化」というためには「その技術は遺伝子に基づく技術であるうえに、その技術を持っていることが子供をより多く生むうえで有利に働かなければならない。そしてその選手は～多くの子を遺《のこ》さなければならない」と述べている。つまり、運動スキルの上達は、遺伝子を遺すという点に関係ないため、進化に該当しないのである。この「進化」という言葉の考え方について、第８段落で「進化という言葉は、そもそも世代交代によって生命を引き継いでいく生物界固有の事象についての用語」だと述べている。

問７　最後から２番目の段落の最後に「このように進化の定義に照らし合わせると、退化は紛れもなく進化の一形態なのだ」とある。よって、この前の部分で、「退化が進化に含まれる」ということについて説明されているはずである。

四　問１　古文で言葉の先頭にない「はひふへほ」は、「わいうえお」に直す。

問４　歌会で、俊頼《としより》が「明けぬとも　猶《なお》秋風の　訪れて」と詠《よ》んだところ、基俊《もととし》は３句目の最後に、「て」の文字を置いたのが良くないと厳しく批判した。すると、琳賢《りんけん》が、和歌の名手である紀貫之《きのつらゆき》の「桜散る　木の下風は　寒からで《て》」という歌を引用し、最後の「て」を長く伸ばして歌ったので、基俊は、(「て」を３句目の最後においたのが良くないという)自分の批判が間違っていたことを悟り、青くなった。

【古文の内容】

雲居寺《うんごじ》の僧のところで、秋の終わりの心を、俊頼が詠んだ歌、

「明けぬとも猶秋風の訪れて野辺の気色《けしき》よ面変《おもがわ》りすな」

(夜が明けて暦の上では冬になったとしてもやはり、秋風が吹いて、野辺の様子よ、変わらないでおくれ)

(詠んだ人の)名を隠したけれど、(基俊は)これを「その人(俊頼)の歌だよ」と気づいて、基俊は競争心が強い人なので「歌は、第三句の最後に、『て』の文字を置いたので、きわだって目立つ歌ではなくなった。たいそう聞きぐるしい歌である」と、他人が口出しできないくらい批判したので、俊頼はなんともいわなかった。その場に琳賢がいたが、「風変わりな証歌を思い出しました」と言い出したので、(基俊は)「さあさあうかがいましょう。まさかたいしたことのない歌ではあるまい」というので、

「桜散る木の下風は寒からで《て》」(桜が散る木の下の風は寒くはないが)

と、(琳賢が)最後の「て」の文字を長く伸ばしてうたったので、(基俊は)真っ青になり、何も言わずうつむいた時に、俊頼はこっそりと笑った。

## 《2022　数学　解説》

1　(1)イ　与式$=-3-16=-19$

ウ　与式$=6a^2b^3\times\dfrac{5}{3ab^2}=10ab$

エ　与式$=\dfrac{4(x+2y)-5(x+3y)}{20}=\dfrac{4x+8y-5x-15y}{20}=\dfrac{-x-7y}{20}$

オ　与式$=2\sqrt{3}+2\sqrt{3}\times\dfrac{1}{\sqrt{4}}=2\sqrt{3}+2\sqrt{3}\times\dfrac{1}{2}=2\sqrt{3}+\sqrt{3}=3\sqrt{3}$

(2)　2次方程式の解の公式より，$x=\dfrac{-(-5)\pm\sqrt{(-5)^2-4\times2\times(-1)}}{2\times2}=\dfrac{5\pm\sqrt{33}}{4}$

(3)　**【解き方】円周角の大きさは弧の長さに比例することを利用する。**

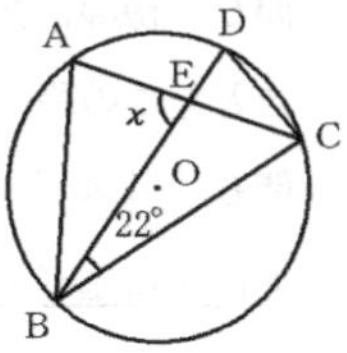


$\angle ACB:\angle CBD=\overset{\frown}{AB}:\overset{\frown}{CD}=2:1$だから，$\angle ACB=2\angle CBD=2\times22°=44°$

三角形の1つの外角は，これととなり合わない2つの内角の和に等しいから，

右図の△EBCにおいて，$\angle x=\angle EBC+\angle ECB=22°+44°=66°$

(4)　**【解き方】$\dfrac{(y\text{の増加量})}{(x\text{の増加量})}=$(変化の割合)となることからaの方程式を立てる。**

$y=x^2$において，$x=a$のとき$y=a^2$，$x=a+3$のとき$y=(a+3)^2=a^2+6a+9$

よって，$\dfrac{(a^2+6a+9)-a^2}{(a+3)-a}=13$より，$2a+3=13$　　$2a=10$　　$a=5$

(5)　**【解き方】12人の中央値は，12÷2＝6より，大きさ順に並べたときの6番目と7番目の平均である。したがって，2回以下の生徒が7人以上いれば，中央値は2回になる。**

ア＋イ＝12－1－4－2＝5である。1＋4＋ア≧7となるのは，ア≧2のときだから，条件に合う(ア，イ)の組み合わせは，(2，3)(3，2)(4，1)(5，0)の4通りある。

2　(1)　**【解き方】袋の中の100円硬貨と50円硬貨の枚数の比は，取り出した硬貨における100円硬貨と50円硬貨の枚数の比とおよそ等しいものと推測できる。**

100円硬貨と50円硬貨の枚数の比は，およそ27：21＝9：7と推測できるから，袋の中に入っている100円硬貨の枚数は，およそ$320\times\dfrac{9}{9+7}=180$(枚)と推測できる。

(2)　**【解き方】どの硬貨も表と裏の出方は2通りだから，3枚の出方は全部で，2×2×2＝8(通り)ある。そのうち，a－b≧100となる出方が何通りあるかを数える。2枚の50円硬貨を区別することに注意する。**

a－b≧100となる出方は，(100円硬貨，50円硬貨①，50円硬貨②)＝(表，表，表)(表，表，裏)(表，裏，表)の3通りある。よって，a－b≧100となる確率は，$\dfrac{3}{8}$

3　(1)　$50-0.1\times70=43$(L)

(2)　**【解き方】求める距離を$x$kmとし，残りの燃料の量について$x$の方程式を立てる。**

$x$km走ったとき，A車の残りの燃料の量は，$(50-0.1x)$L

B車は400km走ると燃料を$0.2\times400=80$(L)使うから，B車の燃料タンクの容量は80Lである。

$x$km走ったとき，B車の残りの燃料の量は，$(80-0.2x)$L

よって，$(50-0.1x)-(80-0.2x)=5$　　これを解くと$x=350$となるので，求める距離は350kmである。

(3)　**【解き方】まず，C車が燃料タンクいっぱいの状態で走ることができる距離を求める。**

**1800km－(C車が燃料タンクいっぱいで走れる距離)だけ走ったあとに燃料タンクを満タンにすれば，ちょうど**

**1800 km走れることになる。**

Ｃ車は 200 km走ると 240－190＝50(Ｌ)の燃料を使うので，１km走ると 50÷200＝0.25(Ｌ)の燃料を使う。

したがって，燃料タンクがいっぱいだと 240÷0.25＝960(km)走るから，1800－960＝840(km)以上走ったところで燃料を満タンにすると，1800 km以上走れる。ただし，燃料を追加せずに 960 kmより多く走ることはできないので，求める距離は，840 km以上 960 km以下である。

4　**【解き方１】学校から公園までの道のりを$x$m，公園から動物園までの道のりを$y$mとし，道のりの合計の式と帰りにかかった時間の合計についての式を立て，連立方程式を解く。**

行きは分速 80mで 50 分歩いたのだから，$x+y=80\times50$　　$x+y=4000$…①

帰りは動物園から公園まで$\frac{y}{70}$分かかり，公園で 10 分休憩して，公園から学校まで$\frac{x}{60}$分かかって，合計で 70 分かかったのだから，$\frac{y}{70}+10+\frac{x}{60}=70$　　整理すると，$7x+6y=25200$…②

②－①×６で$y$を消去すると，$7x-6x=25200-24000$　　$x=1200$

①に$x=1200$を代入すると，$1200+y=4000$　　$y=2800$

よって，学校から公園までの道のりは 1200m，公園から動物園までの道のりは 2800mである。

**【解き方２】帰りに公園から学校までにかかった時間を$x$分とし，道のりの合計について１次方程式を立てた方が，計算が簡単になる。**

帰りに歩いた時間の合計は，70－10＝60(分)だから，分速 70mで$(60-x)$分，分速 60mで$x$分歩き，その合計が(80×50) mなので，$70(60-x)+60x=80\times50$　　これを解くと，$x=20$

よって，学校から公園までの道のりは 60×20＝1200(m)，公園から動物園までの道のりは 70×(60－20)＝2800(m)である。

5　ＰＡ＝ＰＢより，Ｐは㋐線分ＡＢの垂直二等分線上にある。

△ＰＡＢと△ＰＣＤの底辺をそれぞれＡＢ，ＣＤとすると，底辺の長さと面積が等しいのだから，高さも等しい。したがって，直線ＡＢからＰまでの距離と直線ＣＤからＰまでの距離が等しいので，Ｐは㋑直線ＡＢと直線ＣＤが作る角の二等分線上にある。よって，下線部㋐と㋑の交点がＰである。

6　(1)　平行線の錯角は等しいから，ＡＤ//ＢＣより，∠ＡＤＦ＝∠ＤＦＣ＝76°

折ったとき重なるから，∠ＢＤＦ＝∠ＢＤＡ＝76°÷２＝38°

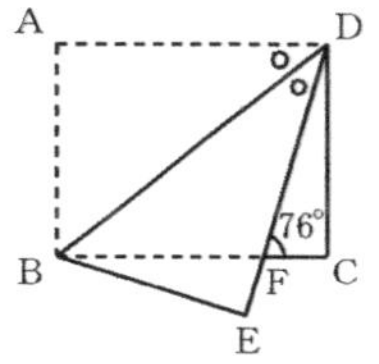


(2)　まず，問題文の仮定を図にかきこんで，証明のために必要な条件を探そう。条件が足りない場合は，問題の内容に応じて，図形の性質，平行線の同位角・錯角，円周角の定理などからわかることもかきこんでみよう。

(3)　**【解き方】ＬＭ＝ＡＭの長さはすぐに求められるので，ＭＢの長さを求めることを考える。○＋●＝90°とすると，右図のように等しい角がわかるので，△ＢＬＭ∽△ＣＤＬである。ＭＢ＝$x$cmとし，ＢＬとＬＣの長さを$x$の式で表して，ＢＣの長さについて方程式を立てる。**

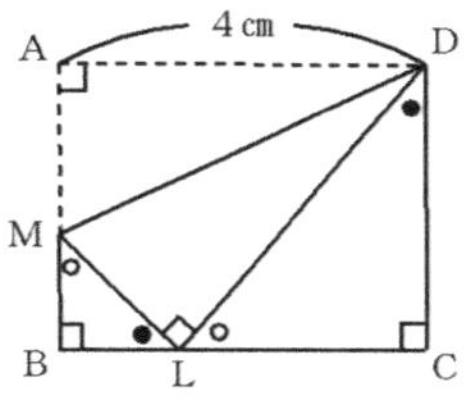


ＬＤ＝ＡＤ＝４cmだから，△ＤＭＬの面積について，$\frac{1}{2}\times$ＬＤ×ＬＭ＝４

$\frac{1}{2}\times4\times$ＬＭ＝４　　ＬＭ＝２(cm)　　したがって，ＡＭ＝ＬＭ＝２cm

△ＢＬＭと△ＣＤＬの相似比はＬＭ：ＤＬ＝２：４＝１：２だから，ＬＣ＝２ＭＢ＝$2x$(cm)

ＣＤ＝ＢＡ＝$x+2$(cm)だから，ＢＬ＝$\frac{1}{2}$ＣＤ＝$\frac{x+2}{2}$(cm)

ＢＬ＋ＬＣ＝ＢＣより，$\frac{x+2}{2}+2x=4$　　$x+2+4x=8$　　$5x=6$　　$x=\frac{6}{5}$

よって，ＡＢ＝$2+\frac{6}{5}=\frac{16}{5}$(cm)だから，長方形ＡＢＣＤの面積は，$\frac{16}{5}\times4=\frac{64}{5}$(cm²)

7　(1)　正四角柱ＡＢＣＤ－ＥＦＧＨの底面を面ＡＢＣＤとすると，高さにあたる辺はすべて面ＡＢＣＤと垂直だから，垂直な辺は，辺ＡＥ，辺ＢＦ，辺ＣＧ，辺ＤＨである。

(2)　**【解き方】右図のように，㋐底面の半径がＡＣで高さがＡＥの円柱から，㋑底面の半径がＡＣで高さがＡＥの円すいを除いた立体ができる。下線部㋑の体積は，㋐の体積の$\frac{1}{3}$倍だから，求める体積は，㋐の体積の$1-\frac{1}{3}=\frac{2}{3}$(倍)である。**

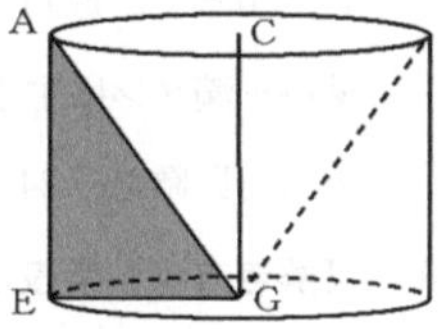


正四角柱は底面が正方形の四角柱だから，四角形ＡＢＣＤは正方形なので，

△ＡＢＣは直角二等辺三角形であり，$AC=\sqrt{2}AB=\sqrt{2}\times 3\sqrt{2}=6$ (cm)

よって，求める体積は，$6^2\pi\times 8\times\frac{2}{3}=192\pi$ (cm³)

(3)　**【解き方】Ｑを通り面ＡＢＣＤと平行な平面とＡＥ，ＢＦ，ＤＨとの交点をそれぞれＳ，Ｔ，Ｕとする。直方体は対角線を含む平面によって体積が２等分されるから，直方体ＡＢＣＤ－ＳＴＱＵの体積は，こぼれた水の体積の２倍である。**

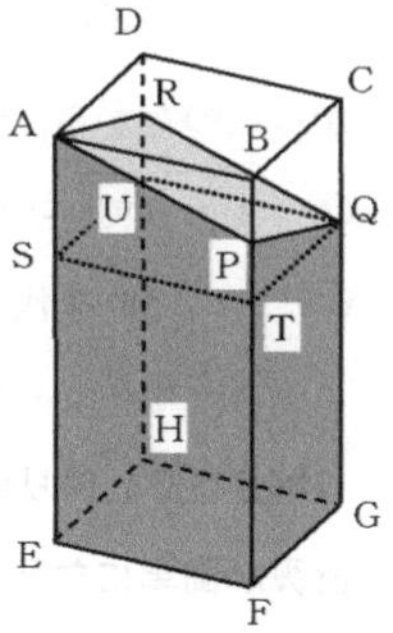


こぼれた水の体積は直方体ＡＢＣＤ－ＥＦＧＨの体積の$1-\frac{4}{5}=\frac{1}{5}$(倍)だから，

直方体ＡＢＣＤ－ＳＴＱＵの体積は，直方体ＡＢＣＤ－ＥＦＧＨの体積の

$\frac{1}{5}\times 2=\frac{2}{5}$(倍)であり，底面積が等しいので，高さも$\frac{2}{5}$倍とわかる。

よって，$CQ=CG\times\frac{2}{5}=8\times\frac{2}{5}=\frac{16}{5}$ (cm)

## 《2022　英語　解説》

1　Ａ　No. 1　質問「トムは次に何と言うでしょうか？」…最後にＡが「今時間がある？」と尋ねたから，ｂ「うん。役に立ててうれしいよ」が適切。　No. 2　質問「彼らは何について話していますか？」…Ａ「お昼にピザが食べたいな。市役所の近くにあるイタリアンレストランに行ってみましょう」→Ｂ「ピザ？昨夜食べたよ。サンドイッチを買いにコンビニに行くのはどう？」→Ａ「そうね。でも，空港の近くのカフェのサンドイッチはおいしいそうよ」→Ｂ「でも，遠すぎるよ。とてもお腹が空いているんだ」の流れより，ｃ「お昼に何を食べるか」が適切。

Ｂ　No. 1　質問「図書館はどの建物ですか？」…Ａ「やあ，マイクだよ。駅にいるんだけど，図書館への行き方がわからないんだ」→Ｂ「目の前に大きなホテルが見える？」→Ａ「うん」→Ｂ「通りをまっすぐ行くと，ホテルの隣に銀行があるわ。２つ目の信号までまっすぐ行って右に曲がって。図書館は左側にあるわ」→Ａ「ありがとう」の流れより，エが適切。　No. 2　質問「彼らはどのバスに乗りますか？」…Ａ「ケビン，映画に遅れてはだめよ。10時から始まるわ。バスの時刻表を見てみよう」→Ｂ「次のバスは何時に出る？」→Ａ「今，９時10分ね。えーと…。次のバスは９時15分よ。でも，９時25分のバスはどう？この近くのお店でお水を買いたいわ」→Ｂ「ここから映画館まで40分かかるんでしょ？」→Ａ「そうね。そこで水を買うわ」の流れより，イが適切。

Ｃ　Part１　【Part１ 放送文の要約】参照。

No. 1　「ジョンソン先生は夕食の時間に何を楽しみましたか？」…イ「家族と話すこと」が適切。

No. 2　「ジョンソン先生が読む本を選んだのは誰ですか？」…ウ「彼の姉です」が適切。

No. 3　「ジョンソン先生は夏休みに家族を手伝うために何をしましたか？」…イ「彼は野菜を育てました」が適切。

【Part１ 放送文の要約】

今日は，私が15歳だったときの家族のルールについて話したいと思います。

そのうちのひとつは夕食についてです。私たちは一緒に過ごす時間が大切だと思っていましたが，その時はお互いに話す時間がありませんでした。それで一緒に夕食を食べることにしました。No.1イ夕食の時間，私たちはテレビを見たり音楽を聴いたりせず，その日の話を楽しみました。

もう１つのルールについてお話しします。母は本を読むのが好きです。母は若い頃，本から多くのことを学びました。

だから，母は私と姉に毎週日曜日の朝食後に本を読むように言いました。No.2ウ私は何を読んでいいかわからなかったので，姉が私のために本を選んでくれました。姉が私のために選んでくれた本は面白くて，私は読書が楽しいことを学びました。

最後に，夏休みの面白いルールについてお話しします。私の友人たちは家族を手伝うために皿洗いをしたり犬の散歩をしたりしましたが，No.3イ私は庭で野菜を育てました。私は朝と晩に毎日植物に水をあげました。祖父は私に植物の世話の仕方を教えてくれました。私は自分が家族の中で大切な人だと感じることができました。

どんな家庭のルールがありますか？パートナーと話をしてください。

Part２ 【Part２ 放送文の要約】参照。

No.１ 質問「ルールによると，ジョンソン先生の家族はどれくらいの頻度で夕食を共にしましたか？」…雅美の２回目発言より，月に２度だから，Twice a month. が適切。

No.２ 質問「浩二は何時にインターネットの使用をやめなければならないですか？」…浩二の３回目の発言より，８時にやめなければならないから，At eight. が適切。

No.３ 質問「対話では，雅美と浩二が家のルールについて話しました。あなたはどのルールが一番好きですか？」…(例文の訳)「私は雅美の家族のルールが好きです。なぜなら，部屋を掃除すると気分がいいからです」

【Part２ 放送文の要約】

雅美：ジョンソン先生の話は面白かったわね。

浩二：うん。僕は彼らが一緒に夕食を食べるときのルールが好きだよ。

雅美：私もそう思うわ。彼は以前，そのルールについて私に話してくれたの。No.1毎月第１，第３金曜日に家族全員が７時前に帰宅し，夕食を共にしたらしいわ。

浩二：何ていいルールなんだ!雅美さん，君の家にはルールはある？

雅美：母は私に朝食の前に部屋を掃除するように言うわ。

浩二：小学生の時，僕も同じルールがあったよ。今は違うルールがある。No.2８時以降はインターネットが使えないんだ。さらに，11時前には寝なければならないんだ。

雅美；なるほど。何か面白いルールはある？

浩二：そうだね，一緒にサイクリングに行って，月に３回は美しい景色を楽しんでいるよ。雅美さんはどう？

雅美：私の家族は毎月最後の日曜日に一緒に料理を楽しんでいるわ。新しいレシピを試すのが楽しいの。

浩二：面白そうだ！

２ 【本文の要約】参照。

【本文の要約】

スティーブ：英語圏の国に住んだことがある？

誠　　　　：いや，僕は外国に行ったことがないよ。

スティーブ：本当に？君は英語がとても上手だね。どうして？

誠　　　　：僕は英語を話すのが好きだよ。英語の授業が終わるたびに，ＡＬＴのスミス先生と話をするんだ。①エ友達の多くはミスを恐れて，話をしようとしないんだ。

スティーブ：僕は彼らの気持ちがわかるよ。僕も日本語を話すときに同じ気持ちになるんだ。

誠　　　　：英語で自分の考えを表現するのが難しいこともあるよ。②アでもいつも何か言おうとするんだ。するとスミス先生が助けてくれるよ。

スティーブ：ああ，君はそうやって英語を学んでいるんだね。

誠　　　　：外国人とコミュニケーションをとる上で，間違いのない英語を話そうとすることは大切だよ。③イでもそれよりも大切なことがあるんだ。

スティーブ：おお，それは何？

誠　　　　：人と話すことを楽しむべきだと思うな。彼らは僕の英語をチェックしているのではなく，僕と話すことを楽しんでいるよ。④ウスピーキングのテストを受けているわけじゃないよ。

スティーブ：その通りだね。優れた英語の話し手は上手に英語を話す人ではないってことだね。僕の日本語は完璧ではないけど，日本語で話すことを楽しむよ。

3 【本文の要約】参照。

問1あ　ポスターと直後のエミリーの発言より，パフォーマンスコンテストのことを言っていると考えられる。ウが適切。　　い　ポスターの Get a Prize!と直後のエミリーの発言より，1st Place のグリーンオーケストラのことを言ったと考えられる。

問2　watching performing「パフォーマンスを見ること」と performing「パフォーマンスをすること」を比較する文にする。　「〇〇ほど～ない」＝not as ～ as＋〇〇

問3　直後に葵が「書道パフォーマンスはどう？」と提案している。雅樹は葵に何かよいパフォーマンスの心当たりがあるのか確かめたかったと考えられる。アが適切。

問4A　前後の内容から，エミリーは書道パフォーマンスについて知らないと考えられる。イが適切。

B　直後のオリバーの発言から，葵は書道パフォーマンスの具体的な内容をメンバーに相談しようとしていると考えられる。相手に意見を求める表現のイが適切。

問5(1)　雅樹がエミリーを書道パフォーマンスに誘おうとしている場面である。提案・勧誘などに用いる表現の Why don't you ～?「～してはどうですか？」などを使う。　(2)　ポスターの If you want to join Performance Contest の５つ目の・より，さまざまな国の人からなるグループは得点が加算されやすいことがわかる。

問6　異なる文化をもつ人と一緒にパフォーマンスをすることで学べることを考える。２文以上で答えること。

・help＋人＋動詞の原形「(人)が～するのを助ける」　・make friends with ～「～と友達になる」

問7　ア〇「葵は３位に入賞して商品を手に入れたいです」　イ×「エミリーはブラジルのグループ出身で，昨年パフォーマンスを行いました」…本文にない内容。　ウ〇「８月１日に雨でグリーンフェスティバルが開催できない場合は，日曜日になります」…ポスターとオリバーの最初の発言と合う。　エ×「４人の生徒のパフォーマンスのタイプはダンスです」…本文にない内容。　オ「パフォーマンスコンテストに参加したい場合は，×必ずオフィスを訪問しなければなりません」

【本文の要約】

オリバー：見て！面白いイベントのポスターを持ってきたよ。今週の土曜日，僕らの自治体でわくわくするようなイベントが開催されるよ。一緒に行って楽しもう！

エミリー：あら，グリーン･フェスティバルね。私のお気に入りはあウたくさんの文化のパフォーマンスコンテストよ。去年はブラジルの生徒たちのパフォーマンスを楽しんだわ。彼らは伝統舞踊を披露し，優勝したわ。

雅樹　　：面白そうだね！異文化のパフォーマンスを見るのは興味深いだろうね。

葵　　　：でも，ただ見るだけでは，実際にやるには及ばないわ。雅樹，私と一緒にコンテストに参加するのはどう？一緒に日本の文化について何かやろう！

雅樹　　：いいよ。でも何をする？何か心当たりがあるの？

葵　　　：書道パフォーマンスはどう？日本の若者に人気が出てきているわ。

エミリー：書道のことは知っているけど，書道パフォーマンスって何？Aイ聞いたことがないわ。

雅樹　：それはチームでやるんだ。ふつう日本の伝統的な衣装を着てグループで協力して大きな書道作品を作るんだ。大きな筆と紙を使うよ。パフォーマンス中はよく日本で人気の音楽が流れるんだ。

オリバー：うわー！観客はみんな驚くと思うな。僕は昨年の夏に日本を訪れたとき，書道を楽しんだよ。僕はこの新しいタイプの書道をやってみたいな。僕も参加してもいい？

雅樹　：もちろん。より多くの人と一緒にやれば，僕らのパフォーマンスはさらに面白くなるよ。エミリー，(1)一緒にやらない？

エミリー：うーん…。書道をやるのは初めてだけど，心配しないで。頑張るわ！

葵　：一緒に楽しみましょう！

雅樹　：よし，みんなでコンテストに参加するぞ。それじゃあ，僕らのパフォーマンスはどんな形にしようか？

葵　：そうね，ダンスかな…。だってパフォーマンス中は音楽が流れるんでしょ。Bイどう思う？

オリバー：うーん…。どうなんだろう。明日，事務所に電話して聞いてみるよ。

葵　：ありがとう。エミリー，景品はチェックした？

エミリー：いいえ，見てみよう…。わー。私はいアグリーンオーケストラのコンサートに行きたいわ。私はそのトップバイオリニストの大ファンなの。

葵　：私にとって，スターアミューズメントパークの観覧車が魅力的だわ！ここに来る前に雑誌でそれを見たわ。もし入賞できたら乗りに行こうね！

雅樹　：いいね，葵！ルールによると，(2)僕らのグループはいろんな国の人がいるから入賞しやすいんだ。

オリバー：そうだよ。僕らはアメリカ人で葵と雅樹は日本人だからね。

エミリー：異なる文化をもつ人と同じパフォーマンスで共同作業をすることで，多くの事を学べるわ。

雅樹　：おお，何が学べるんだろう？ひとつ例を挙げてよ。

エミリー：(3)(例文)異なる文化を理解することができるわ。それは他の文化をもつ人と友達になるのに役立つと思うの。

雅樹　：君の言う通りだよ，エミリー。それはこのコンテストの重要な目的だと思うな。それじゃあ，パフォーマンスの準備をしよう！

4　【本文の要約】参照。

問1　・look like ～「～に似ている」

問2　エのalsoより，エの内容は雑誌で2つ目に書かれていることだと考えられる。また，イのcontinued「続けました」より，イはエに続く内容(魚の数が減る→魚がいなくなる)だと考えられる。

問3　グラフ1より，11月には3月と比べてビニール袋を受け取った人の割合が小さくなっていることがわかる。

問4　グラフ2より，行動を起こしていない人が21.1＋22.0＝43.1(%)いることがわかる。ウ「40%以上の人々がまだ何も行動を起こしていない」が適切。

問5　関係代名詞(省略可)や現在分詞がうしろから名詞(＝woman)を修飾する形にする。

問7　【ベーカー先生と剛のやり取り】参照。(b)「スポゴミを開催する」以外の内容にする。

【本文の要約】

ある晴れた夏の日，私が浜辺を散歩していたとき，かわいい小さなお店にたどり着き，そこで海の動物エに似ている(＝looked like)芸術作品を見つけました。すごくかわいかったので，いくつか購入しました。すると，ある女性が近づいてきて，自分が作ったと言いました。彼女は浜辺でプラスチックゴミを拾い，それを使ってそれらのイルカを作りました。そこでたくさんのプラスチックゴミを見たとき，彼女は何かすべきだと思いました。彼女は次のように言ってい

ました。「海の中のプラスチックゴミは世界中で深刻な問題を引き起こしています。もっと多くの人がこの事実を知るべきです」

私はゴミ問題に興味がわいたので，彼女がくれた雑誌を読みました。ア その中で，私は「海の動物の災難」という表現を見つけました。 ウ それは，海で食べるプラスチックゴミのためにますます多くの海の動物と魚が死んでしまうということです。 エ 記事には，2050 年には魚よりもプラスチックゴミの方が多くなるだろうと書かれていました。 イ 続けて「我々がこれを止めなければ，海の動物や魚はいなくなるだろう」と書かれていました。私はこの雑誌を読んだ後，この問題を解決するために努力すべきだと思いました。

まず，海に行き着くかもしれないので，プラスチックゴミを捨てるのをやめるべきです。しかし，プラスチックの使用量を減らすことがより重要です。日本政府は 2020 年 7 月に新しい制度を開始し，今はレジ袋の代金を支払わなければなりません。グラフ 1 を見てください。1 週間で，買い物をしたときに何人の人がビニール袋をもらったかを示しています。 グラフを見ると，3 月より 11 月にビニール袋を受け取った人 い が少ない(＝fewer) ので，この制度は あ 成功だ(＝successful) と言えます。 他の調査によると，人々がビニール袋を受け取ると，約 80％の人が再利用するそうです。

それでは，グラフ 2 を見てください。それは，制度が始まって以来，人々がどのように変化してきたかを示しています。行動を起こし始めた人もいます。プラスチックの使用を減らし始めた会社もあります。有名なコーヒーショップがプラスチック製のストローの代わりに紙製のストローを使い始めました。しかし，(2)ウ 40％以上の人がまだ何も行動を起こしていません。どうすれば彼らを変えることができるのでしょうか？

(3)浜辺の店で会った 女性は「私は芸術が好きなので，より多くの人に海の中のプラスチックゴミについて知ってもらうための最も簡単な方法は芸術作品を作ることです」と言っていました。この問題を解決する最善の方法は，楽しめることから始めることです。

良い例を紹介します。私は昨年，兄と妹と一緒に「スポゴミ」に参加しました。イベント中，人々はスポーツとして浜辺でゴミ収集を楽しみました。3 人から 5 人のグループを作り，1 時間ゴミを集めました。優勝者は，どれだけ多くの，そしてどんな種類のゴミを集めたかによって決定されました。私たちは浜辺でたくさんの種類のゴミを拾いました。私たちは思ったよりたくさんのプラスチックゴミがあることに驚きました。

私は学校の近くの海辺で「スポゴミ」を開催しようと思っています。みんなが楽しい時間を過ごして，プラスチックゴミ問題に興味を持ってくれることを願っています。それ A カ を解決する(＝solve) には長い年月を要するので， B ア 続けられる(＝can <u>continue</u>) ことをするべきです。私たちの活動は C オ 小さいこと(＝small) かもしれませんが，より多くの人が参加すれば，海の未来 D イ は違ったものになるでしょう(＝will be <u>different</u>)。海の動物と魚のために何ができるでしょうか？海の命を守るために最初の一歩を踏み出しましょう。

【ベーカー先生と剛のやり取り】

ベイカー先生：君がプレゼンテーションで最も言いたかったことは何ですか？

剛　　　　　：もっと多くの人に (a)ウ プラスチックゴミ(＝plastic garbage) に興味を持ってもらいたいです。

ベイカー先生：そうするために，学校で「スポゴミ」を開催するつもりなんですね。

剛　　　　　：はい。僕は地球温暖化や大気汚染などの他の問題にも興味があります。

ベイカー先生：他に環境を守るために何ができるでしょうか？

剛　　　　　：(b)(例文)電気を節約できます。必要がない時は明かりを消すことができます。また，夏にはエアコンの設定温度を低くしすぎないようにします。より多くの人がそうすることで，僕たちは環境を守ることができます。

## 《2022 理科 解説》

1 問1(2) マグマが冷え固まってできた岩石(火成岩)のうち，玄武岩，安山岩，流紋岩は斑状組織をもつ火山岩，はんれい岩，せん緑岩，花こう岩は等粒状組織をもつ深成岩である。

問2(2) 塩酸にとけている塩化水素，炭酸水にとけている二酸化炭素はどちらも電解質である。電解質には他にも塩化銅や水酸化ナトリウムなどがある。また，エタノールや砂糖は非電解質(水溶液に電流が流れない物質)である。

問3(1) このような反応では，刺激の信号が脊髄に伝えられると，命令の信号が脊髄から出されるため，意識して起こす反応より速く反応することができる。 (2) 目や耳など脳に近い感覚器官で受け取った刺激の信号は，直接脳に伝わる。

問4(2) 図より，加えた電圧が5.0Vのとき，流れた電流は0.20Aだから，電圧が2.0Vのときに流れた電流は$0.20\times\frac{2.0}{5.0}=0.08$(A)である。よって，〔電力(W)＝電圧(V)×電流(A)〕より，$2.0\times0.08=0.16$(W)である。

2 問1 形やはたらきが同じ細胞の集まりを組織といい，いくつかの種類の組織が集まって特定のはたらきをもつ器官をつくっている。

問3(1) Aは脊椎動物，Bは無脊椎動物である。 (2) アサリは軟体動物，エビは節足動物の甲殻類，バッタは節足動物の昆虫類，ヒトデはきょく皮動物に分類される。 (3) Dのカナヘビ(は虫類)やカエル(両生類)やマグロ(魚類)は，まわりの温度にともなって体温が変化する変温動物である。なお，Cのイルカ，ネズミ(哺乳類)やハヤブサ(鳥類)はまわりの温度が変化しても体温がほぼ一定に保たれる恒温動物である。

3 問1(1) アンモニアの化学式は〔$NH_3$〕である。 (2) ＢＴＢ溶液は酸性で黄色，中性で緑色，アルカリ性で青色になる。酸性の水溶液には水素イオン，アルカリ性の水溶液には水酸化物イオンが含まれる。

問2(2) 酸化銀〔$Ag_2O$〕を加熱すると，銀〔Ag〕と酸素〔$O_2$〕に分解する。反応の前後で原子の組み合わせは変化するが，原子の種類と数は変化しないことに注意して係数をつける。 (3) アでは水素，イでは二酸化炭素が発生し，ウでは硫化鉄ができる。

問3(1) うすい塩酸20㎤が入ったビーカー全体の質量と加えた炭酸カルシウムの質量の和から，反応後のビーカー全体の質量を引いたものが，発生した二酸化炭素の質量である。うすい塩酸の体積，加えた炭酸カルシウムの質量，発生した二酸化炭素の質量をまとめると右表のようになる。C～Eで発生した二酸化炭素の質量が一定になっていることから，C～Eではうすい塩酸20㎤がすべて反応して，二酸化炭素が0.46ｇ発生したとわかる。また，AとBでは加えた炭酸カルシウムがすべて反応しているから，炭酸カルシウム0.40ｇがすべて反応すると，二酸化炭素が0.16ｇ発生する。したがって，うすい塩酸20㎤と過不足なく反応する炭酸カルシウムは$0.40\times\frac{0.46}{0.16}=1.15$(ｇ)だから，C～Eでは炭酸カルシウムの一部が反応せずに残っているとわかる。 (2) (1)解説より，石灰石に含まれる炭酸カルシウムは$0.40\times\frac{1.56}{0.16}=3.90$(ｇ)だから，石灰石に含まれる炭酸カルシウムの割合は，$\frac{3.90}{5.00}\times100=78$(%)である。

| ビーカー | A | B | C | D | E |
|---|---|---|---|---|---|
| うすい塩酸の体積(㎤) | 20 | 20 | 20 | 20 | 20 |
| 加えた炭酸カルシウムの質量(ｇ) | 0.40 | 0.80 | 1.20 | 1.60 | 2.00 |
| 発生した二酸化炭素の質量(ｇ) | 0.16 | 0.32 | 0.46 | 0.46 | 0.46 |

4 問2 ア×…風の力(運動エネルギー)を電気エネルギーに変換している。イ○…高いところにある水がもつ位置エネルギーを電気エネルギーに変換している。ウ×…核分裂するときのエネルギー(核エネルギー)を電気エネルギーに変換している。エ×…化石燃料(化学エネルギー)を電気エネルギーに変換している。

問3(1) 力を分解するときには，もとの力を対角線とする平行四辺形のとなり合う２辺が分力になる。 (2) 速さが1.60m/s→160cm/sだから，２つのセンサーの間を小球が通過するのにかかった時間は$4.0\div160=0.025$(秒)である。

問4 実験ⅠとⅡにおいて，小球を離した高さが等しいから，小球を離したときの位置エネルギーは等しく，位置

エネルギーと運動エネルギーの和である力学的エネルギーも等しい。したがって，小球がレール上を運動している間，実験ⅠとⅡで小球の高さ(位置エネルギー)が等しいとき，小球の速さ(運動エネルギー)も等しくなる。図１と２より，ＢとＤは高さが同じだから，ここを通過するときの速さは同じになり，Ｄが示す速さは1.69m／ｓと考えられ，イかウのどちらかとわかる。また，ＤからＥとＥからＦでは，ＥからＦの方が斜面がゆるやかなので，速度の増え方が小さくなると考えられる。イはＤからＥで0.49，ＥからＦで0.46増え，増え方がほぼ同じであるが，ウはＤからＥで0.47，ＥからＦで0.18増え，増え方が小さくなっているとわかる。よって，ウを選べばよい。

**問５**　仕事の原理より，小球を同じ高さまで持ち上げるときにする仕事の量は変わらない。なお，小球を動かす力の大きさや距離は異なる。

５　**問１**　アは晴れ，イは快晴，ウはくもり，エは雨を表す。

**問３⑴**　９時の気温は21.0℃，湿度は50％で，21.0℃における飽和水蒸気量は18.3ｇ/㎥だから，このときの空気１㎥中に含まれる水蒸気は18.3×0.5＝9.15(ｇ)である。同様に15時について求めると，17.3×0.6＝10.38(ｇ)である。よって，その差は10.38－9.15＝1.23→1.2ｇである。

**問４**　陸は海よりもあたたまりやすく，冷めやすい。そのため，晴れの日の昼には，陸上の空気の方が海上の空気よりあたたかくなり，陸上で上昇気流が生じ，海から陸に向かう風(海風)が吹く。また，夜には，海上の空気の方が陸上の空気よりあたたかいので，陸から海に向かう風(陸風)が吹く。図より，昼に南よりの風，夜に北よりの風が吹いていることがわかるから，南側に海，北側に陸があるアを選べばよい。

６　**問１⑴**　気体(水蒸気)は目に見えない。

**問２**　イ〇…太陽は正午ごろに南の空で最も高くなるから，正午の棒の影は北側にのび，このときの影の長さが最も短い。

**問３**　〔$圧力(\mathrm{Pa}) = \dfrac{力の大きさ(\mathrm{N})}{力がはたらく面積(\mathrm{m}^2)}$〕，50kg→50000ｇ→500Ｎ，5000㎠→0.5㎡より，$\dfrac{500}{0.5} = 1000(\mathrm{Pa})$

## 《2022　社会　解説》

１　**問１**　ユーラシア大陸　　ヨーロッパ州とアジア州にまたがる大陸を，ユーロ＋アジア＝ユーラシアと名付けた。

**問２**　アが正しい。　　緯線ａは北緯40度線だから，秋田県の男鹿半島あたりを通っている。

**問３**　Ａ＝エ　Ｃ＝イ　　フィンランド(Ａ)の首都ヘルシンキは，冷帯湿潤気候(冬は寒く，１年を通して安定した降水がある)である。ギリシャ(Ｃ)の首都アテネは，地中海性気候(比較的温暖で，夏に乾燥して冬に雨が降る)である。Ｂはア，Ｄはウの雨温図があてはまる。

**問４**　ウが正しい。　　西アジアや北アフリカでは，イスラム教を信仰している人の割合が高い。インドはヒンドゥー教，タイは仏教，フィリピンはキリスト教を信仰している人の割合が高い。

**問５**　ヨーロッパ諸国の植民地支配を受けたとき，地図上で決められた国境を，現在でも使用していることが書かれていればよい。このような国境を人為的国境と呼ぶ。河川・湖沼・山地などによる国境は自然的国境と呼ぶ。

**問６**　Ｙが正しい。　　東ヨーロッパにあるポーランドは，2004年にＥＵ(ヨーロッパ連合)に加盟した。東ヨーロッパ諸国は，西ヨーロッパ諸国に比べて経済的発展が遅れているため，賃金の安い労働力が多く，広い土地がある。そのため，西ヨーロッパにあった自動車工場が東ヨーロッパに生産拠点を移したことで，資料２のような発展を遂げている。

２　**問１**　エが正しい。　　武士として初めて太政大臣に就いた平清盛は，大輪田泊を修築し，日宋貿易で富を得た。

**問２**　承久の乱が正しい。　　源氏の将軍が３代で途絶えると，後鳥羽上皇は政権を奪い返すために，当時の執権である北条義時打倒を掲げて挙兵した。北条政子による御家人への呼びかけにより一致団結した幕府軍が勝利し，

それまで東日本を支配していた幕府の勢力は，西日本にまで及ぶようになった。朝廷と西国の武士の監視のために六波羅探題を置いたのも，承久の乱の後であった。

**問3**　ウと後醍醐天皇が正しい。　　資料１は「二条河原の落書」である。後醍醐天皇による建武の新政は，天皇に権力を集めたために非常に不安定なものであった。その不安定な京都の様子を風刺したものが「二条河原の落書」である。アは鎌倉，イは奈良，エは大阪あたりを示している。

**問4**　イとエが正しい。　　琉球王国の成立は1429年，ルターによる宗教改革は1517年に始まった。南京条約は1842年，チンギス・ハンによるモンゴル統一は1206年のことである。

**問5**　資料２は武家諸法度の一部である。大名を統制するために出された武家諸法度では，大名に反抗する力をつけさせないために，大名どうしの勝手な婚姻，許可のない城の改修工事，大名の死後の養子縁組の禁止などが徹底され，違反した大名は譜代大名であっても処罰された。

**問6**　資料３から，改革前には，退任後も3000石の経費がかかっているが，改革後には，退任後の経費は元に戻っていることに着目する。資料４から，改革前に比べて，改革後の方が就任前の石高が低い奉行が増えていることを読み取る。

**3**　**問1(2)**　任命権が内閣総理大臣にあること，国務大臣の過半数は国会議員でなければならないことを盛り込む。

**問2**　Ⅰ＝両院協議会　Ⅱ＝衆議院　　予算案の審議，条約の承認，内閣総理大臣の指名において，衆議院と参議院の議決が異なったときは，必ず両院協議会が開かれる。両院協議会でも意見が一致しなかった場合，衆議院の優越によって，衆議院の議決が国会の議決となる。

**問3**　イ，ウ，エが正しい。　　領海の外側にある排他的経済水域は，資源を優先的に利用できる権利はあるが，主権の及ぶ範囲ではないから，アは誤り。主権の及ぶ範囲(領域)は，領土・領海(沿岸から12海里以内)・領空(領土と領空の上空で大気圏内)までである。

**問4**　常任理事国(アメリカ・イギリス・フランス・ロシア・中国)には拒否権があり，常任理事国が１国でも反対すると安全保障理事会の決議は否決される。少数の常任理事国が拒否権を発動して否決された決議案の中で，国際平和のために重要だと判断された決議案は，緊急特別総会によって再度審議される。

**4**　**問1**　関東ロームは，関東平野全体に広く分布している。

**問2**　ａ＝×　ｂ＝○　　北関東工業地域で工業出荷額が最大であるのは，化学工業ではなく機械工業だからａは誤り。Ｙ港は貿易額が日本最大の成田国際空港だから，ｂは正しい。

**問3**　促成栽培　　成長を早める栽培方法が促成栽培，成長を抑える栽培方法が抑制栽培である。イチゴ・きゅうり・トマト・ナスなどは促成栽培で作られ，菊・レタス・キャベツなどは抑制栽培で作られることが多い。

**問4**　アはＣの茨城県，ウはＢの群馬県である。　　火力発電所は，燃料である石油・石炭・天然ガスを船で輸入するために沿岸部に立地することからアはＣと判断する。水力発電は，山間部にダムをつくり，高低差を利用して発電することから，内陸に山地が広がるＢと判断する。

**問5**　Ｆ　　Ｆの神奈川県は，東京都のベッドタウンとして多くの住宅地が広がるので，夜間人口＞昼間人口となり，昼夜間人口比率は低くなる。

**問6**　Ｚ区の標高が，海抜０ｍより低いことを読み取る。高いビルやマンションに留まっても，水がひかない限り，ライフラインの復旧や支援作業が困難になることが考えられることから，解答例を導く。

**5**　**問1**　農地改革　　自作農の土地を政府が買い上げ，小作農に安く売り渡すことで自作農を増やす農地改革は，1945年以降に行われた。

**問2(1)**　ａ＝フランス　ｄ＝イタリア　　三国協商はイギリス・フランス・ロシア，三国同盟はドイツ・オースト

リア・イタリアによる。第一次世界大戦中にドイツとロシアが単独講和(ブレスト・リトフスク条約)を結んだことから，b＝ロシア，c＝ドイツとなるので，a＝フランス，d＝イタリアになる。　⑵　ウが正しい。第一次世界大戦(1914～1918 年)中に，ロシア革命が起こり，社会主義の拡大を恐れた列強はシベリア出兵を行った。日本では，シベリア出兵をみこした商人による米の買い占めによって，米不足から物価上昇が起こり，富山県の漁村で始まった暴動が全国に広まった。これを米騒動(1918 年)と呼ぶ。足尾銅山鉱毒事件は 19 世紀後半，八幡製鉄所の操業開始は 1901 年，南満州鉄道株式会社の設立は 1906 年であった。

**問３**　物納は収入が不安定になること，地租の３％を現金で納めることは安定した収入になることを書けばよい。

**問４⑴**　イが正しい。　甲午農民戦争は東学党の乱とも呼ばれる。江華島事件は日朝修好条規の締結，三・一独立運動はベルサイユ条約の締結，辛亥革命は中華民国の設立などに関係する。　⑵　軽工業による産業革命が起こったことで，綿花を輸入し綿糸や綿製品を輸出する加工貿易の形態が確立された。

**問５**　C (1873 年)→D (1905 年以降)→B (大戦景気・1910 年代後半)→A (1945 年以降)

**6**　**問１**　間接税には，消費税のほか酒税やたばこ税などがある。

**問２**　供給量(売りたい量)が減り，需要量(買いたい量)が上回ると，需要曲線が右にシフトして，均衡価格が上昇する。

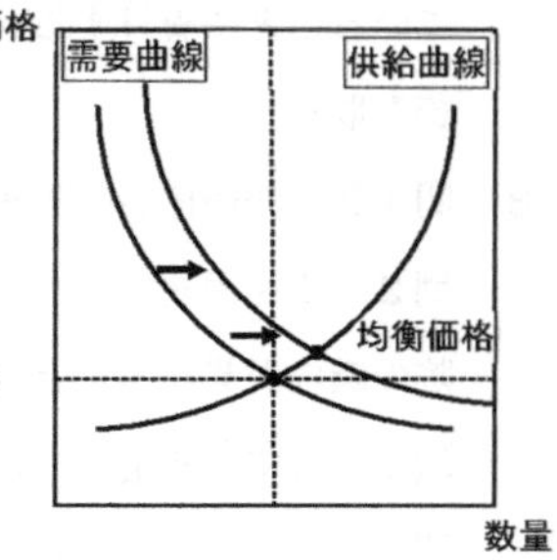


**問３**　Ⅰ＝55000　Ⅱ＝50000　Ⅲ＝有利　　Ⅰ．１ドル＝110 円のとき，500 ドル＝110×500＝55000 (円)　　Ⅱ．１ドル＝100 円のとき，100×500＝50000 (円)　円を１ドルと交換するとき 110 円から 100 円になることは，円の価値が上がったので円高である。円高は，輸入業者と日本からの海外旅行に有利に働き，円安は，輸出業者と海外からの日本への旅行(インバウンド)に有利に働く。

**問４**　パリ協定は，地球温暖化の原因となる二酸化炭素の排出を削減する取り組みの目標設定をしたものである。発展途上国に削減義務を課さなかった京都議定書と異なり，すべての国に二酸化炭素排出削減の目標設定を義務付けたことが評価されている。

**問５**　Ⅰ，Ⅱ＝エ　　日本銀行による金融政策の１つが公開市場操作である。不景気のときは，一般銀行のもつ国債を買い上げることで，一般銀行の資金量を増やし，市中にお金が出回りやすくする。逆に好景気のときは，一般銀行に国債を売ることで，一般銀行の資金量を減らし，市中にお金が出回りにくくする。もう一つの金融政策が，準備預金制度である。一般銀行のもつ預金の一部を無利子で日本銀行に預け入れる制度で，その預け入れる割合を調節することで，一般銀行のもつ預金額を調整する。

## ■ ご使用にあたってのお願い・ご注意

（1）問題文等の非掲載

著作権上の都合により，問題文や図表などの一部を掲載できない場合があります。

誠に申し訳ございませんが，ご了承くださいますようお願いいたします。

（2）過去問における時事性

過去問題集は，学習指導要領の改訂や社会状況の変化，新たな発見などにより，現在とは異なる表記や解説になっている場合があります。過去問の特性上，出題当時のままで出版していますので，あらかじめご了承ください。

（3）配点

学校等から配点が公表されている場合は，記載しています。公表されていない場合は，記載していません。

独自の予想配点は，出題者の意図と異なる場合があり，お客様が学習するうえで誤った判断をしてしまう恐れがあるため記載していません。

（4）無断複製等の禁止

購入された個人のお客様が，ご家庭でご自身またはご家族の学習のためにコピーをすることは可能ですが，それ以外の目的でコピー，スキャン，転載（ブログ，ＳＮＳなどでの公開を含みます）などをすることは法律により禁止されています。学校や学習塾などで，児童生徒のためにコピーをして使用することも法律により禁止されています。

ご不明な点や，違法な疑いのある行為を確認された場合は，弊社までご連絡ください。

（5）けがに注意

この問題集は針を外して使用します。針を外すときは，けがをしないように注意してください。また，表紙カバーや問題用紙の端で手指を傷つけないように十分注意してください。

（6）正誤

制作には万全を期しておりますが，万が一誤りなどがございましたら，弊社までご連絡ください。

なお，誤りが判明した場合は，弊社ウェブサイトの「ご購入者様のページ」に掲載しておりますので，そちらもご確認ください。

## ■ お問い合わせ

解答例，解説，印刷，製本など，問題集発行におけるすべての責任は弊社にあります。

ご不明な点がございましたら，弊社ウェブサイトの「お問い合わせ」フォームよりご連絡ください。迅速に対応いたしますが，営業日の都合で回答に数日を要する場合があります。

ご入力いただいたメールアドレス宛に自動返信メールをお送りしています。自動返信メールが届かない場合は，「よくある質問」の「メールの問い合わせに対し返信がありません。」の項目をご確認ください。

また弊社営業日（平日）は，午前９時から午後５時まで，電話でのお問い合わせも受け付けています。

2025春

株式会社教英出版

〒422-8054　静岡県静岡市駿河区南安倍３丁目 12-28

TEL　054-288-2131　　FAX　054-288-2133

URL　https://kyoei-syuppan.net/

MAIL　siteform@kyoei-syuppan.net

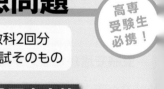

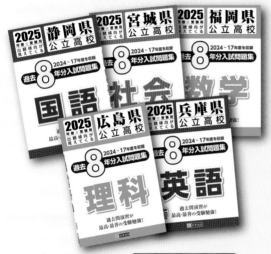

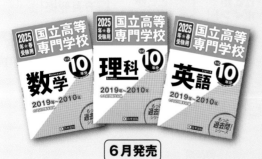

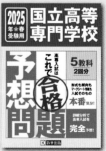

# 学校別問題集

## 北海道

①札幌北斗高等学校
②北星学園大学附属高等学校
③東海大学付属札幌高等学校
④立命館慶祥高等学校
⑤北海高等学校
⑥北見藤高等学校
⑦札幌光星高等学校
⑧函館ラ・サール高等学校
⑨札幌大谷高等学校
⑩北海道科学大学高等学校
⑪遺愛女子高等学校
⑫札幌龍谷学園高等学校
⑬札幌日本大学高等学校
⑭札幌第一高等学校
⑮旭川実業高等学校
⑯北海学園札幌高等学校

## 青森県

①八戸工業大学第二高等学校

## 宮城県

①聖和学園高等学校(A日程)
②聖和学園高等学校(B日程)
③東北学院高等学校(A日程)
④東北学院高等学校(B日程)
⑤仙台大学附属明成高等学校
⑥仙台城南高等学校
⑦東北学院榴ケ岡高等学校
⑧古川学園高等学校
⑨仙台育英学園高等学校(A日程)
⑩仙台育英学園高等学校(B日程)
⑪聖ウルスラ学院英智高等学校
⑫宮城学院高等学校
⑬東北生活文化大学高等学校
⑭東北高等学校
⑮常盤木学園高等学校
⑯仙台白百合学園高等学校
⑰尚絅学院高等学校(A日程)
⑱尚絅学院高等学校(B日程)

## 山形県

①日本大学山形高等学校
②惺山高等学校
③東北文教大学山形城北高等学校
④東海大学山形高等学校
⑤山形学院高等学校

## 福島県

①日本大学東北高等学校

## 新潟県

①中越高等学校
②新潟第一高等学校
③東京学館新潟高等学校
④日本文理高等学校
⑤新潟青陵高等学校
⑥帝京長岡高等学校
⑦北越高等学校
⑧新潟明訓高等学校

## 富山県

①高岡第一高等学校
②富山第一高等学校

## 石川県

①金沢高等学校
②金沢学院大学附属高等学校
③遊学館高等学校
④星稜高等学校
⑤鵬学園高等学校

## 山梨県

①駿台甲府高等学校
②山梨学院高等学校(特進)
③山梨学院高等学校(進学)
④山梨英和高等学校

## 岐阜県

①鶯谷高等学校
②富田高等学校
③岐阜東高等学校
④岐阜聖徳学園高等学校
⑤大垣日本大学高等学校
⑥美濃加茂高等学校
⑦済美高等学校

## 静岡県

①御殿場西高等学校
②知徳高等学校
③日本大学三島高等学校
④沼津中央高等学校
⑤飛龍高等学校
⑥桐陽高等学校
⑦加藤学園高等学校
⑧加藤学園暁秀高等学校
⑨誠恵高等学校
⑩星陵高等学校
⑪静岡県富士見高等学校
⑫清水国際高等学校
⑬静岡サレジオ高等学校
⑭東海大学付属静岡翔洋高等学校
⑮静岡大成高等学校
⑯静岡英和女学院高等学校
⑰城南静岡高等学校
⑱静岡女子高等学校
⑲常葉大学附属常葉高等学校
常葉大学附属橘高等学校
常葉大学附属菊川高等学校
⑳静岡北高等学校
㉑静岡学園高等学校
㉒焼津高等学校
㉓藤枝明誠高等学校
㉔静清高等学校
㉕磐田東高等学校
㉖浜松学院高等学校
㉗浜松修学舎高等学校
㉘浜松開誠館高等学校
㉙浜松学芸高等学校
㉚浜松聖星高等学校
㉛浜松日体高等学校
㉜聖隷クリストファー高等学校
㉝浜松啓陽高等学校
㉞オイスカ浜松国際高等学校

## 愛知県

①[国立]愛知教育大学附属高等学校
②愛知高等学校
③名古屋経済大学市邨高等学校
④名古屋経済大学高蔵高等学校
⑤名古屋大谷高等学校
⑥享栄高等学校
⑦椙山女学園高等学校
⑧大同大学大同高等学校
⑨日本福祉大学付属高等学校
⑩中京大学附属中京高等学校
⑪至学館高等学校
⑫東海高等学校
⑬名古屋たちばな高等学校
⑭東邦高等学校
⑮名古屋高等学校
⑯名古屋工業高等学校
⑰名古屋葵大学高等学校
(名古屋女子大学高等学校)
⑱中部大学第一高等学校
⑲桜花学園高等学校
⑳愛知工業大学名電高等学校
㉑愛知みずほ大学瑞穂高等学校
㉒名城大学附属高等学校
㉓修文学院高等学校
㉔愛知啓成高等学校
㉕聖カピタニオ女子高等学校
㉖滝高等学校
㉗中部大学春日丘高等学校
㉘清林館高等学校
㉙愛知黎明高等学校
㉚岡崎城西高等学校
㉛人間環境大学附属岡崎高等学校
㉜桜丘高等学校

㉝光ヶ丘女子高等学校
㉞藤ノ花女子高等学校
㉟栄徳高等学校
㊱同朋高等学校
㊲星城高等学校
㊳安城学園高等学校
㊴愛知産業大学三河高等学校
㊵大成高等学校
㊶豊田大谷高等学校
㊷東海学園高等学校
㊸名古屋国際高等学校
㊹啓明学館高等学校
㊺聖霊高等学校
㊻誠信高等学校
㊼誉高等学校
㊽杜若高等学校
㊾菊華高等学校
㊿豊川高等学校

## 三重県

①暁高等学校（3年制）
②暁高等学校（6年制）
③海星高等学校
④四日市メリノール学院高等学校
⑤鈴鹿高等学校
⑥高田高等学校
⑦三重高等学校
⑧皇學館高等学校
⑨伊勢学園高等学校
⑩津田学園高等学校

## 滋賀県

①近江高等学校

## 大阪府

①上宮高等学校
②大阪高等学校
③興國高等学校
④清風高等学校
⑤早稲田大阪高等学校
（早稲田摂陵高等学校）
⑥大商学園高等学校
⑦浪速高等学校
⑧大阪夕陽丘学園高等学校
⑨大阪成蹊女子高等学校
⑩四天王寺高等学校
⑪梅花高等学校
⑫追手門学院高等学校
⑬大阪学院大学高等学校
⑭大阪学芸高等学校
⑮常翔学園高等学校
⑯大阪桐蔭高等学校
⑰関西大倉高等学校
⑱近畿大学附属高等学校
⑲金光大阪高等学校
⑳星翔高等学校
㉑阪南大学高等学校
㉒箕面自由学園高等学校
㉓桃山学院高等学校
㉔関西大学北陽高等学校

## 兵庫県

①雲雀丘学園高等学校
②園田学園高等学校
③関西学院高等部
④灘高等学校
⑤神戸龍谷高等学校
⑥神戸第一高等学校
⑦神港学園高等学校
⑧神戸学院大学附属高等学校
⑨神戸弘陵学園高等学校
⑩彩星工科高等学校
⑪神戸野田高等学校
⑫滝川高等学校
⑬須磨学園高等学校
⑭神戸星城高等学校
⑮啓明学院高等学校
⑯神戸国際大学附属高等学校
⑰滝川第二高等学校
⑱三田松聖高等学校
⑲姫路女学院高等学校
⑳東洋大学附属姫路高等学校
㉑日ノ本学園高等学校
㉒市川高等学校
㉓近畿大学附属豊岡高等学校
㉔夙川高等学校
㉕仁川学院高等学校
㉖育英高等学校

## 奈良県

①西大和学園高等学校

## 岡山県

①［県立］岡山朝日高等学校
②清心女子高等学校
③就実高等学校
（特別進学コース〈ハイグレード・アドバンス〉）
④就実高等学校
（特別進学チャレンジコース・総合進学コース）
⑤岡山白陵高等学校
⑥山陽学園高等学校
⑦関西高等学校
⑧おかやま山陽高等学校
⑨岡山商科大学附属高等学校
⑩倉敷高等学校
⑪岡山学芸館高等学校（1期1日目）
⑫岡山学芸館高等学校（1期2日目）
⑬倉敷翠松高等学校
⑭岡山理科大学附属高等学校
⑮創志学園高等学校
⑯明誠学院高等学校
⑰岡山龍谷高等学校

## 広島県

①［国立］広島大学附属高等学校
②［国立］広島大学附属福山高等学校
③修道高等学校
④崇徳高等学校
⑤広島修道大学ひろしま協創高等学校
⑥比治山女子高等学校
⑦呉港高等学校
⑧清水ヶ丘高等学校
⑨盈進高等学校
⑩尾道高等学校
⑪如水館高等学校
⑫広島新庄高等学校
⑬広島文教大学附属高等学校
⑭銀河学院高等学校
⑮安田女子高等学校
⑯山陽高等学校
⑰広島工業大学高等学校
⑱広陵高等学校
⑲近畿大学附属広島高等学校福山校
⑳武田高等学校
㉑広島県瀬戸内高等学校（特別進学）
㉒広島県瀬戸内高等学校（一般）
㉓広島国際学院高等学校
㉔近畿大学附属広島高等学校東広島校
㉕広島桜が丘高等学校

## 山口県

①高水高等学校
②野田学園高等学校
③宇部フロンティア大学付属香川高等学校
（普通科〈特進・進学コース〉）
④宇部フロンティア大学付属香川高等学校
（生活デザイン・食物調理・保育科）
⑤宇部鴻城高等学校

## 徳島県

①徳島文理高等学校

## 香川県

①香川誠陵高等学校
②大手前高松高等学校

## 愛媛県

①愛光高等学校
②済美高等学校
③FC今治高等学校
④新田高等学校
⑤聖カタリナ学園高等学校

## 福岡県

①福岡大学附属若葉高等学校
②精華女子高等学校(専願試験)
③精華女子高等学校(前期試験)
④西南学院高等学校
⑤筑紫女学園高等学校
⑥中村学園女子高等学校(専願入試)
⑦中村学園女子高等学校(前期入試)
⑧博多女子高等学校
⑨博多高等学校
⑩東福岡高等学校
⑪福岡大学附属大濠高等学校
⑫自由ケ丘高等学校
⑬常磐高等学校
⑭東筑紫学園高等学校
⑮敬愛高等学校
⑯久留米大学附設高等学校
⑰久留米信愛高等学校
⑱福岡海星女子学院高等学校
⑲誠修高等学校
⑳筑陽学園高等学校(専願入試)
㉑筑陽学園高等学校(前期入試)
㉒真颯館高等学校
㉓筑紫台高等学校
㉔純真高等学校
㉕福岡舞鶴高等学校
㉖折尾愛真高等学校
㉗九州国際大学付属高等学校
㉘祐誠高等学校
㉙西日本短期大学附属高等学校
㉚東海大学付属福岡高等学校
㉛慶成高等学校
㉜高稜高等学校
㉝中村学園三陽高等学校
㉞柳川高等学校
㉟沖学園高等学校
㊱福岡常葉高等学校
㊲九州産業大学付属九州高等学校
㊳近畿大学附属福岡高等学校
㊴大牟田高等学校
㊵久留米学園高等学校
㊶福岡工業大学附属城東高等学校
(専願入試)
㊷福岡工業大学附属城東高等学校
(前期入試)
㊸八女学院高等学校
㊹星琳高等学校
㊺九州産業大学付属九州産業高等学校
㊻福岡雙葉高等学校

## 佐賀県

①龍谷高等学校
②佐賀学園高等学校
③佐賀女子短期大学付属佐賀女子高等学校
④弘学館高等学校
⑤東明館高等学校
⑥佐賀清和高等学校
⑦早稲田佐賀高等学校

## 長崎県

①海星高等学校(奨学生試験)
②海星高等学校(一般入試)
③活水高等学校
④純心女子高等学校
⑤長崎南山高等学校
⑥長崎日本大学高等学校(特別入試)
⑦長崎日本大学高等学校(一次入試)
⑧青雲高等学校
⑨向陽高等学校
⑩創成館高等学校
⑪鎮西学院高等学校

## 熊本県

①真和高等学校
②九州学院高等学校
(奨学生・専願生)
③九州学院高等学校
(一般生)
④ルーテル学院高等学校
(専願入試・奨学入試)
⑤ルーテル学院高等学校
(一般入試)
⑥熊本信愛女学院高等学校
⑦熊本学園大学付属高等学校
(奨学生試験・専願生試験)
⑧熊本学園大学付属高等学校
(一般生試験)
⑨熊本中央高等学校
⑩尚絅高等学校
⑪文徳高等学校
⑫熊本マリスト学園高等学校
⑬慶誠高等学校

## 大分県

①大分高等学校

## 宮崎県

①鵬翔高等学校
②宮崎日本大学高等学校
③宮崎学園高等学校
④日向学院高等学校
⑤宮崎第一高等学校
(文理科)
⑥宮崎第一高等学校
(普通科·国際マルチメディア科·電気科)

## 鹿児島県

①鹿児島高等学校
②鹿児島実業高等学校
③樟南高等学校
④れいめい高等学校
⑤ラ・サール高等学校

**新刊**
**もっと過去問シリーズ**

## 愛知県

愛知高等学校
7年分(数学・英語)
中京大学附属中京高等学校
7年分(数学・英語)
東海高等学校
7年分(数学・英語)
名古屋高等学校
7年分(数学・英語)
愛知工業大学名電高等学校
7年分(数学・英語)
名城大学附属高等学校
7年分(数学・英語)
滝高等学校
7年分(数学・英語)

※もっと過去問シリーズは入学試験の実施教科に関わらず、数学と英語のみの収録となります。

教英出版
〒422-8054
静岡県静岡市駿河区南安倍3丁目12−28
TEL 054-288-2131
FAX 054-288-2133
詳しくは教英出版で検索
教英出版 検索
URL https://kyoei-syuppan.net/

令和六年度

公立高等学校入学者選抜学力検査問題

# 国語

（50分）

注意事項

一　問題は、一ページから八ページまであります。

二　解答は、すべて解答用紙に記入しなさい。

石川県公立高等学校

一　次の各問に答えなさい。

問1　次の(1)～(4)について、――線部の漢字の読みがなを書きなさい。

(1)　荷物を運ぶ。

(2)　全集に作品を収録する。

(3)　食糧を備蓄する。

(4)　袖口が綻びる。

問2　次の(1)～(4)について、――線部の片仮名を漢字で書きなさい。

(1)　モウフを洗濯する。

(2)　タンジュンな作業を繰り返す。

(3)　木のミキに触れる。

(4)　夕日が野山を赤くソめる。

二　次の文章を読んで、あとの各問に答えなさい。

中学生の藍《あい》は、父が故郷に戻ってたい焼き屋を始めたために転校した。藍は新しい環境になじめずにいたが、クラスメイトに話しかけることにした。

「あの……ちょっと意見を聞きたいんだけど、今いい？」
　思い切って声をかけると、小此木《おこのぎ》さんは驚いた顔を藍に向けた。
「新しい味のたい焼きを作れないかなって今考えてるの。あんこ以外で、たい焼きに入ってたらうれしいものってあるかな？」
　よし、何とか噛《か》まずに言えた。①藍が心のこぶしを握るなか、思わぬ質問に面食《めんく》らった様子の小此木さんは、腕を組み、宙を仰いで、すごくまじめに考えてくれた。
「……茶わん蒸し？」
「えっ。……好きなの？」
「うん。えへへ」
「わたしも、わたしも好き」
　急いで同意したら「ほんと？　仲間だ」と小此木さんが笑った。藍も照れくさい気持ちで笑った。仲間だって……。
「でもごめん、たい焼きに入れるには違うよね……」
「ねえねえ、じゃあプリンは？」
　話に飛び入り参加したのは、小此木さんの前に②座っていた清原さんだった。③藍はまだ彼女と話したことがなかったが、小此木さんとの会話で心がほぐれていたので「いい！」と自然に声をあげ、急いでメモを取った。
　女子生徒が、話を聞きつけて集まってきた。小さな人だかりはほかの生徒の興味をひき、藍のまわりにはどんどん人が増え、④声が飛び交った。
　藍は、授業の間の十分休み、昼休み、放課後を使って意見を聞いて回った。メモ帳はみるみる埋まった。
「お父さん、話があるの」
　帰宅した藍は、夕食の席で気合いをこめて切り出した。
　最近うらぶれた感じがただよう父は、藍が話を切り出すと、ぎくりと緊張した面持ちになった。せわしなく目が泳ぎ、父は急に立ち上がった。
「小麦粉が切れそうなのを忘れていた。ちょっと買いに……」
「お父さんたら、そんなの今買いに行かなくてもいいでしょ。藍が話があるって言ってるんだから、ちゃんと座って聞きなさい」
　母に襟首をつかまれて、父は猫の子のように大人しく座り直した。藍は、指がしびれるほど書き込みをしたメモ帳をちゃぶ台に置いた。
「うちのたい焼き、あんまり売れてないでしょ？　だから何か新しい味のたい焼きを作ったらと思って、学校でいろんな人に意見を聞いてみたの」
　⑤父は目を大きくしている。母は楽しそうにメモ帳をのぞきこんだ。
「餃子《ぎょうざ》味？　よくこんなの思いつくわね、子供の発想力ってすごいわ」
「それは餃子の中身をたい焼きの皮で包んだらどうかって。やっぱり男子って食べ応えのあるのがいいみたい。あとね、あんこに白玉を入れるぜんざいたい焼きもおいしそうだなって。ねえ、お父さんはどう……」
　思う？　と問いかける声をしぼませて、藍は言葉を忘れてしまった。
　父が、目もとを押さえてうつむいていた。肩が小さく震えている。
　どうしたのとは訊《き》かなかった。訊かなくても、すべてがわかった。
　自分が不安であったように、父も不安だったのだ。これでよかったのかと迷いもしただろう。自分を責めてもいたかもしれない。
　でもそれに自分は今まで気づかなかった。自分の生活だけを憂いて、父にも心があることを忘れていた。家族なのに。わたしのお父さんなのに。
　後悔に胸が痛んで、藍は必死で父にかける言葉を探した。その時、うつ

むいた父が何かを言った。とても小さな声だったから聞き取れなくて、なに、と問い返す。

「――ごめんな、藍。勝手なことをしたのに、結局上手《うま》くいかなくて、おまえにも不安な思いをさせて――こんな情けないお父さんで、ごめんな」

　母が、そっと父の背中をさする。

　藍もなぐさめの言葉を口にしようとしたが、思い直して、ぐっと腹に力をこめた。

「上手くいかないなんて、そんな弱気なこと言わないで。せっかくわたし、こんなにたくさん聞きこみしてきたのに。すごく緊張したんだよ」

　父が赤い目を上げてまばたきする。藍は、父に笑いかけた。

「でもね、それで今日友達ができたの。上手くいかないって決めるのはまだ早いよ。わたしに友達ができたみたいに、たい焼き屋がこれから繁盛《はんじょう》することだってきっとできるよ。家族みんなで楽しく暮らすために、たい焼き屋を成功させるって目標を設定して、目標達成の手段をどんどん試すの。最初が新しい味のたい焼き。わたしもがんばるから、一緒にやろうよ、お父さん」

　くしゃりと父が子供のように顔を崩すのを、藍は初めて見た。そうだ。大人だって、何が起こるかわからない生まれて初めての今日を手さぐりで歩いている。自分と同じように。

　だからもう、両親の手にぶら下がり、どうしてわたしを安心させてくれないのと駄々をこねるのはやめよう。これからは自分の足で立って、⑥この手をさし出せる人間になろう。

　藍はその日、両親と売れ残りのたい焼きを食べながら、大人になることを決めた。

（阿部暁子「たぬきとキツネと恋のたい焼き」より。一部省略等がある）

---

**問1**　本文は、場所の変化によって二つの場面に分けられる。その前半の最後の五字（句読点等を含む）を抜き出して書きなさい。

**問2**　①藍が……握る　とありますが、このときの、藍の心情として、次の**ア**～**エ**から最も適切なものを一つ選び、その符号を書きなさい。

**ア**　我慢　**イ**　憧れ　**ウ**　怒り　**エ**　喜び

**問3**　②座　を漢和辞典で調べる方法を、用いる索引の種類を示し、具体的に一つ書きなさい。

**問4**　③まだ　が直接かかるのはどの言葉か、本文中から一文節で抜き出して書きなさい。

**問5**　④声が飛び交った　とありますが、集まってきた生徒の様子の説明として、次の**ア**～**エ**から最も適切なものを一つ選び、その符号を書きなさい。

**ア**　意見を求められ、一人一人、藍に答えている様子。
**イ**　意見を互いに出し合い、場が盛り上がっている様子。
**ウ**　意見をとりまとめた結果を、藍に報告している様子。
**エ**　意見を出し終わった後、雑談を楽しんでいる様子。

**問6**　⑤父は目を大きくしている　とありますが、父がそうなった理由を、六十字以内で書きなさい。

**問7**　⑥この手を……なろう　とありますが、「この手をさし出す」とは、ここでは、藍がどうすることか、本文中の藍の後悔の内容にふれて、七十字以内で書きなさい。

三　次の文章を読んで、あとの各問に答えなさい。

人間は他者と協力することで増えてきた生物です。協力しやすい性質を持っているのは間違いないですが、協力しなければならないという規範も受け継いでいます。したがって私たちは、身近にいる人と協力的な関係を築けていない状況にあると居心地が悪く、悩んでしまうことになります。

しかし、よく考えてみるとこのような悩みは理屈に合わないところがあります。［A］現代社会は人と人との協力関係によって成り立っていますが、必ずしもすべての人と仲良くなる必要はありません。現代社会の協力関係は洗練されており、個人の好き嫌いにはあまり影響を受けなくなっています。

学校でみんなと仲良くすることを教えられますが、それは社会を維持するための協力性を身に着けるためです。大人になって職業についたときに、仕事を円滑に行うために必要な程度に協力的であれば十分なはずで、①すべての人間と仲良くなる必要はありません。しかし、私たちは不必要なまでに他者との関わりを気にしてしまいます。ここには、私たちの考え方と現代社会のしくみとのズレがあるように思います。

人類が今のように農耕を行い定住し始めたのは1万年ほど前だと言われています。それまでの１００万年ほどは、少人数のグループで移動しながら狩りや採集で食べ物を集める狩猟採集生活を送っていたと考えられています。1万年という時間は、長いようですが生物の体のつくりを変えるには短すぎます。したがって、私たちの身体や脳は未《いま》だ約１００万年続いた狩猟採集社会に適応していると言われています。

狩猟採集生活がどんなものだったかは、近年まで狩猟採集生活をおくっていたクン族の研究からおおまかな様子がわかっています。狩りや採集や調理、②育児を集団で協力して行っていたと想像されています。

多くの狩猟採集社会で共通しているのは「平等性」です。群れのメンバーは公平に扱われます。獲物を多くしとめたからといって、分け前が多くなるわけではありません。この平等性は群れのメンバーが安定して生き残るために［B］なしくみです。もし、獲物をしとめた人だけが食べ物にありつけるようにしたらどうなるでしょうか。元気なときにはそれでいいでしょうが、ひとたび怪我《けが》や病気をしてしまえば、その時点で食べ物が手に入らなくなって餓《う》えてしまいます。怪我や病気はどんなに気を付けていても避けがたいことです。そんな社会ではとても安定的に子孫を残していくことはできないでしょう。狩猟採集社会の平等性は、集団のメンバーが安定して子孫を残す（つまり増えていく）ための重要なしくみです。

この平等性を維持するために、クン族は並々ならぬ努力をしています。③なによりも大事なことは協力的で偉ぶらないことです。

もし偉ぶって嫌われてしまったら、自分が獲物を捕れなかったときには助けてもらえないかもしれません。狩猟採集生活者にとって、仲間から嫌われないことは生きていくうえで何よりも大切なことだったのでしょう。

人間はこのような社会で１００万年を過ごしてきました。したがって、人間の考え方も倫理観も未だこの狩猟採集生活に適応していると考えられます。みんなに協力的で、偉ぶらないのが尊ばれます。これは現代社会でも同じではないでしょうか。たとえ本当に偉かったり自慢するだけの成果を残していたとしても、それを偉そうに自慢する人は嫌われ、偉ぶらず謙遜している人の方が人格者として評価されます。それも私たちが狩猟採集生活の心を未だに有していることを示しているのかもしれません。

協調性を重《おも》んじて、隣人と仲が良くないと悩むのはこの考え方の名残だとみなすことができます。時代遅れの本能が残っているのです。たしかに

狩猟採集社会では仲間外れにされることは死活問題です。[C]、今やそうではありません。協力性は社会制度の中に組み込まれています。

このような悩みを解決するには、学ぶことより他はないかと思います。生物としての進化のスピードは社会の進化に比べて圧倒的に遅いので、進化に任せていては社会変化についていけません。一方で、人間の考え方は学ぶことで変えることができます。本能が求めることの理由を学べば、理性によって本能に逆らうことができます。

たとえばバンジージャンプがあります。あれは誰がどう見ても命を危険にさらす行為です。人間の本能は恐怖を感じて忌避するでしょう。ところが人間は、ひもがついていれば安全だと確信して、飛び降りることができます。人間以外の生物では、決して真似《まね》できないことでしょう。

人間は学習によって本能を超えた行動ができる今のところ唯一の生物です。論理的に考えて役に立たない、意味のない悩みは捨ててしまうことが可能です。悩みというのは現実が本能にそぐわない状況で生じるものです。悩みの解決にはまずその悩みをもたらした生物的な由来を理解することです。そして本当に悩む価値のあることなのかどうかを吟味することです。その結果、現代社会を生きる上で悩む必要のない問題だと理性が判断するのであれば、そんな悩みは無視して、もっと自分が大事だと思うことに時間を使う方がいいですし、人間にはそれが可能です。

（市橋伯一「増えるものたちの進化生物学」より。一部省略等がある）

（注）　クン族…アフリカ南部に暮らす民族。

**問1**　本文中の[A]・[C]に入る語の組み合わせとして、次の**ア**～**エ**から適切なものを一つ選び、その符号を書きなさい。

**ア**　〔A　そこで　C　しかも〕　**イ**　〔A　たしかに　C　しかし〕
**ウ**　〔A　さらに　C　つまり〕　**エ**　〔A　あるいは　C　むしろ〕

---

**問2**　①すべて……ありません　とありますが、筆者がそう述べる理由を、本文に書かれた現代社会の特徴にふれて、五十字以内で書きなさい。

**問3**　本文において、第五段落（狩猟採集生活が……）は、どのような役割を果たしているか、次の**ア**～**エ**から最も適切なものを一つ選び、その符号を書きなさい。

**ア**　前段落の内容からいったん離れて、新たに論を展開していく役割。
**イ**　前段落の内容に反論する例を挙げ、自論に説得力を持たせる役割。
**ウ**　前段落の内容をうけて、次段落で述べる主張につなげていく役割。
**エ**　次段落で新たな話題を示すために、前段落の内容をまとめる役割。

**問4**　②育児　と熟語の構成が同じものを、次の**ア**～**エ**から一つ選び、その符号を書きなさい。

**ア**　展開　**イ**　清濁　**ウ**　海底　**エ**　遅刻

**問5**　本文中の[B]に入る言葉として、次の**ア**～**エ**から最も適切なものを一つ選び、その符号を書きなさい。

**ア**　合理的　**イ**　楽観的　**ウ**　消極的　**エ**　排他的

**問6**　③なによりも……偉ぶらないことです　とありますが、現代社会において、偉ぶらない人のことを、筆者はどのような言葉で表現しているか、本文中から三字で抜き出して書きなさい。

**問7**　本文において、学ぶことが悩みの解決につながると筆者が考える理由を、次のようにまとめました。[X]～[Z]に入る適切な言葉を書きなさい。ただし、[X]・[Y]は本文中から二字で抜き出し、[Z]は本文中の言葉を用いて五十字以内で書くこと。

> 人間は[X]によって[Y]を超えた行動ができる生物であり、[Y]によって悩みが引き起こされることを[X]した上で、[Z]ことができるから。

**四** 次の文章を読んで、あとの各問に答えなさい。
（―――線部の左側は、現代語訳です。）

あるがざみ、あまた（たくさん）子を ア持ちけるなり。その子己が癖に横走りするを、母これを見て、諫《いさ》めて（注意して）いはく、「汝《なんじ》ら（あなたたちは）何によりてか（どうして）横さまに歩みけるぞ」と イ申しければ、子謹んで（かしこまって）①うけたまはり、「一人の癖にてもなし。われら兄弟、皆②形《かた》のごとし。然《しか》らば、ありきたまへ。それを学び奉《たてまつ》らん（それならば、お歩きください。それをまねしましょう）」といひければ、「さらば（それならば）」とて先に ウありきけるを エ見れば、わが横走りに少しも違《たが》はず。子笑ひて申しけるは、われら横ありき候《そうろう》か（ですか）、母の歩かせたまふ（お歩きなさる）は、縦ありきかと笑ひければ、言葉なふてゐたりける（なにも言えずにいた）。

そのごとく、わが身の癖をかへり見ず、人のあやまちを言ふものなり。もしさやうに人の笑はん時は、退ひて人の是非を見るべきにや。

（「伊曽保物語」より。一部省略等がある）

（注）がざみ…かにの一種。

**問1** 〰〰線部**ア**～**エ**の中から、その主語にあたるものが他と異なるものを一つ選び、その符号を書きなさい。

**問2** ①うけたまはり を現代仮名遣いに直し、すべてひらがなで書きなさい。

**問3** ②形のごとし とありますが、ここで、子が伝えたいことは何か、次の**ア**～**エ**から最も適切なものを一つ選び、その符号を書きなさい。

**ア** 同じように大切に育てられたのだということ。
**イ** 一人一人、体のつくりが違うのだということ。
**ウ** 決まった習性に従っているのだということ。
**エ** 悪い癖を反省して、改めたのだということ。

**問4** 本文には、子の言葉で「 」のついていない部分が一箇所あります。その部分を抜き出し、はじめと終わりの四字をそれぞれ書きなさい。ただし、句読点を含む場合は、句読点も一字と数える。

問5　次の会話は、本文を読んだあとに、佐藤さんと鈴木さんが話し合った内容の一部です。A・Bに入る適切な言葉を書きなさい。また、Cにあてはまる適切な言葉を、あとの**ア**～**エ**から一つ選び、その符号を書きなさい。ただし、Aは本文中から三字で抜き出し、Bは本文中から五字以内で抜き出して書くこと。

佐藤　『伊曽保物語』には、主に動物を主人公とした短い話が多くおさめられているらしいよ。

鈴木　本文は、がざみの母が、子に注意している場面から始まるね。母もAしているのに、注意するなんて、おかしな話だよ。子の受け答えは、当たり前の反応だと思うなあ。

佐藤　母も、そこで、自分が注意したことがおかしいと気づいたのかもしれないね。だから、本文にも、母の様子について、最終的に「B」と書かれているんじゃないかな？

鈴木　この話にまとめられているとおり、相手に評価されたときは、それが正しいかどうかをCことが大切だと感じたよ。

**ア**　丁寧に分析する
**イ**　独自に解釈する
**ウ**　早急に確認する
**エ**　冷静に見極める

## 五

下の【資料】は、文化庁が行った「国語に関する世論調査」の結果の一部を、グラフで表したものです。

このグラフを見て、分からない言葉の意味や使い方などを調べるときに、あなたが取り上げたいと考える方法を選び、その理由を、次の**条件1～条件3**にしたがって書きなさい。

**条件1**　グラフを見て、自分が選んだ方法を明らかにして書くこと（複数選んでもかまわない）。

**条件2**　自分の体験や見聞などの具体例を含めて書くこと。

**条件3**　「～だ。～である。」調で、二百字程度で書くこと。また、数値等を解答用紙に書く場合には、次の例にならって書くこと。

例

| 10 |
| --- |
| % |

**【資料】**

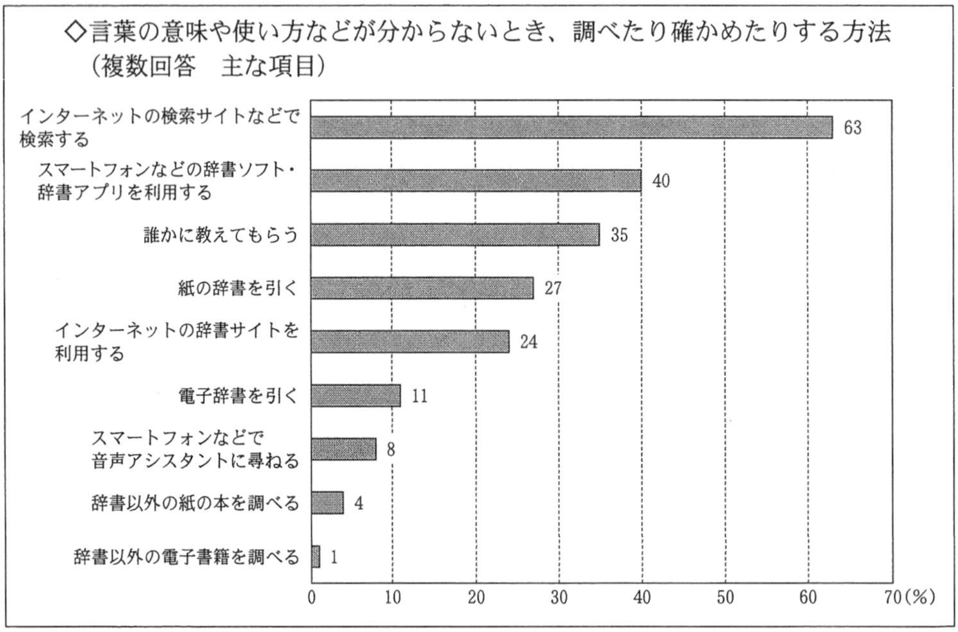


※令和４年度　文化庁「国語に関する世論調査」より作成

※調査対象は、言葉の意味や使い方などが分からないとき、調べたり確かめたりすると答えた、16歳以上の個人

では，始めます。

**Brian:** How was your work experience, Yukiko?

**Yukiko:** I really enjoyed it. My mother works for the library. So, I wanted to try doing her job and I went to a library for three days. Some work was not easy. For example, I had to return books to the right place. It took a lot of time.

**Brian:** I see. One of my friends also worked at the library. He said that carrying books was difficult because they were so heavy. What do you remember the most?

**Yukiko:** Well, I read a book to children. I tried to express the feelings of the characters in the book. Children were excited about listening to the story. They liked the book very much and asked me to read it again. I'll never forget the children's smiles when I read to them.

**Brian:** You had a really good experience.

**Yukiko:** I thought about my dream through this experience. I want to write books for children in the future.

**Brian:** I hope your dream will come true, Yukiko.

(間 1 秒)

Question:

〔**No.** 1〕 Why did Yukiko choose to go to the library for work experience?

(間 5 秒)

〔**No.** 2〕 What was difficult for Brian's friend to do at the library?

(間 5 秒)

〔**No.** 3〕 What does Yukiko want to do in the future?

(間 5 秒)

繰り返します。

(Repeat)

以上で，聞くことの検査を終わります。〔**チャイムⅡ**〕

次に，**B**の問題に移ります。**B**では，２つの場面の英文を読みます。それぞれの英文の後に質問を読みますから，問題用紙にある**ア**～**エ**の中から，質問の答えを表す絵として最も適切なものを１つ選び，その符号を書きなさい。

では，始めます。

〔**No. 1**〕

**A:** Tom, how will you go to the park tomorrow?

**B:** I'm thinking about walking or taking the bus. My bicycle broke yesterday.

**A:** Really? It takes about 30 minutes to get there from your house on foot. My father will take me to the park by car. Why don't we go together?

**B:** OK. Let's go.

（間１秒）

Question: How will Tom go to the park tomorrow?

繰り返します。

（Repeat）

（間２秒）

〔**No. 2**〕

**A:** May I help you?

**B:** I'm looking for a T-shirt.

**A:** How about this white one with a cat in front and hearts on the back?

**B:** That's nice. But I want one in black.

**A:** Sorry. We don't have a black one with the same design but we have a black one with hearts on both sides.

**B:** That's cool. I'll take it.

（間１秒）

Question: Which T-shirt will she buy?

繰り返します。

（Repeat）

（間２秒）

（令和６年度）

# 英　語　　聞　く　こ　と　の　検　査

※教英出版注
音声は，解答集の書籍ＩＤ番号を教英出版ウェブサイトで入力して聴くことができます。

〔**チャイムＩ**〕　これから，聞くことの検査を始めます。問題用紙の１ページと２ページを見て下さい。（３秒）問題は**A**，**B**，**C**の３つに分かれています。英語は，すべて２回繰り返します。メモを取ってもかまいません。答えはすべて解答用紙に記入しなさい。（３秒）

それでは，**A**の問題を始めます。**A**では，２つの場面の英文を読みます。それぞれの英文の後に質問とその答えを読みますから，答えが正しいか，誤っているかを判断して，記入例のようにマルで囲みなさい。なお，各質問に対する正しい答えは１つです。

では，始めます。

〔**No. 1**〕 **A:** Are you preparing for the school trip, Mark?

**B:** Yes, Mom.  I'm checking the things I have to take.

**A:** I heard that it'll rain on the second day of your trip.

（間１秒）

Question: What will Mark say next?

Answer: **a**. I'll take my umbrella.

**b**. That's a good idea.

**c**. This is the second trip.

繰り返します。

〔**No. 2**〕 **A:** Hello, this is Emily.  May I speak to John?

**B:** I'm sorry, but he is out now.  He went to school to practice soccer.

**A:** Could you ask him to call me back later?  I want to talk about my homework.

**B:** Sure.  I will tell him.

（間１秒）

Question: Why did Emily call John?

Answer: **a**. To go to school with him.

**b**. To practice soccer.

**c**. To talk about her homework.

繰り返します。

次に，**C**の問題に移ります。**C**は**Part** 1，**Part 2**の2つの問題に分かれています。

**Part** 1では，ALTのデービス(**Davis**)先生が，英語の授業で生徒たちに話しています。英文のあとに3つの質問を読みますから，問題用紙にある**ア**～**ウ**の中から，その答えとして最も適切なものを1つずつ選び，その符号を書きなさい。

では，始めます。

Hello, everyone. I heard you had work experience. Today, I'm going to talk about a work experience I had ten years ago. All students in my junior high school had work experience for five days.

I went to a hospital with four of my classmates. Mr. Smith, the nurse, taught us many things. He showed us around the hospital, and told us about the work of doctors and nurses. We helped nurses take care of injured people. For example, I cleaned the hospital rooms, made their beds, folded towels and carried meals. There were not many things I could do, but I worked hard for them.

On the third day, I met a boy in the hospital room. He told me that he broke his right arm when he played basketball with his friends. Mr. Smith asked me to wash his left hand. When I did it, he smiled at me and thanked me. I was glad to see that. I experienced many things in the hospital and learned that working for others is important. At that time, I was not sure about my future job, but I wanted to work for others and make them happy.

Now, tell each other about your work experience. Talk with your partner.

(間1秒)

Question:

〔**No.** 1〕 How long was Ms. Davis' work experience?

(間2秒)

〔**No.** 2〕 What did Mr. Smith ask Ms. Davis to do for a boy?

(間2秒)

〔**No.** 3〕 What did Ms. Davis learn through her work experience?

(間2秒)

繰り返します。

(Repeat)

(間1秒)

令 和 6 年 度

公立高等学校入学者選抜学力検査問題

# 数　　　学

（50分）

**注 意 事 項**

1　問題は，1ページから6ページまであります。

2　解答は，すべて解答用紙に記入しなさい。

**1**　下の(1)～(5)に答えなさい。なお，解答欄の □ には答だけを書くこと。

(1)　次の**ア**～**オ**の計算をしなさい。

**ア**　$-4-7$

**イ**　$5+(-3^2)\times 2$

**ウ**　$4ab^3 \div \dfrac{10}{7}ab^2$

**エ**　$\dfrac{x-3y}{2}-\dfrac{x-5y}{8}$

**オ**　$\sqrt{96}\times\dfrac{1}{\sqrt{2}}+\sqrt{27}$

(2)　次の方程式を解きなさい。

$3x^2-5x+1=0$

(3)　右の図のように，面積が $10\text{ cm}^2$ の平行四辺形の底辺を $x$ cm，高さを $y$ cm とする。このとき，$y$ を $x$ の式で表しなさい。

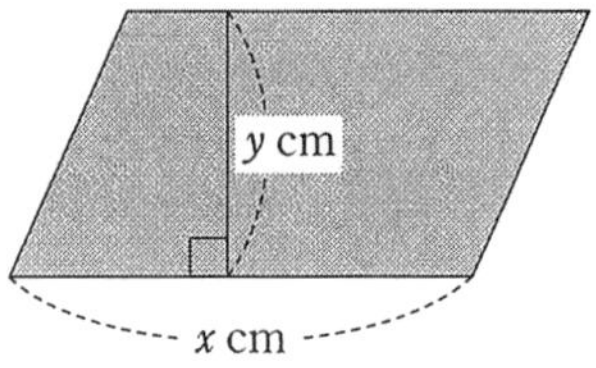


(4)　関数 $y=ax^2$ について，$x$ の変域が $-2\leqq x\leqq 3$ のとき，$y$ の変域が $0\leqq y\leqq 15$ である。このとき，$a$ の値を求めなさい。

(5)　1から6までの目が出る大小2つのさいころを同時に1回投げて，大きいさいころの出た目の数を $a$，小さいさいころの出た目の数を $b$ とする。このとき，$a+2b=10$ となる確率を求めなさい。ただし，2つのさいころはともに，どの目が出ることも同様に確からしいとする。

**2** A中学校の3年1組の生徒40人に，10点満点のテストを実施した。右の表は，テストの得点について，度数および相対度数をまとめたものである。

このとき，次の(1)，(2)に答えなさい。

| 得点(点) | 度数(人) | 相対度数 |
|---|---|---|
| 0 | 0 | 0.00 |
| 1 | 3 | $\boxed{a}$ |
| 2 | 4 | $\boxed{\phantom{a}}$ |
| 3 | $\boxed{b}$ | $\boxed{\phantom{a}}$ |
| 4 | 7 | $\boxed{\phantom{a}}$ |
| 5 | $\boxed{c}$ | $\boxed{\phantom{a}}$ |
| 6 | 6 | $\boxed{\phantom{a}}$ |
| 7 | $\boxed{d}$ | $\boxed{\phantom{a}}$ |
| 8 | 1 | $\boxed{\phantom{a}}$ |
| 9 | $\boxed{\phantom{a}}$ | $\boxed{\phantom{a}}$ |
| 10 | 1 | $\boxed{\phantom{a}}$ |
| 計 | 40 | 1.00 |

(1) 表の $\boxed{a}$ にあてはまる数を求めなさい。ただし，小数第3位を四捨五入して，小数第2位まで求めること。

(2) 右の図は，テストの得点の分布のようすを箱ひげ図に表したものである。

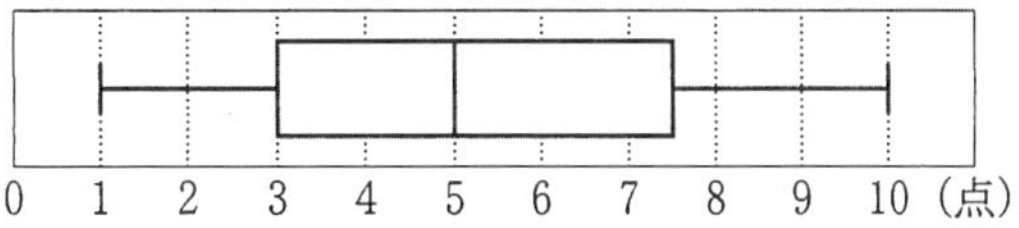


このとき，表の $\boxed{b}$，$\boxed{c}$，$\boxed{d}$ にあてはまる数の組み合わせとして**適当でないもの**を，次の**ア**～**エ**から1つ選び，その符号を書きなさい。また，そう判断した理由を，この箱ひげ図をもとに説明しなさい。説明においては，図や表，式などを用いてよい。

**ア** $b=5$　$c=4$　$d=1$

**イ** $b=5$　$c=2$　$d=3$

**ウ** $b=4$　$c=4$　$d=3$

**エ** $b=4$　$c=3$　$d=3$

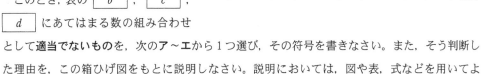

**3** Aさんは，登山口から山頂までの道のりが1200 mである山に登った。午前9時に登山口を出発し，山頂まで一定の速さで歩いて登った。山頂で20分間休んだ後，一定の速さで歩いて下山し，登山口に戻った。

右の図は，Aさんが移動するようすについて，Aさんが登山口を出発してから$x$分後に，登山口からの道のりが$y$ mの地点にいるとして，$x$と$y$の関係をグラフに表したものである。

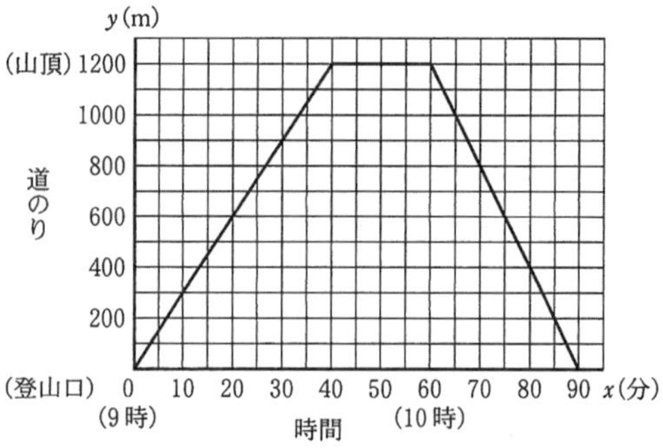


このとき，次の(1)~(3)に答えなさい。なお，登山口は1つしかなく，登山口と山頂を結ぶ道も1本しかないものとする。

(1) 図のグラフより，Aさんが山頂から歩いて下山し，登山口に戻るまでにかかった時間は何分間か，求めなさい。

(2) Aさんが登山口を出発した午前9時に，Bさんは山頂から分速40 mで歩いて下山を開始したが，200 m歩いたところで忘れ物に気づき，同じ速さで山頂に引き返した。山頂で忘れ物を探し，見つけた後，分速20 mで歩いて再び下山を開始した。その後，登ってきたAさんと午前9時30分にすれちがった。

Bさんが最初に下山を開始してから$x$分後に，登山口からの道のりが$y$ mの地点にいるとする。午前9時から午前9時30分までのBさんが移動するようすについて，$x$と$y$の関係を表すグラフを解答用紙の図にかき入れ，Bさんが山頂に戻ってから再び下山を開始するまでの時間は何分間か，求めなさい。

(3) Cさんは，Aさんより後に登山口を出発して，Aさんが山頂まで登ったときと同じ速さで歩き，Aさんが下山を開始した午前10時に登山口からの道のりが400 mの地点にいた。Cさんが登山口を出発したのは，Aさんが登山口を出発してから何分何秒後か，求めなさい。なお，途中の計算も書くこと。

**4** あるバスケットボールの試合において，Aチームは3点シュート，2点シュート，1点のフリースローの合計得点が68点であり，そのうち1点のフリースローによる得点は8点であった。Aチームはこの試合で，3点シュート，2点シュート，1点のフリースロー合わせて80本のシュートをして，そのうち45％のシュートを決めた。

Aチームがこの試合で決めた3点シュートと2点シュートはそれぞれ何本か，方程式をつくって求めなさい。なお，途中の計算も書くこと。

**5** 解答用紙に，2点A，Bを通る直線$\ell$と，$\ell$上にない点Cがある。これを用いて，次の□の中の条件①，②をともに満たす点Pを作図しなさい。ただし，作図に用いた線は消さないこと。

① $PA \perp \ell$

② 点Pは，2点B，Cを通る円の中心である。

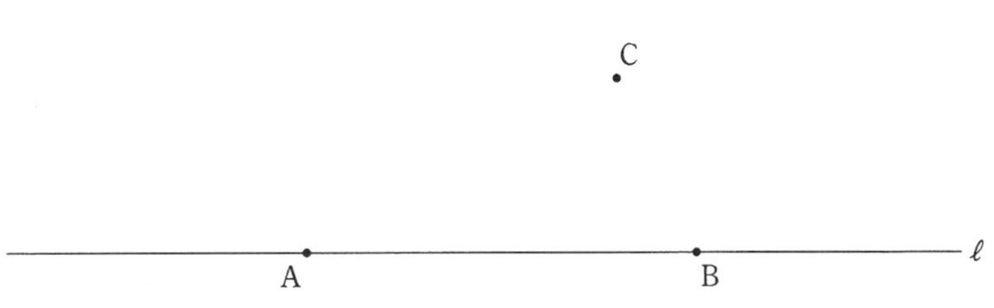

**6** 図1～図3のように，1辺の長さが4 cmの正方形ABCDに，円Oが4点E，F，G，Hで接している。

このとき，次の(1)～(3)に答えなさい。

(1) 図1のように，点Fを含まない$\overset{\frown}{EH}$上に点Iをとる。このとき，∠FIGの大きさを求めなさい。

図1

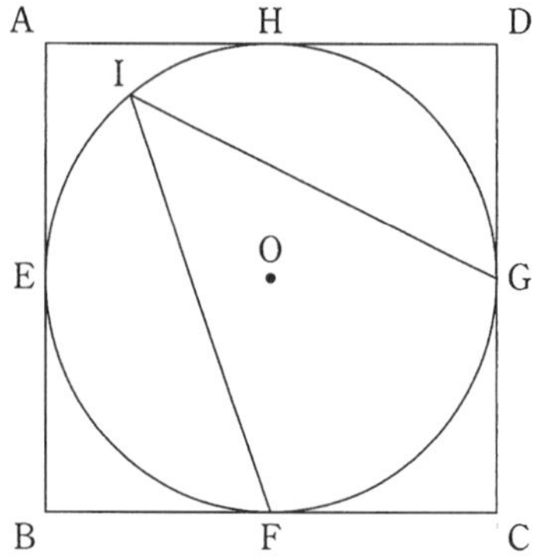


(2) 図2のように，線分ACと円Oとの交点のうち，点Aに近い方を点J，もう一方を点Kとする。また，直線DKと円Oとの交点のうち点K以外の交点をL，直線DKと辺BCの交点をM，直線JLとADとの交点をNとする。

このとき，△CDM ∽ △LNDであることを証明しなさい。

図2

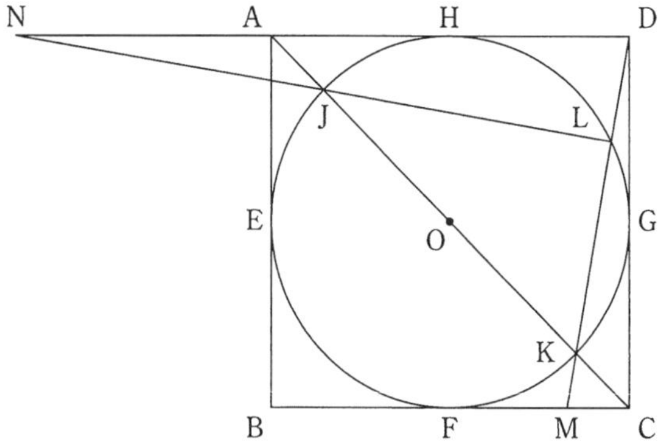


(3) 図3のように，点Fを中心として線分FHを半径とする円Fと辺ABとの交点をP，円Fと半直線CBとの交点をQとする。また，線分FPと円Oとの交点のうち，点F以外の交点をRとする。

このとき，$\overset{\frown}{PQ}$，線分QF，$\overset{\frown}{FR}$，線分RPで囲まれた　部分の面積を求めなさい。なお，途中の計算も書くこと。

図3

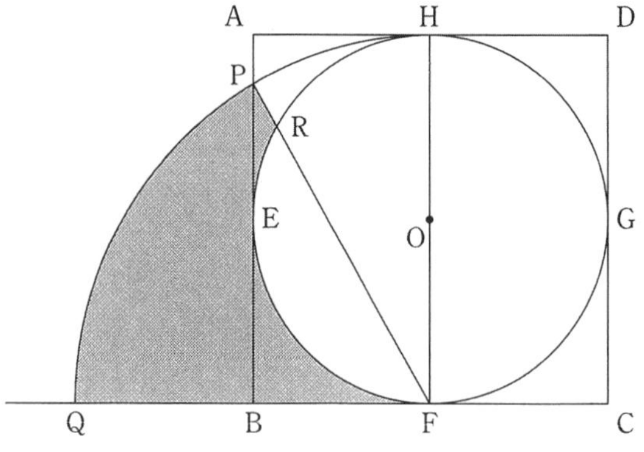

**7** 図1～図3のように，底面ABCがAB＝4 cm，BC＝3 cm，AC＝5 cmの直角三角形で，高さAD＝10 cmの三角柱ABC－DEFがある。

このとき，次の(1)～(3)に答えなさい。

(1) 図1において，辺ABとねじれの位置にある辺をすべて書きなさい。

(2) 図2において，辺BE，DEの中点をそれぞれG，Hとする。また，辺EF上に点Iを，EI：IF＝2：1となるようにとる。

このとき，△GHIの面積を求めなさい。なお，途中の計算も書くこと。

(3) 図3において，辺AD上に点Jを，辺BE上に点Kを，辺CF上に点Lを，平面JKLが平面DEFと平行になるようにとる。線分BDとJKの交点をMとするとき，三角錐CKLMの体積が10 $cm^3$であった。

このとき，線分CLの長さを求めなさい。なお，途中の計算も書くこと。

図1

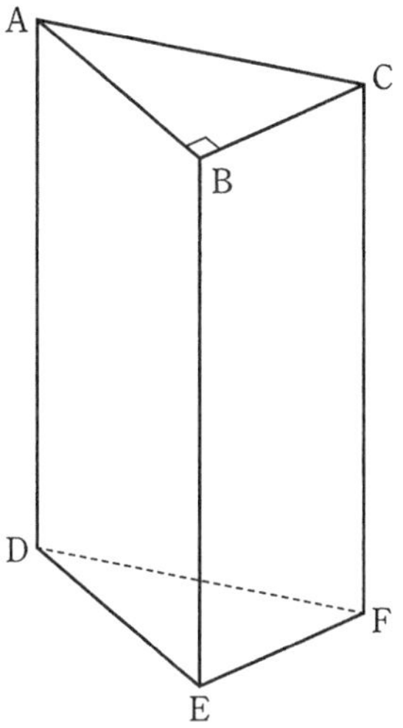


図2

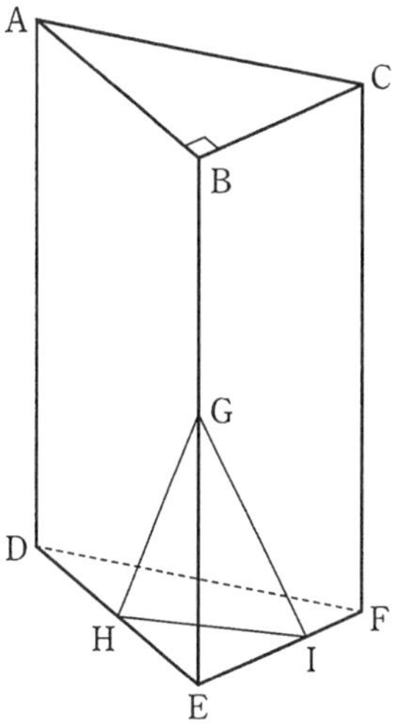


図3

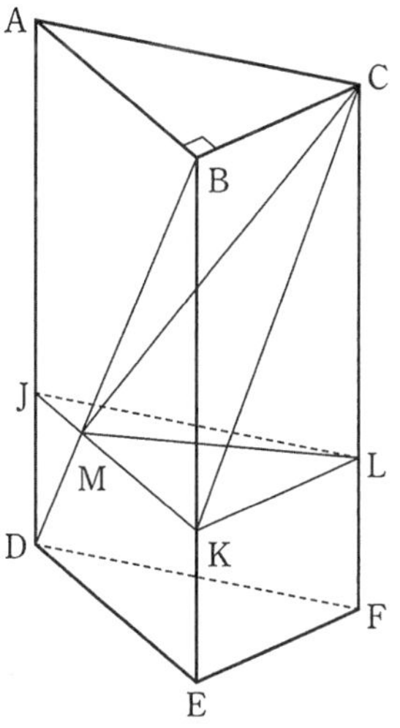

令和6年度

公立高等学校入学者選抜学力検査問題

# 理　　　科

(50分)

**注意事項**

1　問題は，1ページから6ページまであります。

2　解答は，すべて解答用紙に記入しなさい。

◇M4(899—24)

**1**　以下の各問に答えなさい。

**問1**　動物について，次の(1)，(2)に答えなさい。

(1)　カブトムシやカニのように，外骨格をもち，その内側についている筋肉を使って運動をする動物を何というか，書きなさい。

(2)　次の**ア**～**エ**の動物のうち，うろこをもつものを**すべて**選び，その符号を書きなさい。

**ア**　カエル　　**イ**　サンショウウオ　　**ウ**　メダカ　　**エ**　ワニ

**問2**　火山について，次の(1)，(2)に答えなさい。

(1)　マグマが冷えてできた粒のうち，カンラン石やセキエイなどのように結晶になったものを何というか，書きなさい。

(2)　火山岩について述べたものはどれか，次の**ア**～**エ**から最も適切なものを1つ選び，その符号を書きなさい。

**ア**　マグマが地下深くで，急に冷え固まってできた火成岩である。

**イ**　マグマが地下深くで，ゆっくり冷え固まってできた火成岩である。

**ウ**　マグマが地表や地表付近で，急に冷え固まってできた火成岩である。

**エ**　マグマが地表や地表付近で，ゆっくり冷え固まってできた火成岩である。

**問3**　酸とアルカリについて，次の(1)，(2)に答えなさい。

(1)　酸性の水溶液にBTB溶液を加えると何色になるか，書きなさい。

(2)　次の**ア**～**エ**の水溶液のうち，アルカリ性を示すものを**すべて**選び，その符号を書きなさい。

**ア**　アンモニア水　　**イ**　塩酸

**ウ**　水酸化カリウム水溶液　　**エ**　炭酸水素ナトリウム水溶液

**問4**　理科室の机の上に置いたモノコードの弦をはじき，出た音をマイクロホンを使ってオシロスコープで観察する実験を行った。次の(1)，(2)に答えなさい。

(1)　モノコードの弦の振動は，何によって耳まで伝わるか，書きなさい。

(2)　図は，モノコードの弦をはじいたときにオシロスコープに表示された音の振動のようすであり，縦軸方向は振動の振れ幅を，横軸方向は時間を表している。次に，このモノコードの弦のはりをより強くして，図の実験のときと同じ強さで弦をはじいたときに，オシロスコープに表示される振動のようすはどうなるか，次の**ア**～**エ**から最も適切なものを1つ選び，その符号を書きなさい。ただし，**ア**～**エ**の縦軸および横軸の1目盛りの大きさは図と同じものとする。

図

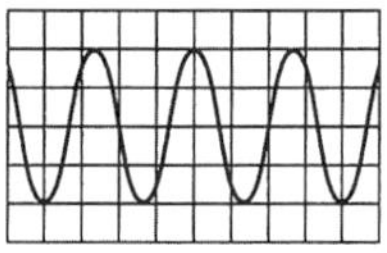

**ア**

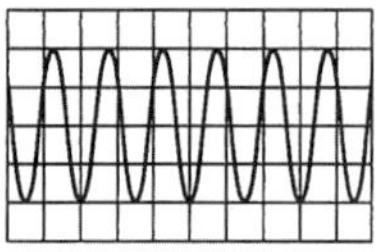

**イ**

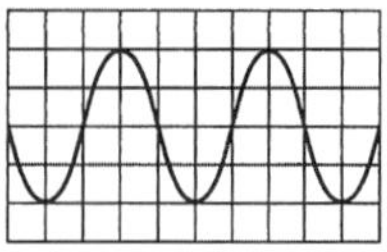

**ウ**

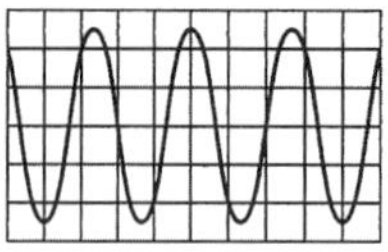

**エ**

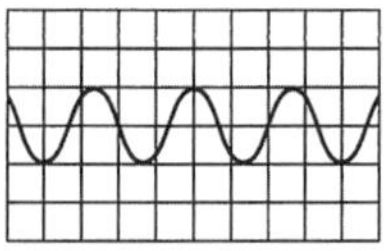

## 2　ヒトのからだのつくりとはたらきについて，以下の各問に答えなさい。

**問1**　肝臓で，ブドウ糖からつくられて，一時的にたくわえられる物質を何というか，書きなさい。

**問2**　小腸のかべには柔毛がある。柔毛があると，効率よく物質の吸収ができるのはなぜか，その理由を書きなさい。

**問3**　血液の成分について，次の(1)，(2)に答えなさい。

(1)　血液中で，ウイルスや細菌などを分解するはたらきをする成分を何というか，書きなさい。

(2)　次の文は，血液中で酸素を運ぶはたらきをする成分について述べたものである。文中の①，②にあてはまる語句をそれぞれ書き，文を完成させなさい。

| |
|---|
| 血液中で酸素を運ぶはたらきをする成分である（　①　）には，酸素が多いところでは酸素と結びつき，酸素が少ないところでは酸素をはなす性質をもつ（　②　）という物質が含まれている。 |

**問4**　あるヒトの体内には血液が5000 $cm^3$ あり，安静にしているときは心拍数が1分につき80回で，1回の拍動により心臓の右心室と左心室からそれぞれ75 $cm^3$ の血液が送り出されるものと仮定する。また，激しい運動をしているときは心臓の右心室と左心室からそれぞれ1分につき30000 $cm^3$ の血液が送り出されるものと仮定する。このヒトの血液の循環について，次の**ア**～**エ**から最も適切なものを1つ選び，その符号を書きなさい。

**ア**　激しい運動をしているとき，体内の血液の量は，安静時の6倍である。

**イ**　激しい運動をしているとき，1分間に左心室から送り出される血液の量は，安静時の5倍である。

**ウ**　安静時に右心室から送り出された血液は，平均25秒で右心房に到達する。

**エ**　安静時に左心房に到達する血液の量は，安静時に右心房に到達する血液の量よりも多い。

**問5**　図は，ヒトの血液の循環の経路を模式的に表したものである。P～Sは，肝臓，小腸，腎臓，肺のいずれかの器官を，a～hは血管内の地点を表している。なお，g，hは，a～hの中で養分を最も多く含む血液が流れている。次の(1)，(2)に答えなさい。

図

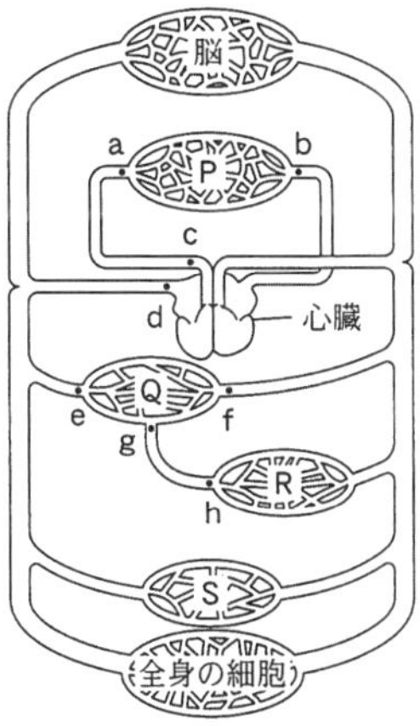


(1)　a～fのうち，静脈血が流れている地点は何か所か，書きなさい。

(2)　次の文は，器官Sについて述べたものである。文中の①にはあてはまる器官の名称を，②には下の**ア**～**オ**のいずれか1つの符号をそれぞれ書き，文を完成させなさい。

| |
|---|
| Sは（　①　）であり，血液がこの器官を通過すると，血しょう中の（　②　）。 |

**ア**　アミノ酸が増加する　　**イ**　アンモニアが減少する　　**ウ**　デンプンが増加する

**エ**　二酸化炭素が減少する　　**オ**　尿素が減少する

**3**　銅の化合物を用いて，次の実験を行った。これらをもとに，以下の各問に答えなさい。

［**実験Ⅰ**］　図1のように，質量パーセント濃度が10％の塩化銅水溶液200gをビーカーに入れ，炭素棒を電極にして，電圧をかけて電流を流した。このとき，陽極からは気体が発生し，陰極には赤い物質が付着した。

図1

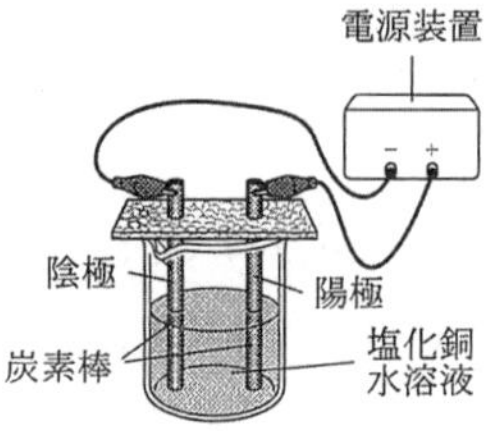


［**実験Ⅱ**］　酸化銅(CuO)4.00gと粉末状の炭素0.10gをよく混ぜてから，図2のように試験管Aの中にすべて入れ，加熱したところ，気体が発生し，石灰水は白くにごった。気体の発生が完全に終わった後，ガラス管を石灰水から取り出して，ガスバーナーの火を消し，ゴム管をピンチコックで閉じた。試験管を冷ました後，試験管の中にある固体の質量を測定した。次に，試験管B～Fを準備し，すべての試験管に酸化銅4.00gと表に示した質量の粉末状の炭素をよく混ぜて入れ，同様の操作を行った。表は，それらの結果をまとめたものである。また，図3は粉末状の炭素の質量と試験管の中にある固体の質量の関係を表したものである。

図2

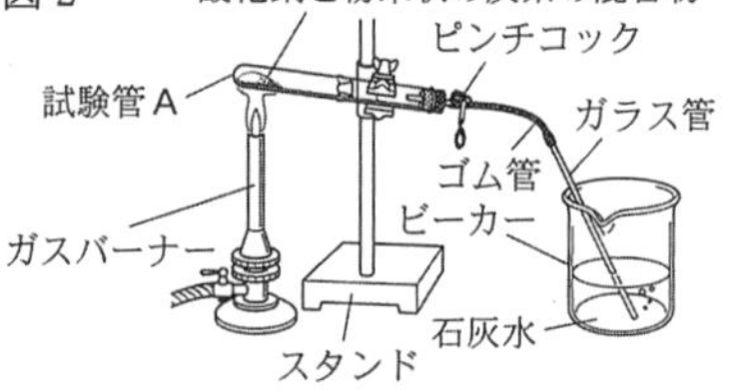


表

| 試験管 | A | B | C | D | E | F |
|---|---|---|---|---|---|---|
| 粉末状の炭素の質量[g] | 0.10 | 0.20 | 0.30 | 0.40 | 0.50 | 0.60 |
| 試験管の中にある固体の質量[g] | 3.74 | 3.47 | 3.20 | 3.30 | 3.40 | 3.50 |

図3

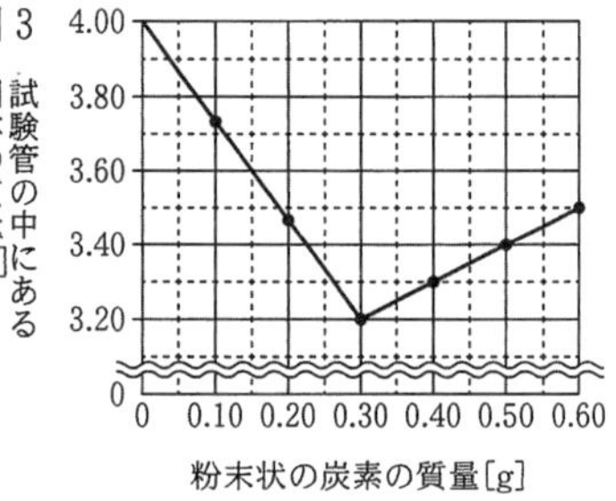


**問1**　実験Ⅰについて，次の(1)～(3)に答えなさい。

(1)　塩化銅は水に溶けると陽イオンと陰イオンに分かれる。このように物質が水に溶けて陽イオンと陰イオンに分かれることを何というか，書きなさい。

(2)　下線部の水溶液に含まれる塩化銅の質量は何gか，求めなさい。

(3)　次の文は，陽極で発生した気体の性質について述べたものである。文中の①，②にあてはまる内容の組み合わせを，下の**ア**～**エ**から1つ選び，その符号を書きなさい。

| この気体は，水に（　①　）。また，（　②　）である。 |
|---|

**ア**　①　溶けやすい　②　有色　　**イ**　①　溶けやすい　②　無色

**ウ**　①　溶けにくい　②　有色　　**エ**　①　溶けにくい　②　無色

**問2**　実験Ⅱについて，次の(1)～(3)に答えなさい。

(1)　ガスバーナーの火を消す前に，ガラス管を石灰水から取り出すのはなぜか，理由を書きなさい。

(2)　図3のように，酸化銅に混ぜる炭素の質量を0.10gから0.20gに変化させたとき，反応後に試験管の中にある固体の質量が減少したのはなぜか，理由を書きなさい。

(3)　炭素原子1個の質量と，酸素原子1個の質量の比を求めるとどうなるか，次の**ア**～**カ**から最も適切なものを1つ選び，その符号を書きなさい。

**ア**　1：4　**イ**　3：4　**ウ**　3：8　**エ**　4：1　**オ**　4：3　**カ**　8：3

## 4　ばねについて，以下の各問に答えなさい。

**問1**　ばねのように，力によって変形した物体がもとにもどる向きに生じる力を何というか，書きなさい。

**問2**　ばねを引く力の大きさが2Nのとき，5cmのびるばねがある。このばねののびが12.5cmになったとき，ばねを引く力の大きさは何Nか，求めなさい。ただし，ばねののびは，ばねを引く力の大きさに比例するものとする。

**問3**　ばねにおもりをつるした状態で，おもりを糸で水平方向に引いたとき，図1のように，重力の反対方向とばねのなす角度は45°になった。このとき，ばねがおもりを引く力を表す矢印を，解答用紙の図にかき入れなさい。

図1

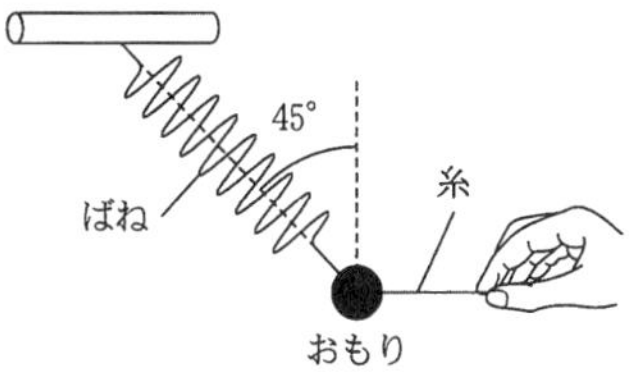


**問4**　図2は，おもりをつけたばねをスタンドにつるしておもりが静止しているとき，スタンドとばねとおもりにはたらく力の一部を表したものである。ばねがスタンドを引く力をA，ばねがおもりを引く力をB，おもりがばねを引く力をC，おもりにはたらく重力をDとする。力のつりあいの関係にある2力はどれとどれか，また，作用・反作用の関係にある2力はどれとどれか，A～Dからそれぞれ選び，その符号を書きなさい。なお，B，Cは一直線上にあるものとし，ばねの重さは考えないものとする。

図2

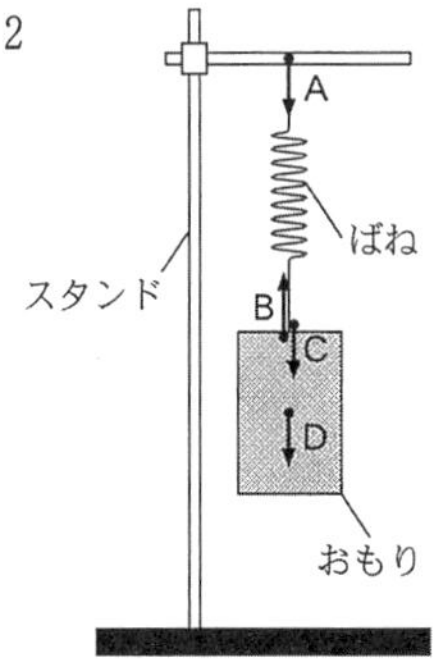


**問5**　ばねを引く力の大きさとばねののびの関係が，図3のように表されるばねa，ばねbがある。図4のように物体をつるしたばねa，ばねbの長さを測定したところ，2つのばねの長さは同じになった。次に，この2つのばねから物体をはずし，ばねa，ばねbの物体をつるしていない状態の長さをそれぞれ測定した。このとき，どちらのばねの長さの方が長いか，次のア～ウから最も適切なものを1つ選び，その符号を書きなさい。また，そう判断した理由を，ばねaが物体を引く力とばねbが物体を引く力の大きさの関係に着目して書きなさい。

ア　ばねaの長さの方が長い

イ　ばねbの長さの方が長い

ウ　どちらの長さも同じ

図3

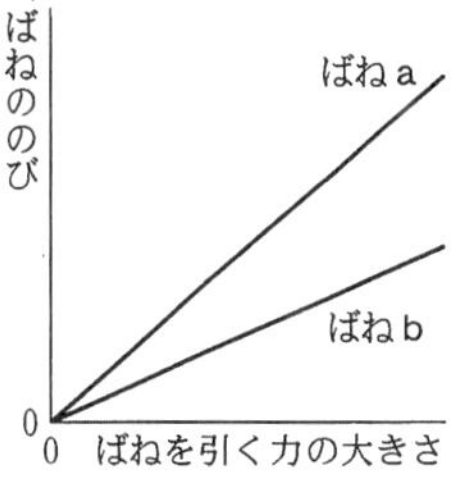


図4

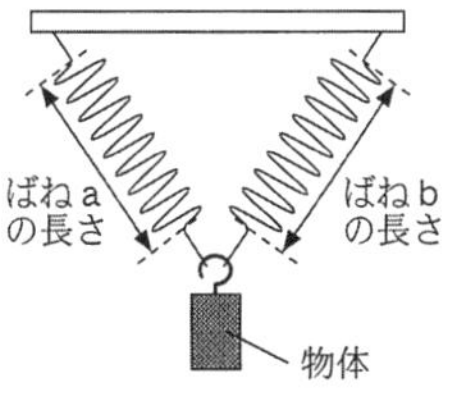

**5** 太陽系の天体について，以下の各問に答えなさい。

**問1** 月のように，惑星のまわりを公転している天体を何というか，書きなさい。

**問2** 金星は地球型惑星である。地球型惑星について正しく述べたものはどれか，次の**ア**～**エ**から最も適切なものを1つ選び，その符号を書きなさい。

**ア** 地球型惑星は木星型惑星に比べて，質量も密度も小さい。

**イ** 地球型惑星は木星型惑星に比べて，質量は小さく，密度は大きい。

**ウ** 地球型惑星は木星型惑星に比べて，質量も密度も大きい。

**エ** 地球型惑星は木星型惑星に比べて，質量は大きく，密度は小さい。

**問3** 図1は，ある年の6月4日の太陽，金星，地球の位置関係を模式的に表したものである。このとき，太陽，金星，地球はおおむね直角二等辺三角形をなす位置関係になり，地球から見たときの太陽と金星のなす角度は45°となる。また，図2は，その日に石川県内の地点**X**から天体望遠鏡で観察した金星の形を模式的に表したものである。なお，金星の観察は，6月4日から225日後の翌年の1月15日まで15日ごとに行った。次の(1)～(3)に答えなさい。ただし，金星の上下左右は，肉眼で観察したときの見え方に直してある。

図1

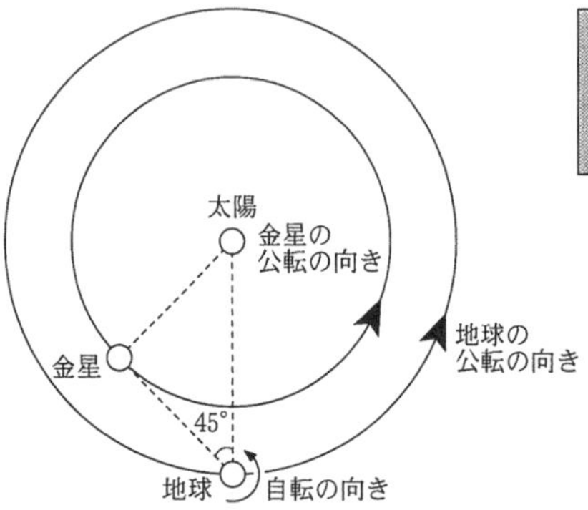


図2

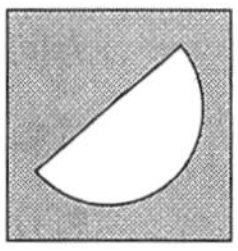

(1) 金星は夕方や明け方に観察することができるが，真夜中に観察することはできない。その理由を，太陽，金星，地球の位置関係に着目して書きなさい。

(2) 6月4日に，太陽が水平線に沈む時刻を調べたところ，19時8分であった。金星が水平線に沈む時刻は何時頃か，次の**ア**～**エ**から最も適切なものを1つ選び，その符号を書きなさい。ただし，金星が沈む位置は，太陽が沈む位置とほぼ同じであった。

**ア** 16時　　**イ** 18時　　**ウ** 20時　　**エ** 22時

(3) 次の文は，金星を観察した結果についてまとめたものである。文中の①には下の**ア**～**オ**のいずれか1つの符号を，②には下の**A**～**F**のいずれか1つの符号をそれぞれ書き，文を完成させなさい。ただし，金星の公転周期は約225日とする。なお，地球と金星は同じ平面上で太陽を中心とした円軌道上をそれぞれ一定の速さで公転しているものとする。

| |
|---|
| 7月4日から9月2日までの観察では，（　①　）のみ，金星を見ることができなかった。また，1月15日に，天体望遠鏡で観察した金星の形は（　②　）のように見えた。 |

**ア** 7月4日　　**イ** 7月19日　　**ウ** 8月3日　　**エ** 8月18日　　**オ** 9月2日

2024(R6) 石川県公立高
K 教英出版

**6** 次のメモは，エネルギーの変換について，山田さんが調べて書いたものの一部である。これを見て，以下の各問に答えなさい。

| Ⅰ | Ⅱ |
|---|---|
| ・植物は，光エネルギーを利用して，成長に必要な栄養分を作り出している。<br>・化石燃料は，動物や植物の死がいが，長い年月をかけて変化したものである。 | ・電気エネルギーの確保と有効利用のための方策を考える必要がある。<br>・太陽光などの再生可能なエネルギー資源を用いた発電の需要が高まると考えられ，その開発が進んでいる。 |

**問1**　Ⅰについて，次の⑴，⑵に答えなさい。

⑴　植物が光を受けてデンプンなどの栄養分をつくるはたらきを何というか，書きなさい。

⑵　現在使われている化石燃料には，中生代に地中にうもれた生物の死がいが変化したものも含まれている。次の**ア**～**エ**のうち，中生代の示準化石となる生物はどれか，最も適切なものを1つ選び，その符号を書きなさい。

**ア**　アンモナイト　　**イ**　ビカリア　　**ウ**　フズリナ　　**エ**　メタセコイヤ

**問2**　Ⅱについて，次の⑴～⑷に答えなさい。

⑴　燃料電池自動車は，水素と酸素が化学変化を起こすときに発生する電気エネルギーを利用して動く。このときの化学変化を，化学反応式で表しなさい。

⑵　消費電力 60 W の白熱電球と消費電力 10 W の LED 電球をそれぞれ1時間使用したときに消費する電力量の差は何 kJ か，求めなさい。

⑶　次の**ア**～**エ**のうち，再生可能なエネルギー資源を**すべて**選び，その符号を書きなさい。

**ア**　地熱　　**イ**　天然ガス　　**ウ**　バイオマス　　**エ**　風力

⑷　図1のように，太陽電池面の傾きを変えることができる太陽電池を接続した装置をつくり，図2のように，暗い部屋で水平面と光源から出た光がなす角度が 30° になるように光を太陽電池面にあて，水平面と太陽電池面のなす角度を変えて，抵抗器に加わる電圧と抵抗器を流れる電流を測定したところ，表のような結果が得られた。

図1の装置を，日本国内の北緯 37° で標高が 0 m の地点Xで，よく晴れた夏至の日の太陽が南中したときに，太陽電池面が真南に向くように水平な場所に設置した。このとき，抵抗器を流れる電流の大きさが最も大きくなるときの水平面と太陽電池面のなす角度は何度か，実験結果をもとに求めなさい。ただし，地球の地軸は公転面に対して垂直な方向から 23.4° 傾いているものとする。

図1

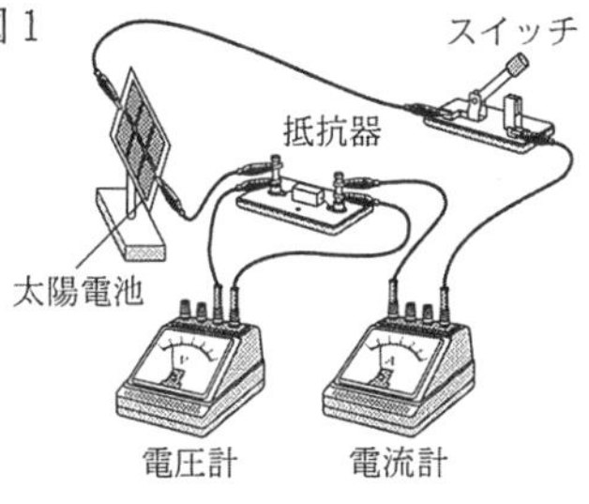


図2

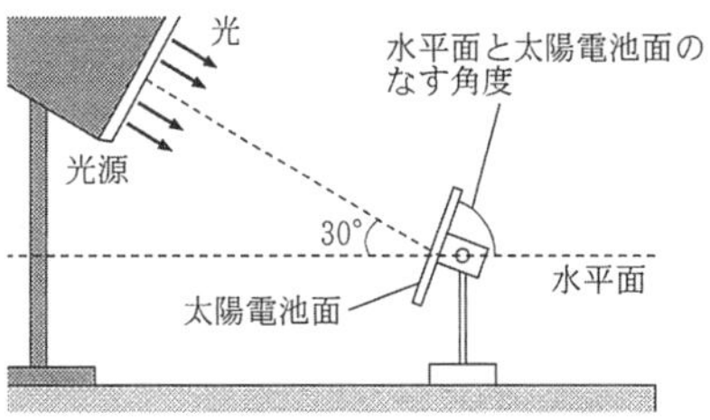


表

| 水平面と太陽電池面のなす角度[°] | 30 | 45 | 60 | 75 | 90 |
|---|---|---|---|---|---|
| 抵抗器に加わる電圧[V] | 0.43 | 0.48 | 0.50 | 0.48 | 0.43 |
| 抵抗器を流れる電流[mA] | 43 | 48 | 50 | 48 | 43 |

令 和 6 年 度

公立高等学校入学者選抜学力検査問題

# 英　　　語

(50分)

**注 意 事 項**

1　問題は，1ページから6ページまであります。

2　解答は，すべて解答用紙に記入しなさい。

※教英出版注
音声は，解答集の書籍ＩＤ番号を教英出版ウェブサイトで入力して聴くことができます。

**1** 〔聞くことの検査〕

問題は，A，B，Cの３つに分かれています。英語は，すべて２回繰り返します。メモを取ってもかまいません。答えはすべて解答用紙に記入しなさい。

**A**　２つの場面の英文を読みます。それぞれの英文の後に質問とその答えを読みますから，答えが正しいか，誤っているかを判断して，記入例のように○で囲みなさい。なお，各質問に対する正しい答えは１つです。

| 記入例 | a | 正 | (誤) | b | 正 | (誤) | c | (正) | 誤 |
|---|---|---|---|---|---|---|---|---|---|

**B**　２つの場面の英文を読みます。それぞれの英文の後に質問を読みますから，**ア**～**エ**の中から，質問の答えを表す絵として最も適切なものを１つ選び，その符号を書きなさい。

**No. 1**

ア
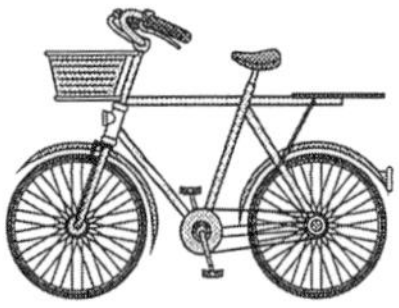

イ

ウ

エ

**No. 2**

ア

イ

ウ

エ

**C**　**Part 1**　ALTのデービス(**Davis**)先生が，英語の授業で生徒たちに話しています。英文のあとに３つの質問を読みますから，**ア**～**ウ**の中から，その答えとして最も適切なものを１つずつ選び，その符号を書きなさい。

**No. 1**　**ア**　For five days.　**イ**　For four days.　**ウ**　For three days.

**No. 2**　**ア**　He asked her to show the boy around the hospital.
**イ**　He asked her to wash the boy's left hand.
**ウ**　He asked her to watch a basketball game with the boy.

**No. 3**　**ア**　It's important to eat meals.
**イ**　It's important to smile at others.
**ウ**　It's important to work for others.

**Part 2**　由紀子(**Yukiko**)さんと留学生のブライアン(**Brian**)さんが，デービス先生の話を聞いた後に話し合っている場面の英文が流れます。そのあと３つの質問を読みますから，指示に従ってそれぞれ答えなさい。

**No. 1**　(質問に対する適切な答えになるように，下線部にあてはまる英語を書きなさい。)

Because she ____________________ her mother's job.

**No. 2**　(質問に対する適切な答えになるように，下線部にあてはまる英語を書きなさい。)

To ____________________.

**No. 3**　(質問に対する適切な答えになるように，下線部にあてはまる英語を書きなさい。)

She wants ____________________ in the future.

## 2　貴志(**Takashi**)さんとナンシー(**Nancy**)さんの会話を読んで，あとの各問に答えなさい。

*Nancy*：What are your plans for this weekend?

*Takashi*：I'm thinking of going to the movies. There's an action movie ①(　　　)(　**X**　)(　　　)(　**Y**　)(　　　).

*Nancy*：Who is in the movie?

*Takashi*：Mr. White! He is my favorite.

*Nancy*：Oh, I like him, too. [　　　　　　　　]?

*Takashi*：Sure! Let's watch it this Saturday afternoon.

*Nancy*：Yes. Oh, wait a minute... I forgot I have plans. I have to go shopping with my family this Saturday afternoon. How about this Sunday afternoon?

*Takashi*：No problem. I'm free on that day.

*Nancy*：Do you know ②(　　　)(　**X**　)(　　　)(　**Y**　)(　　　)?

*Takashi*：Yes, it's showing at ABC theater. It has a big screen and comfortable seats.

*Nancy*：Great! What time will the movie start?

*Takashi*：OK. ③(　　　)(　**X**　)(　　　)(　**Y**　)(　　　).

*Nancy*：Thanks.

**問１**　下線部①～③には，それぞれ次の【　】内の語句を並べかえたものが入ります。**ア～オ**の語句を会話の意味が通じるように正しく並べかえて文を完成させるとき，(　**X**　)，(　**Y**　)にあてはまる語句はどれか，符号を書きなさい。ただし，文頭の文字も小文字で表されています。

①【 **ア** I've　**イ** that　**ウ** to　**エ** wanted　**オ** watch 】

②【 **ア** can　**イ** it　**ウ** watch　**エ** we　**オ** where 】

③【 **ア** check　**イ** let　**ウ** me　**エ** movie time　**オ** the 】

**問２**　[　　　　　　]の中に入る**３語以上**の適切な内容の英語を書きなさい。

**3** 高校生の雅人(**Masato**)さん，明子(**Akiko**)さん，昇(**Noboru**)さんが，留学生のマーク(**Mark**)さんと話しています。パンフレット(**pamphlet**)に書かれている内容と会話を読んで，あとの各問に答えなさい。

## *Nagisa Bus Tours* *Join us and have fun!*

**Tour Dates: Tuesday & Sunday**
**Price: Tuesday → ¥500 off for each person**

**Meeting Time:**
**You must come to Nagisa Station 10 minutes before a tour starts.**

**★Local History Tour** (**¥6,000 for each person**) **Time: 9:30～14:30**
- Visit three famous places — castle, temple, shrine and enjoy lunch in the temple
- Have free time and talk with special guides at each place

**★Culture Experience Tour** (**¥10,000 for each person**) **Time: 14:00～19:00**
- Sushi making experience
- Enjoy traditional Japanese meals
- Experience Japanese culture
  ～choose one from three activities below～
  ① tea ceremony ② calligraphy ③ karate

**★City Sightseeing Tour** (**¥5,000 for each person**) **Time: 7:30～11:30**
- Visit five places — morning market, Japanese garden, stadium, museum, shopping street
- Enjoy shopping or try local food at the morning market and shopping street

*Mark* : My father ①(come) to Japan to see me next month. I want him to learn a lot about Japan. Look at this pamphlet. I'm thinking about joining a bus tour for foreign people with my father.

*Akiko* : [ (1) ]

*Mark* : There are three tours in this pamphlet, but I haven't chosen one yet. I want to ask for your advice.

*Noboru* : Is there anything your father wants to do?

*Mark* : His hobby is taking photos. He often shares photos with his friends and joins photo contests. He wants to do something unique in Japan, for example, see famous places, try local food, and take photos.

*Masato* : I see. Let's work together and decide [ (2) ] for your father.

*Noboru* : Well, I think it is good to choose [ あ ] because it has a lot of exciting scenery, shops, and delicious local food.

*Akiko* : You're right, but he will be busy because he has to go to many places in a half-day trip.

*Mark* : Oh, this tour starts early in the morning. My father is not good at getting up early.

*Noboru* : Really? It may be difficult to choose this tour.

*Masato* : How about [ い ] ? He will visit many famous old places. He can have more time to take photos at each spot. He can also listen to some special stories there.

*Mark* : How nice! He is interested in world heritage sites. He will be excited to see those places. I think he will be able to record something important of Japan with his camera.

*Akiko* : That's interesting, but I will recommend [ う ] to you because your father can join traditional Japanese activities, try Japanese meals, and take amazing photos.

*Noboru* : I think it would be fun to make a Japanese dish in this tour. What do you think, Mark?

*Mark* : Well, it sounds good, but ②I will take Masato's side. My father likes learning a lot about old buildings, so if he joins this tour, it will be a great memory for him.

*Masato* : I think so. Having a meal at a unique place will be a good experience for him, too.

*Akiko* : Then, the local history tour would give him chances to take some wonderful photos. By taking photos, he can remember important moments and beautiful things in Japan, and express himself through his photos.

*Mark* : Thank you! I will talk with him and recommend this tour to him. I'm sure that he will get many chances to take photos for his next photo contest.

*Noboru* : What is the theme of the next contest?

*Mark* : I heard that the theme of the next photo contest is "something you want to show your family or your friends". If you joined this contest, what kind of pictures would you take, Noboru? And tell me the reason.

*Noboru* : [ (3) ]

*Mark* : Your photo would be attractive to your family and your friends.

(注) scenery：景色　record：記録する　theme：テーマ

**問1** 次の**ア**～**エ**のうち，下線部①の(　　)の語を最も適切な形になおしたものを１つ選び，その符号を書きなさい。

**ア** came　**イ** coming　**ウ** has come　**エ** is going to come

**問2** [ (1) ] の中に入る英語として，次の**ア**～**エ**から最も適切なものを１つ選び，その符号を書きなさい。

**ア** Guess what!　**イ** I'm sorry to hear that.

**ウ** I can't wait.　**エ** That's a good idea!

**問3** [ (2) ] の中に入る**３語以上**の適切な内容の英語を書きなさい。

**問4** [ あ ] ～ [ う ] の中に入る英語として，次の**ア**～**ウ**から最も適切なものをそれぞれ１つ選び，その符号を書きなさい。

**ア** the city sightseeing tour　**イ** the culture experience tour　**ウ** the local history tour

**問5** 次の**ア**～**エ**のうち，下線部②の内容を最もよく表しているものを１つ選び，その符号を書きなさい。

**ア** I'm more interested in Masato's opinion.

**イ** I can't say yes or no to Masato's opinion.

**ウ** I have to say it is difficult to accept Masato's opinion.

**エ** My opinion is a little different from Masato's.

**問6** [ (3) ] について，あなたが昇さんなら何と言うか，**２文以上**のまとまりのある英文で書きなさい。

**問7** 次の**ア**～**オ**のうち，パンフレット及び会話の内容に合うものを２つ選び，その符号を書きなさい。

**ア** If Mark and his father join the local history tour, they have to go to Nagisa Station by 9:30.

**イ** If Mark joins the city sightseeing tour on weekday with his father, they will pay 9, 000 yen in total.

**ウ** It is possible for Mark and his father to join all of three bus tours in a day.

**エ** Mark's father likes taking photos, but he has never joined photo contests.

**オ** You can not only make sushi but also try traditional Japanese food in the culture experience tour.

**4** 英語の授業で，中学生の勝(**Masaru**)さんが，クラスの生徒にスピーチをしました。その時に使ったグラフ(**graph**)と原稿を読んで，あとの各問に答えなさい。

**Graph 1** Why did elderly people over 65 cause traffic accidents when they drove?

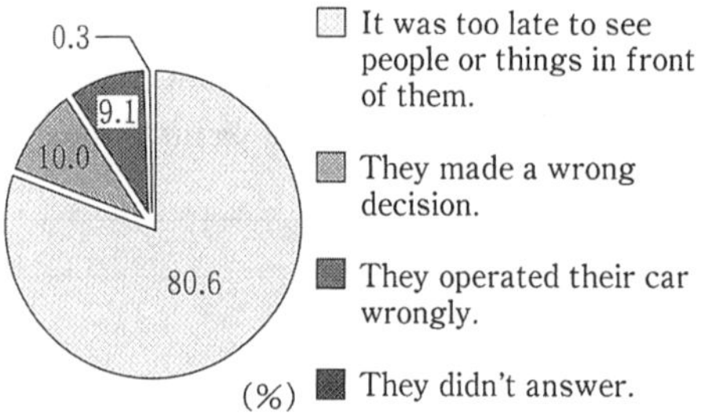


**Graph 2** Did elderly people over 65 have confidence in driving before returning their driver's license?

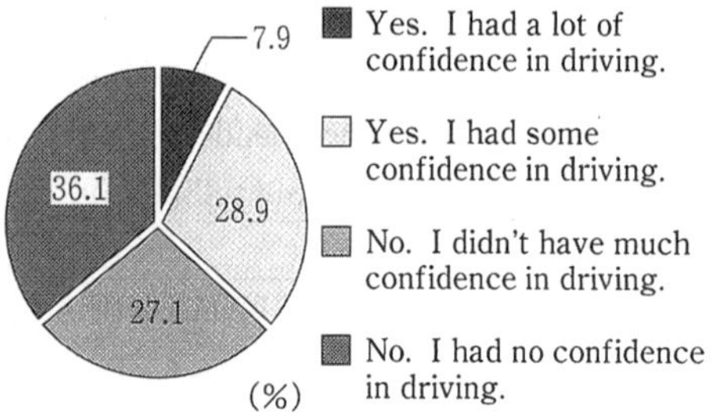


(Graph 1は警視庁ホームページ，Graph 2は内閣府ホームページより作成)

Everyone, do you think our town is comfortable for elderly people to live in? I think if elderly people in our town stop driving, it will be difficult for them to enjoy their lives. Are there any ways to make our town a better place?

My grandfather is in his 80's. He drives twice a week to see his friends. I've heard that he sometimes feels worried about driving. One day, my family watched a TV program about traffic accidents caused by elderly drivers. According to the TV program, the number of people over 75 who have their driver's license is increasing each year. <u>It</u> also says that many elderly people continue to drive their car, and this may increase the number of traffic accidents.

I thought about this serious problem and searched the Internet about elderly drivers. Look at Graph 1. This graph shows why elderly people over 65 cause car accidents. It will be difficult for them to see people and dangerous things in front of them quickly as they get older. I found that many traffic accidents caused by elderly drivers happen because [あ] their errors. Some elderly people want to or have to drive a car. I think that, to continue to drive safely, it will be better for them to use safer cars instead of their own car. In fact, cars known as "safety support cars" are getting popular. Those cars have some features that help elderly drivers stop safely when they find people or things in front of them.

Other elderly people return their driver's license [い] some reasons. Look at Graph 2. The survey of people over 65 who returned their driver's license shows that [(1)]. I've heard that my grandfather is thinking about returning his driver's license. I think it is better for him to stop driving. However, it will be a difficult decision for him to return his driver's license.

[(2)]

Without buses, they will feel lonely and sad because it is difficult for them to go shopping, go to the hospital, meet others, take part in some events and so on.

In our town, buses don't run so often, but our town will increase the number of community buses running on special routes next year. These buses will [(3)] such as hospitals, post offices, supermarkets and the town hall. Elderly people can go out easily and freely, and keep their lives comfortable. My grandfather felt happy to hear about that and will stop driving.

I want my grandfather to lead a comfortable life. To make our town a better place for elderly people, it is important to support their lives after they ( **A** ) their driver's license. For example, by introducing special taxis to our town, they can move around. They can share a taxi and go to some places they want to ( **B** ) at a flat rate. I think that in this way, they can have more chances to take part in their communities easily. Let's think about some ways to make our town a better place.

(注)

| | | | |
|---|---|---|---|
| operate：操作する | confidence：自信 | license：免許証 | error：誤り |
| feature：特徴 | route：経路 | flat rate：定額料金 | |

**問1**　下線部の It の内容を示す語句を本文中から抜き出して書きなさい。

**問2**　[あ]，[い] の中に入る語の組み合わせとして，次の**ア**～**エ**から最も適切なものを１つ選び，その符号を書きなさい。

**ア**　[あ] by　[い] for　　**イ**　[あ] by　[い] in

**ウ**　[あ] of　[い] for　　**エ**　[あ] of　[い] in

**問3**　[(1)] の中に入る英語として，次の**ア**～**エ**から最も適切なものを１つ選び，その符号を書きなさい。

**ア**　about 20% of them didn't feel worried about driving

**イ**　about half of them had confidence in driving

**ウ**　more than half of them didn't have any confidence in driving

**エ**　more than 60% of them felt worried about driving

**問4**　[(2)] の中には次の**ア**～**エ**が入る。文章の意味が通じるように最も適切な順に並べ替え，その符号を書きなさい。

**ア**　But there are fewer buses in our town.

**イ**　Cars are necessary for elderly people like him.

**ウ**　If they don't have cars, they have to depend on buses to go out.

**エ**　This causes problems for elderly people living here.

**問5**　[(3)] の中に入る **3 語以上**の適切な内容の英語を書きなさい。

**問6**　英文の意味が通じるように，( **A** )，( **B** ) に入る語として，次の**ア**～**エ**から最も適切なものをそれぞれ１つ選び，その符号を書きなさい。

**ア**　give up　　**イ**　trust　　**ウ**　visit　　**エ**　waste

**問7**　このスピーチのタイトルとして最も適切なものを，次の**ア**～**エ**から１つ選び，その符号を書きなさい。

**ア**　Be careful about traffic accidents　　**イ**　How to return your driver's license

**ウ**　Let's make a better town for elderly people　　**エ**　The future of safety support cars

**問8**　このスピーチの後に ALT のケビン(**Kevin**)先生が，勝さんの同級生の翼(**Tsubasa**)さんと話しています。会話の意味が通じるように，下線部に **4 文以上**のまとまりのある英文を書きなさい。

*Mr. Kevin*：Masaru's speech was great. I hope elderly people in this town will lead a happy life. What do you think, Tsubasa?

*Tsubasa*：They sometimes need help in their daily lives. We can do something for them.

*Mr. Kevin*：As for me, I teach English to elderly people who want to travel abroad. What can you do to help elderly people in their daily lives?

*Tsubasa*：＿＿＿＿＿＿＿＿＿＿

令 和 6 年 度

公立高等学校入学者選抜学力検査問題

# 社　　　　　会

(50分)

**注 意 事 項**

1　問題は，1ページから6ページまであります。

2　解答は，すべて解答用紙に記入しなさい。

**1** 次の略地図を見て，下の各問に答えなさい。

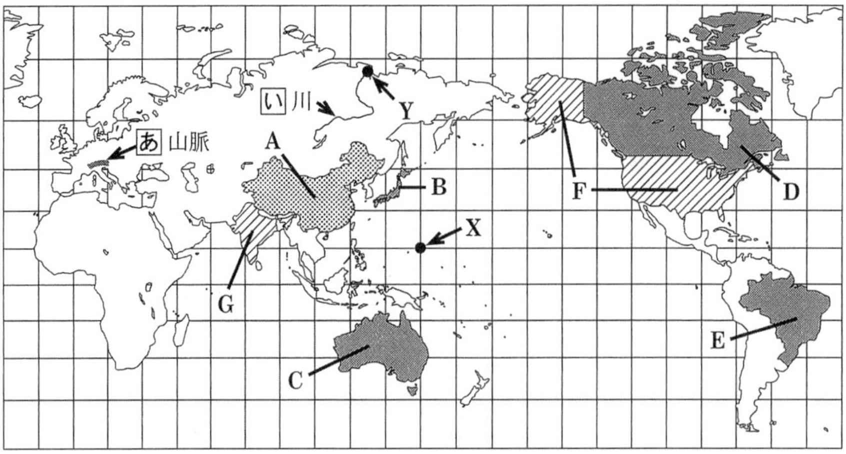


(注) 略地図には，赤道と赤道から15度ごとにひかれた緯線，本初子午線と本初子午線から15度ごとにひかれた経線が示されている。

**問1** 略地図の あ 山脈の名称を書きなさい。

**問2** 略地図の**X**地点の位置を，緯度と経度を用いて表しなさい。

**問3** 次の**ア**～**エ**のうち，略地図の**A**国について述べた文として適切なものを**すべて**選び，その符号を書きなさい。

**ア** この国では，少子高齢化が急速に進んだため，一人っ子政策は廃止された。

**イ** この国では，内陸部に経済特区を設けたことで，沿岸部との経済格差が縮小している。

**ウ** この国の北部では小麦が生産され，その生産量は世界で最も多い。

**エ** 日本の石炭輸入量のうち，この国からの輸入量が最も多い。

**問4** 資料1は，略地図の**B**～**E**国の領海と排他的経済水域の面積，人口密度を示したものである。**ア**にあてはまる国はどれか，**B**～**E**から1つ選び，その符号を書きなさい。

資料1

| 国 | 領海と排他的経済水域の面積(万 $km^2$) | 人口密度(人/$km^2$) |
|---|---|---|
| **ア** | 470 | 4 |
| **イ** | 317 | 25 |
| **ウ** | 701 | 3 |
| **エ** | 447 | 335 |

(「海洋白書」などより作成)

**問5** 資料2は，略地図の い 川の**Y**地点で観測した流れる水の量の平均を月別に示したものであり，資料3は，**Y**地点の月別の平均気温と降水量を示したものである。**Y**地点で6月に流れる水の量が急激に増えるのはなぜか，資料3をもとに書きなさい。

資料2

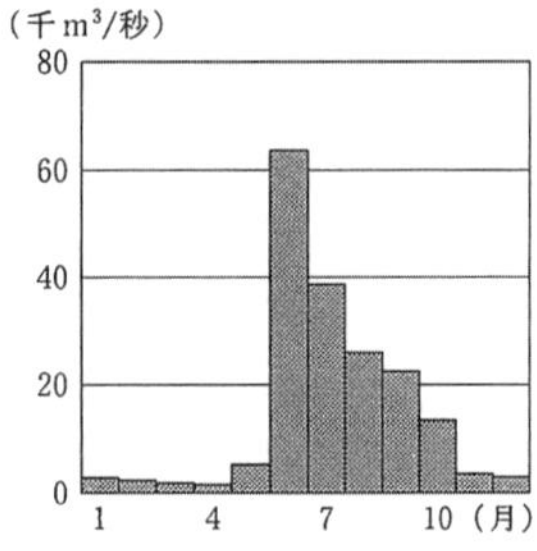


(GRDCホームページより作成)

資料3

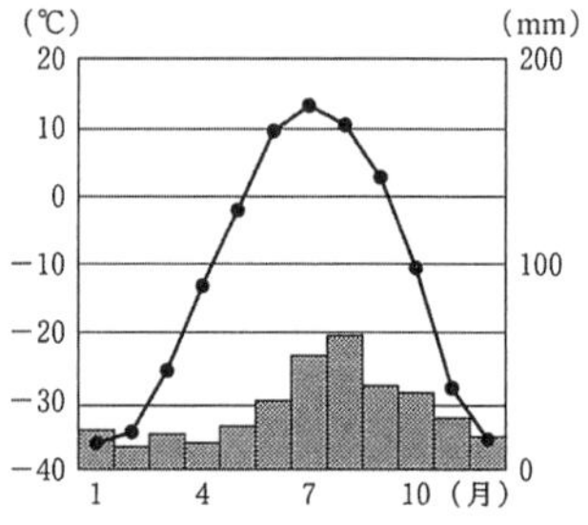


(気象庁ホームページより作成)

**問6** 略地図の**F**国のシリコンバレーと呼ばれる地域にある情報通信技術(**ICT**)関連企業は，顧客へのサービス向上のために，コールセンター業務を自社で行うだけでなく**G**国にある企業に委託することが多い。**F**国の企業がコールセンター業務を**G**国にある企業に委託することが，サービスの向上につながるのはなぜか，**F**国と**G**国の位置関係に着目して書きなさい。

**2** 次のメモは，田村さんが「日本の社会と経済の歴史」について調べて作成したものである。これを見て，下の各問に答えなさい。

| | |
|---|---|
| 奈良時代 | ①律令制度のもとで政治が行われる |
| 平安時代 | ②平清盛が大《おお》輪《わ》田《だ》泊《のとまり》を改修する |
| | ↕③ |
| 室町時代 | ④応仁の乱により，京都の祇《ぎ》園《おん》祭《まつり》が途絶える |
| | ⑤馬借，車借が活躍する |
| 江戸時代 | ⑥農村で商品作物の栽培が盛んになる |

問１　①について，律令制度のもとで，６歳以上の人々に，性別や身分に応じて与えられた土地を何というか，書きなさい。

問２　②について，平清盛が大輪田泊(兵庫県神戸市にあった港)を整備し，ある国との貿易を推進した。この時の貿易の相手国はどこか，次の**ア**～**エ**から最も適切なものを１つ選び，その符号を書きなさい。

**ア**　高句麗　　**イ**　明　　**ウ**　新羅　　**エ**　宋

問３　次の**ア**～**エ**は，③の時期に起こったできごとである。**ア**～**エ**のできごとを，年代の古いものから順に並べ，その符号を書きなさい。

**ア**　鎌倉幕府が永仁の徳政令を出した。

**イ**　鎌倉幕府が博多湾岸に石の壁(防塁)を築いた。

**ウ**　弘安の役が起こった。

**エ**　文永の役が起こった。

問４　④について，京都の祇園祭の復興を担った京都の有力な商工業者を何というか，次の**ア**～**エ**から最も適切なものを１つ選び，その符号を書きなさい。

**ア**　株仲間　　**イ**　五人組　　**ウ**　惣　　**エ**　町衆

問５　⑤について，右の略地図のように，琵琶湖周辺の馬借の拠点が大津や坂本にあった理由を，馬借の役割を明らかにし，「**日本海側**」という語句を使って書きなさい。

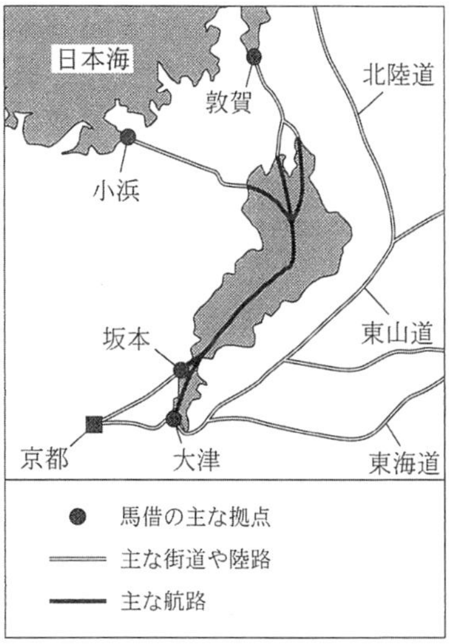

(草津市ホームページなどより作成)

問６　⑥について，下の資料は，江戸時代中期に農村で見られるようになった綿などの商品作物を用いた製品づくりのしくみを模式的に示したものである。江戸時代後期になると，新たに工場制手工業と呼ばれる製品づくりのしくみが見られるようになった。資料のしくみと工場制手工業の違いを，資料のしくみの名称を明らかにして書きなさい。

資料

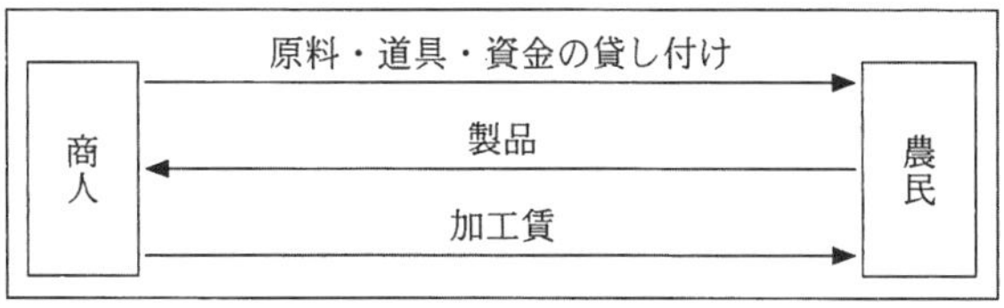

**3** 次のメモは，青木さんが日本国憲法についてまとめたものの一部である。これを見て，下の各問に答えなさい。

- ①生存権については，健康で文化的な最低限度の生活を営む権利と定めている。
- すべての国民に，裁判所において②裁判を受ける権利を保障している。
- ③選挙については，成年者に普通選挙を保障し，投票の秘密は侵してはならないと定めている。
- ④憲法改正については，改正の手続きを経て，天皇が公布することを定めている。

**問1**　下線部①について，次の⑴，⑵に答えなさい。

⑴　下線部①は，社会権の１つである。次の**ア**～**エ**のうち，社会権として適切なものを**２つ**選び，その符号を書きなさい。

**ア**　教育を受ける権利　　**イ**　参政権　　**ウ**　知る権利　　**エ**　労働基本権

⑵　下線部①にもとづき，日本の社会保障制度は整えられている。感染症を予防したり上下水道を整備したりすることは，日本の社会保障制度の４つの基本的な柱のうち，どれにあたるか，書きなさい。

**問2**　下線部②について，次の文は，青木さんが授業で参加した模擬裁判における裁判官の発言の一部である。**X**，**Y**にあてはまる語句の組み合わせとして正しいものを，下の**ア**～**エ**から１つ選び，その符号を書きなさい。

> これから（　**X**　）に対する窃盗事件についての審理を行います。（　**Y**　）は，起訴状を朗読してください。

**ア**　**X**－被告人　**Y**－弁護人　　**イ**　**X**－被告　**Y**－弁護人

**ウ**　**X**－被告人　**Y**－検察官　　**エ**　**X**－被告　**Y**－検察官

**問3**　下線部③について，青木さんの学校では全校生徒450人で，小選挙区制にもとづく模擬投票を行った。資料１はその結果を示したものである。次の⑴，⑵に答えなさい。なお，投票率は100％であった。

資料１

| 選挙区 | 有権者数（人） | 得票数（票） | | |
|---|---|---|---|---|
| | | A党の候補者 | B党の候補者 | C党の候補者 |
| 1区 | 80 | 40 | 35 | 5 |
| 2区 | 130 | 30 | 70 | 30 |
| 3区 | 40 | 10 | 20 | 10 |
| 4区 | 90 | 10 | 50 | 30 |
| 5区 | 110 | 80 | 20 | 10 |

（注）　生徒450人を１～５区に分け，各地区の有権者とした。

⑴　資料１において，一票の格差は最大で何倍か，書きなさい。

⑵　衆議院議員選挙における小選挙区制と比例代表制で当選者が決定するしくみの違いを，有権者が投票する対象を明らかにして書きなさい。

**問4**　下線部④について，資料２は，法律の制定と憲法改正について，それぞれの成立までの過程の一部を模式的に示したものである。［　　　］にあてはまる適切な語句を書きなさい。また，憲法改正の過程が，法律の制定の過程と異なるのはなぜか，資料２をもとに，「**意思決定**」という語句を使って書きなさい。

資料２

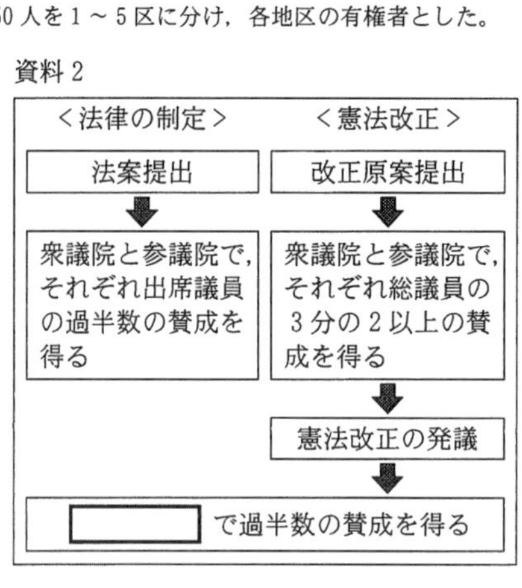

◇K 9 (899—1)

問6

問7 X Y Z

問1
問2
問3
問4
問5
問6
問7

# 四

問1

問2

問3

問4 ～

問5 A B C

問1. 2点
問2. 2点
問3. 3点
問4. 3点
問5. 2点×3

# 五

10点

（25字×9行＝225字）

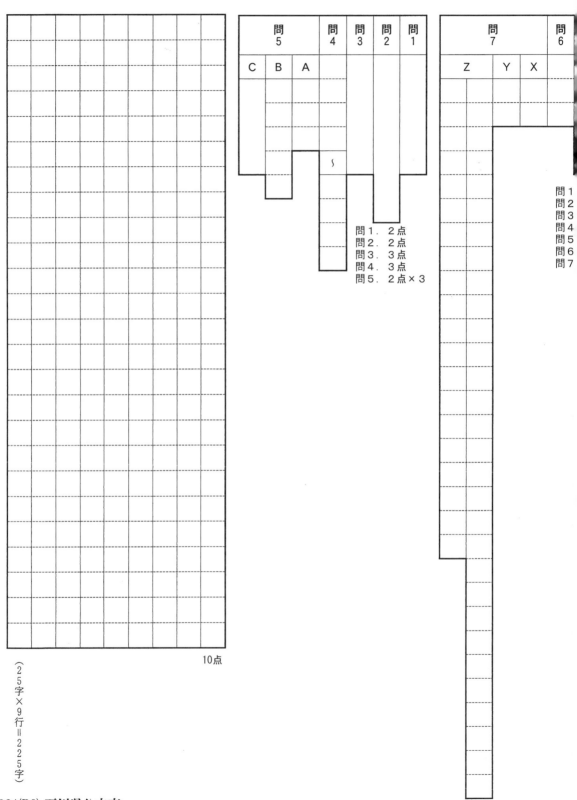

令 和 6 年 度

# 数 学 解 答 用 紙

(令和 6 年度)

# 数学解答用紙

※100点満点

## 1

(1) 3 点 × 5
(2) 3 点
(3) 4 点
(4) 4 点
(5) 4 点

(1)

| ア | イ | ウ | エ | オ |
|---|---|---|---|---|
| | | | | |

(2)

(3)

(4) $a =$

(5)

## 2

(1) 4 点
(2) 6 点

(1)

(2) 〔符号〕

〔判断した理由〕

## 3

(1) 3 点
(2) 5 点
(3) 6 点

(1) 分間

(2) 〔グラフ〕

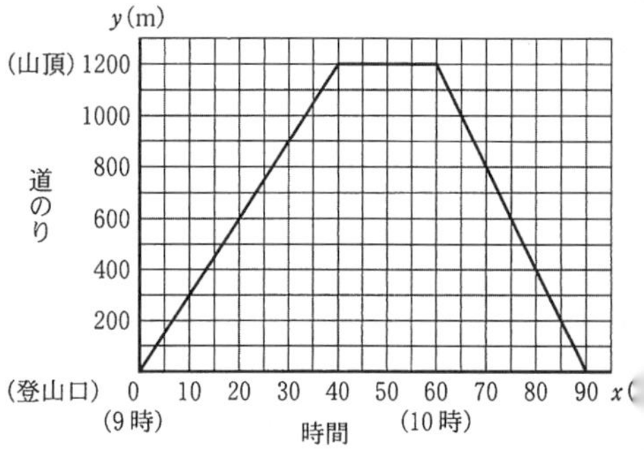


答 分

(3) 〔計算〕

答 分 秒

## 4

10点

〔方程式と計算〕

答 3 点シュート

2 点シュート

受検番号 番

令 和 6 年 度

# 英 語 解 答 用 紙

（令和６年度）

# 英語解答用紙

※100点満点

## 1

〔聞くことの検査〕

A．３点×２
B．３点×２
C．Part1．３点×３
　　Part2．３点×３

**A**

| | | | | | | | | | |
|---|---|---|---|---|---|---|---|---|---|
| No. 1 | a | 正 | 誤 | b | 正 | 誤 | c | 正 | 誤 |
| No. 2 | a | 正 | 誤 | b | 正 | 誤 | c | 正 | 誤 |

**B**

| | | | |
|---|---|---|---|
| No. 1 | | No. 2 | |

**C** Part 1

| | | | | | |
|---|---|---|---|---|---|
| No. 1 | | No. 2 | | No. 3 | |

Part 2

| | |
|---|---|
| No. 1 | Because she　　　　her mother's j |
| No. 2 | To |
| No. 3 | She wants　　　　in the futu |

受検番号　　番

## 2

問１．３点×３
問２．４点

| | | | | | | |
|---|---|---|---|---|---|---|
| 問 1 | ① | (X)　(Y) | ② | (X)　(Y) | ③ | (X)　(Y) |
| 問 2 | | | | | | |

## 3

問１．２点
問２．３点
問３．４点
問４．４点
問５．３点
問６．５点
問７．３点×２

| | | | |
|---|---|---|---|
| 問 1 | | | |
| 問 2 | | | |
| 問 3 | | | |
| 問 4 | あ | い | う |
| 問 5 | | | |
| 問 6 | | | |
| 問 7 | | | |

令 和 6 年 度

# 理 科 解 答 用 紙

（令和６年度）

# 理科解答用紙

※100点満点

## 1

問１．２点×２
問２．２点×２
問３．２点×２
問４．２点×２

| | | | | |
|---|---|---|---|---|
| 問１ | ⑴ | | ⑵ | |
| 問２ | ⑴ | | ⑵ | |
| 問３ | ⑴ | | ⑵ | |
| 問４ | ⑴ | | ⑵ | |

## 2

問１．２点
問２．２点
問３．⑴２点
　　　⑵２点
問４．３点
問５．⑴２点
　　　⑵２点×２

| | | | |
|---|---|---|---|
| 問１ | | | |
| 問２ | | | |
| 問３ | ⑴ | | |
| | ⑵ | ① | ② |
| 問４ | | | |
| 問５ | ⑴ | か所 | |
| | ⑵ | ① | ② |

| 受検番号 | 番 |
|---|---|
| | |

## 3

問１．⑴２点
　　　⑵３点
　　　⑶２点
問２．⑴３点
　　　⑵４点
　　　⑶４点

| | | |
|---|---|---|
| 問１ | ⑴ | |
| | ⑵ | g |
| | ⑶ | |
| 問２ | ⑴ | |
| | ⑵ | |
| | ⑶ | |

令 和 6 年 度

# 社 会 解 答 用 紙

（令和６年度）

# 社会解答用紙

※100点満点

受検番号　　番

## 1

問１．２点
問２．２点
問３．２点
問４．３点
問５．４点
問６．４点

| | |
|---|---|
| 問１ | 山脈 |
| 問２ | |
| 問３ | |
| 問４ | |
| 問５ | |
| 問６ | |

## 2

問１．２点
問２．２点
問３．２点
問４．２点
問５．４点
問６．４点

| | |
|---|---|
| 問１ | |
| 問２ | |
| 問３ | → → → |
| 問４ | |
| 問５ | |
| 問６ | |

## 3

問１．⑴２点
⑵２点
問２．３点
問３．⑴３点
⑵４点
問４．４点

| | |
|---|---|
| 問１ | ⑴ |
| | ⑵ |
| 問２ | |
| 問３ | ⑴ 倍 |
| | ⑵ |
| 問４ | （語句） |
| | （理由） |

２点
２点
２点
３点
３点
４点

| | | |
|---|---|---|
| 問１ | 海 | |
| 問２ | Ⅰ | Ⅱ |
| 問３ | ア | ウ |
| 問４ | | |
| 問５ | | |
| 問６ | | |

２点
２点
(1)２点
(2)２点
３点
×２
４点

| | | |
|---|---|---|
| 問１ | | |
| 問２ | | |
| 問３ | (1) | |
| | (2)　Ⅰ | Ⅱ |
| 問４ | (1) | |
| | (2)　当時の日本が | |
| 問５ | (国名) | (符号) |

２点
２点
３点
４点
４点

| | |
|---|---|
| 問１ | |
| 問２ | |
| 問３ | |
| 問４ | Ⅰ |
| | Ⅱ |
| 問５ | |

## 4

1．　2点
2．　3点
3．　3点
4．　2点
　　×2
5．　5点

| | | |
|---|---|---|
| 問1 | | |
| 問2 | N | |
| 問3 | （右の図を完成させなさい） | |
| 問4 | （力のつりあいの関係）　と | |
| | （作用・反作用の関係）　と | |
| 問5 | （符号） | （理由） |

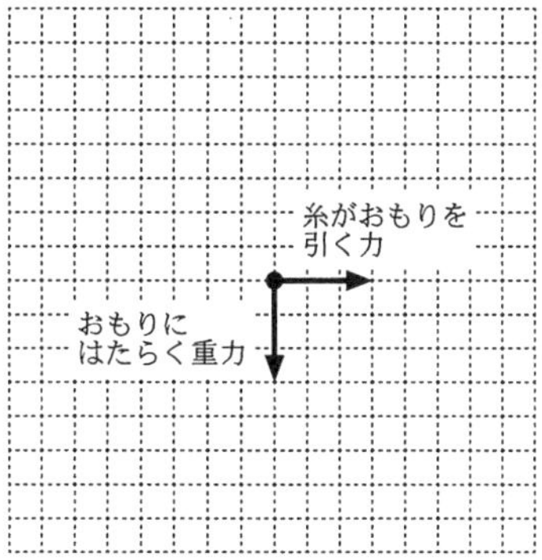


## 5

．　2点
．　2点
．(1)3点
(2)3点
(3)3点
×2

| | | | |
|---|---|---|---|
| 問1 | | | |
| 問2 | | | |
| 問3 | (1) | | |
| | (2) | | |
| | (3) | ① | ② |

## 6

．(1)2点
(2)2点
．(1)3点
(2)3点
(3)2点
(4)4点

| | | |
|---|---|---|
| 問1 | (1) | |
| | (2) | |
| 問2 | (1) | ＋　→ |
| | (2) | kJ |
| | (3) | |
| | (4) | 度 |

# 4

. 2点
. 2点
. 3点
. 4点
. 4点
. 2点×2
. 3点
. 8点

| | | | | |
|---|---|---|---|---|
| 問1 | | | | |
| 問2 | | | | |
| 問3 | | | | |
| 問4 | (第1文) | →(第2文) | →(第3文) | →(第4文) |
| 問5 | | | | |
| 問6 | A | B | | |
| 問7 | | | | |
| 問8 | | | | |

**5**

8点

**6**

)3点
2)4点
3)7点

(1) 度

(2) 〔証明〕

(3) 〔計算〕

答 $cm^2$

**7**

)3点
2)5点
3)6点

(1)

(2) 〔計算〕

答 $cm^2$

(3) 〔計算〕

答 cm

（令和六年度）

# 国語解答用紙

| 受検番号 |
| --- |
| 番 |

※100点満点

## 一

問1
(1) 運ぶ　ぶ
(2) 収録
(3) 備蓄
(4) 綻びる　びる

問2
(1) モウフ
(2) タンジュン
(3) ミキ
(4) ソめる　める

2点×8

## 二

問1
問2
問3
［種類］　索引
［方法］
問4
問5
問6
問7

問1．４点
問2．３点
問3．３点
問4．２点
問5．４点
問6．６点
問7．７点

## 三

問1
問2
問3

３点

◇K9(899―2)

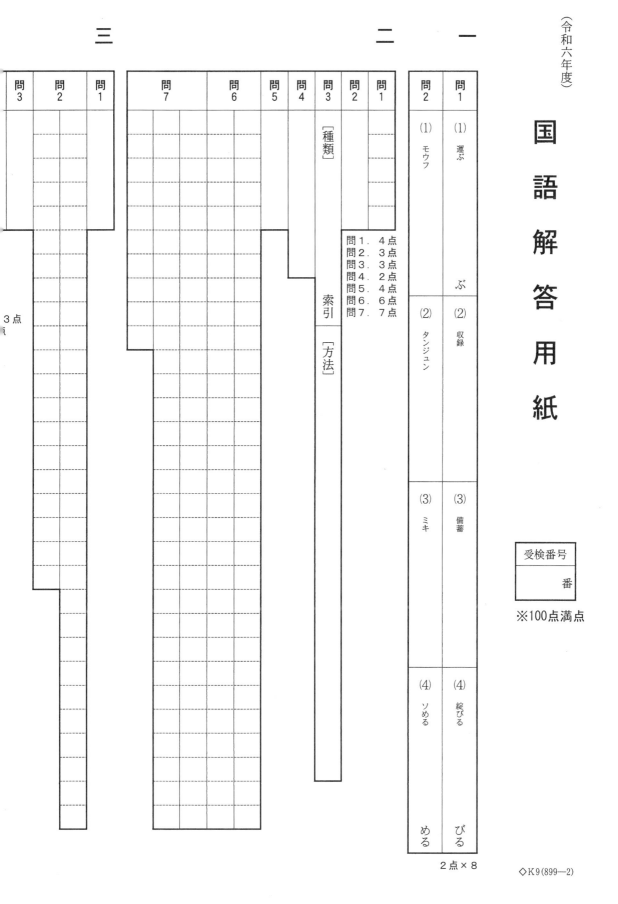

令和六年度

# 国語解答用紙

## 4 次の略地図を見て，下の各問に答えなさい。

略地図１

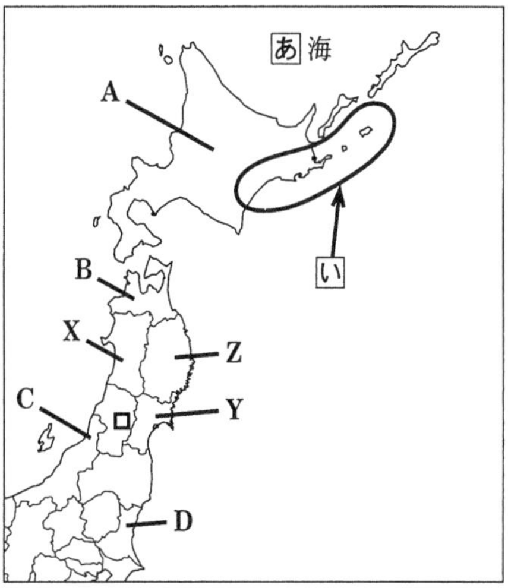


**問１** 略地図１の [あ] 海の名称を書きなさい。

**問２** 次の文は，略地図１の [い] の地域で発生する濃霧について述べたものである。[ Ⅰ ] にはあてはまる方角を８方位で，[ Ⅱ ] にはあてはまる海流の名称を書きなさい。

> この地域の濃霧は，[ Ⅰ ] から吹く水分の多い季節風が，寒流である [ Ⅱ ] によって冷やされることで発生する。

**問３** 資料１は，略地図１の **A**～**D** の道県における農業産出額に占める主な農産物の割合を示したものである。**ア**，**ウ**にあてはまる道県はどれか，**A**～**D** からそれぞれ１つ選び，その符号を書きなさい。

資料１　(2020年　単位：%)

| 道県 | 米 | 野菜 | 果実 | 畜産 |
|---|---|---|---|---|
| ア | 17.1 | 37.2 | 2.2 | 28.8 |
| イ | 59.5 | 12.7 | 3.6 | 19.2 |
| ウ | 16.8 | 25.2 | 27.8 | 27.1 |
| エ | 9.5 | 16.9 | 0.5 | 57.9 |

(「データでみる県勢」より作成)

**問４** 資料２は，略地図１の **X** 県と **Y** 県の海における養殖業の収獲量を示したものである。**Y** 県で海における養殖業が盛んなのはなぜか，地形の特徴にふれて書きなさい。

資料２　(2020年　単位：t)

| X県 | Y県 |
|---|---|
| 85 | 83,798 |

(「データでみる県勢」より作成)

**問５** 略地図２は，略地図１の □ 付近を拡大したものである。この地域の果樹栽培は，どのような地形を利用して行われているか，略地図２から読み取れる地形とそれがもたらす利点にふれて書きなさい。

略地図２

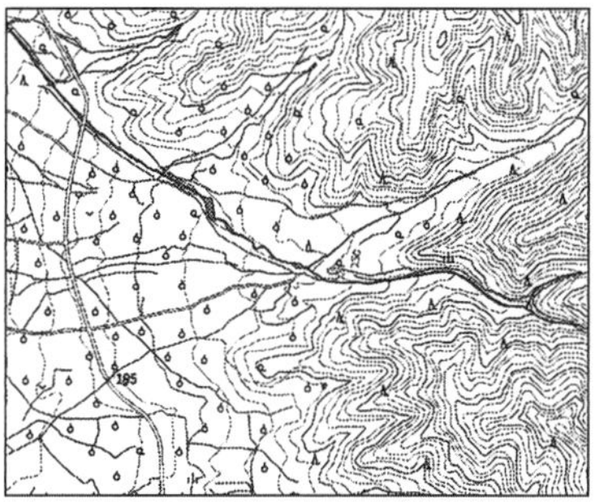

(「地理院地図」より作成)

**問６** 略地図１の **Z** 県のあるバス会社は，運送会社と契約し，路線バス内のスペースを利用して宅配便の荷物を乗客とともに運んでいる。国はこの取り組みを全国に紹介し，同様の取り組みを推進している。それはなぜか，バス会社と運送会社のそれぞれの利点を明らかにして，資料３と資料４をもとに書きなさい。

資料３　全国の路線バスの廃止・休止状況

(km)

| 年度 | 廃止路線 | 休止路線 | 合計 |
|---|---|---|---|
| 2015 | 7,318 | 17,173 | 24,491 |
| 2016 | 7,488 | 21,847 | 29,335 |
| 2017 | 5,487 | 37,551 | 43,038 |
| 2018 | 7,763 | 39,632 | 47,395 |
| 2019 | 7,691 | 40,503 | 48,194 |

(資料３と資料４は国土交通省ホームページより作成)

資料４　求人倍率の推移

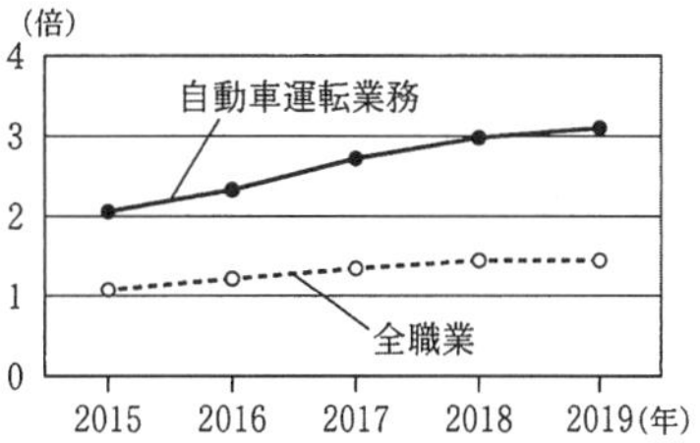


(注)　求人倍率は，働きたい人１人あたりに対し何件の求人があるかを示す。

**5** 次のメモは，石川さんが，「近代以降の歴史で学んだ外国人に関するできごと」についてまとめたものである。これを見て，下の各問に答えなさい。

| 外国人に関するできごと | 関係する国 |
|---|---|
| ・南北戦争で（ X ）は奴隷解放を宣言し，この戦争に勝利した・・・・・・・①<br>・マッカーサーは連合国軍総司令部（GHQ）の最高司令官として来日した ・・・② | アメリカ |
| ・国民政府を樹立した蒋介石《しょうかいせき》は日中戦争で日本と戦った ・・・・・・・・・・・③ | 中国 |
| ・フランス人のビゴーは，日本で多くの風刺画を発表した・・・・・・・・・・④ | フランス |
| ・スターリンはレーニンの死後，指導者となった | ソ連 |

**問1** ①について，**X**にあてはまる人物は誰か，書きなさい。

**問2** ②について，次の**ア**～**エ**のうち，日本が連合国軍総司令部（GHQ）に占領されていた時期に起こったできごとを**2つ**選び，その符号を書きなさい。

**ア** 安保闘争が起こった。　　　**イ** 沖縄が日本に復帰した。

**ウ** 警察予備隊が作られた。　　**エ** 20歳以上の男女に選挙権が与えられた。

**問3** ③について，次の⑴，⑵に答えなさい。

⑴ この戦争開始の翌年に制定された，政府が議会の同意なしに国民や物資を戦争に回すことができることを定めた法律を何というか，書きなさい。

⑵ 次の文は，この戦争中の国民政府の動きについて書いたものである。［Ⅰ］，［Ⅱ］にあてはまる適切な都市の場所を，右の略地図の**ア**～**エ**からそれぞれ1つ選び，その符号を書きなさい。

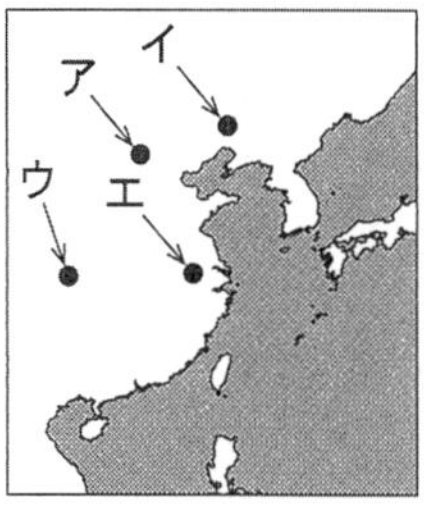


> 蒋介石は1927年に国民政府を［Ⅰ］に作り，開戦後，拠点を漢口，次いで［Ⅱ］へ移した。

**問4** ④について，次の⑴，⑵に答えなさい。

資料1

⑴ 資料1は，日清戦争が始まる前の国際情勢を描いたビゴーの風刺画であり，人物と魚はそれぞれ国を表している。当時の東アジアの状況を，日本と清がともに勢力下におこうとしていた国を明らかにして，資料1をもとに書きなさい。

⑵ ビゴーが資料1の絵を描いた当時，日本政府は法律を定め，新聞や雑誌を厳しく取り締まっており，政府を批判した日本人は罰せられたが，政府を風刺する絵を描いたビゴーは罰せられなかった。ビゴーが罰せられなかったのはなぜか，「**当時の日本が**」という書き出しに続けて書きなさい。

**問5** 資料2の［あ］～［お］は，日本，アメリカ，中国，フランス，ソ連のいずれかであり，○印は，それぞれの項目にあてはまる国であることを示している。［え］はどの国か，国名を書きなさい。また，［あ］，［お］にあてはまる国を区別するには，どの項目を追加すればよいか，次の**ア**～**エ**から適切なものを1つ選び，その符号を書きなさい。

資料2

| 項目＼国 | あ | い | う | え | お |
|---|---|---|---|---|---|
| 第一次世界大戦における三国協商の国 | | | ○ | ○ | |
| 国際連盟が発足した時の常任理事国 | | ○ | | ○ | |
| 国際連合の常任理事国 | ○ | | ○ | ○ | ○ |

（注） ロシアは，ソ連と同じ符号で示している。

**ア** EUの加盟国　　　　　　**イ** ABCD包囲網（包囲陣）に加わった国

**ウ** 北大西洋条約機構の加盟国　**エ** 第二次世界大戦における三国同盟の国

**6** 次のメモは，水野さんが，2020 年以降に日本政府が行った事業を調べ，まとめたものである。これを見て，下の各問に答えなさい。

> ○政府は，①企業や家計から②税金を集めて収入とし，様々な事業を行っており，近年では以下のような取り組みを行った。
> ・③金融に関する教育を推進するための高校生向け教材を作った。
> ・④環境問題については，省エネに効果のある材料を使った住宅の建設を推進している。
> ・企業の設備投資に，事業計画を審査の上，⑤補助金を出している。

**問 1**　下線部①について，国や地方公共団体の資金で運営され，公共の利益のために必要な事業を行う企業を何というか，書きなさい。

**問 2**　下線部②について，次の**ア**～**オ**のうち，地方税として適切なものを**2つ**選び，その符号を書きなさい。

**ア**　固定資産税　　**イ**　自動車税　　**ウ**　所得税　　**エ**　相続税　　**オ**　法人税

**問 3**　下線部③について，金融には直接金融と間接金融がある。そのうち，直接金融はどのようなしくみか，次の 2 つの語句を使って書きなさい。（ **資金**　**発行** ）

**問 4**　下線部④について，下の文は，水野さんが世界の二酸化炭素排出削減の取り組みを，資料 1 をもとにまとめたものであり，資料 1 の**X**と**Y**には，先進国と発展途上国のいずれかがあてはまる。文中の［ Ⅰ ］には「**先進国**」「**発展途上国**」のいずれかの語句を，［ Ⅱ ］にはあてはまる適切な内容を，京都議定書の内容をふまえて書きなさい。

資料 1　世界の二酸化炭素の排出量の推移

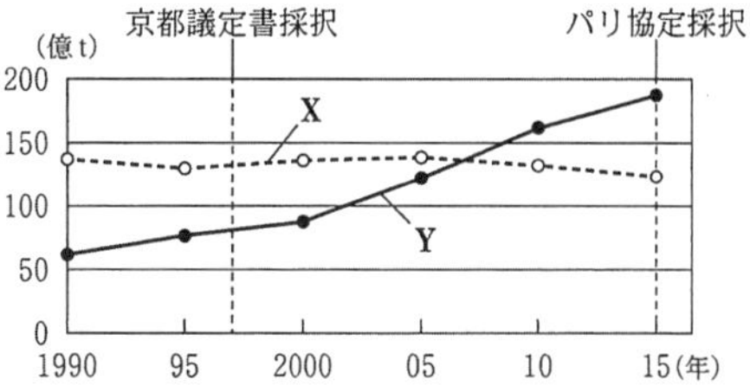


(資源エネルギー庁ホームページより作成)

> **X**は［ Ⅰ ］と考えることができる。パリ協定の採択にあたっての議論では，**X**は**Y**に対し，［　　　　Ⅱ　　　　］と主張した。

**問 5**　下線部⑤について，資料 2 は，日本政府が支給している補助金について述べたものである。政府がこのような補助金を支給するのはどのような目的があるためだと考えられるか，資料 2 の「事業内容」と「補助対象要件」を関連づけて書きなさい。

資料 2

> ■事業内容：現在，外国で製品・部品を製造している企業が，今後，他の外国でもその製品・部品を製造するために行う設備の導入等への補助を行う。
> ■補助対象要件
> □対象となる製品・部品：半導体関連，自動車関連部品，ディスプレイ　等
> □申請要件
> ○製造する製品・部品の国内市場に占める輸入額の割合が 50 % 以上であること。
> ○製造する製品・部品の国内市場に占める最大輸入国からの輸入額の割合が 15 % 以上であること。

(日本貿易振興機構ホームページより作成)

令和五年度

公立高等学校入学者選抜学力検査問題

# 国　語

（50分）

注意事項

一　問題は、一ページから八ページまであります。

二　解答は、すべて解答用紙に記入しなさい。

石川県公立高等学校

一　次の各問に答えなさい。

問1　次の(1)～(4)について、――線部の漢字の読みがなを書きなさい。

(1) 商品を包装する。

(2) 紙幣を刷る。

(3) 曖昧な表現を避ける。

(4) 卒業式が厳かに行われた。

問2　次の(1)～(4)について、――線部の片仮名を漢字で書きなさい。

(1) 解決をイソぐ。

(2) シュクシャに泊まる。

(3) 野山をサンサクする。

(4) 釣り糸をタらす。

二 次の文章を読んで、あとの各問に答えなさい。

高校生の楓《かえで》は、前田や善美《よしみ》など地域の人が所属する弓道会の会員である。入会以来、カケや矢、弦《つる》といった道具を道場で借りていたが、自分用の道具を祖母に買ってもらうことになった。

お礼かたがたお金を受け取りに、祖母の家まで出掛けて行った。閑静な住宅街にある古い木造家屋だった。大きい家ではないが、①家の中はもちろん庭の隅々まで掃き清められ、雑然としたところは家中どこにもない。掃除や整頓があまり得意でない楓の母は、「ご立派すぎて行きづらい」と言って、あまり寄り付こうとしない。

「おばあちゃんは楓が弓道を続けることを応援したいからね。何をやるにも道具は大事だよ。ちゃんと自分に合う、いいものを買いなさいね。お金はちゃんとあげるから」

祖母は、楓が頼んだ金額よりさらに上乗せした額を渡してくれた。

「余ったら、お釣りを返してくれればいいよ。だけど、②くれぐれも安物買いはしないようにね」

そんな風に祖母に言われると、逆に無駄遣いはできない、と楓は思った。そもそも初心者にはそれほど選ぶ余地はない。カケと矢については上をみれば③キリがない。特注で自分に合う形に作ってもらったり、素材をグレードアップすればいくらでも高いものになる。さすがにそこまでの道具は必要ない、と楓は思った。

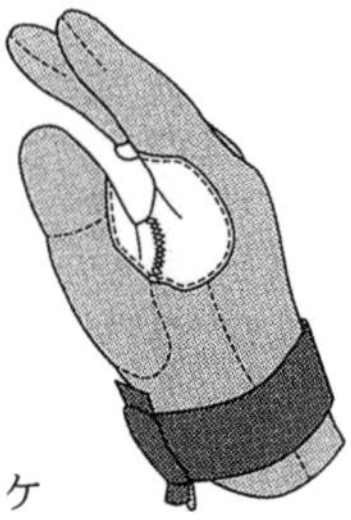
カケ

それで、みんなが使っているのと同じくらいの、④一般的なカケと矢を購入した。カケは誂《あつら》えたように手にぴったり合ったし、真新しい本革は黄土色が艶《あで》やかでとても美しい。矢も矢羽根が焦げ茶色で、矢羽根を留める部分はきれいなブルー。素敵だと思った。

新品の道具を揃《そろ》えたのは嬉《うれ》しい。弓道場に行くのが楽しくなった。自分の道具を持ったことで、一段階進んだ気がした。間に合わせの矢では矢の長さがまちまちだったりしてそのたびごとに少しずつ感覚が変わったが、自分の矢ではそれがない。だから、射《しゃ》に集中できる。

同時に自分の道具を持つことは、自分自身で管理すべきことが増える、ということでもあった。いままでは弓に張られていた道場の弦を使っていたので、狂いがあれば先輩に調整してもらっていたが、自分の弦となると⑤そうもいかない。

自分の弦があるのは誇らしいけど、ちょっと手間だな、と楓は思った。

「誰、こんなところにカケを置きっぱなしにしたのは？」

前田が声をあげる。その視線の先には、床にだらしなく転がった楓のカケがあった。

「すみません、私のです」

楓が慌ててカケを拾いに行った。休憩時間になったので、いちはやくみんなにお茶を淹《い》れなければ、と慌てたのだった。

「カケは床には置かないのよ。そのために置き場もあるし、それが遠かったらせめてテーブルの上に置きなさい。買ったばかりの新品でしょう？」

「はい、すみません」

「それに、外した紐《ひも》はちゃんとカケに巻き付けて。ほら、こんな風にぐちゃぐちゃになってるとだらしないでしょう？」

「すみません」

⑥前田さんはちょっとめんどくさいな、そういう楓の気持ちが表情に出ていたのかもしれない。前田は楓の目を見ながら、はっきりした言葉で語り掛ける。

「よけいなことかもしれないけれど、弓道をやっていると、その人の日頃の態度が見えてくるのよ。雑だとか、細かいところに神経を配ってない、とかわかってしまうの。あなたは何かやる時、全部やり終える前に視線がほかのところに移っている。意識が次に向いているの。だから、やることが雑になるのね。せっかく弓道をやっているのだから、ひとつひとつ丁寧にやりなさい。そして、自分の道具はこころを込めて扱うようになさい」

そう言われて、楓は水を掛けられたようにハッとした。そんな風に言われたのは、初めてのことだった。ほかの人たちのカケを見た。ちゃんと紐を巻いてきれいに置いている人がほとんどだ。

ほかの道具の扱いも観察してみる。弓袋をきれいに畳んでいるか。着てきたコートやジャケット、持って来た荷物はどんなふうに置いているか。ひとつひとつほかの人たちのやることを意識して見ると、自分がとても雑にものを扱っていたことに気がついた。練習に持ってくる手提げの中もぐちゃぐちゃだ。ふと、善美を見ると、きちんと整理してものを詰めている。カケや弓の扱いも丁寧だ。同じ年なのに、借り物の道具なのに、扱い方が全然違っている。

楓は恥ずかしくなった。

みんなはいままで私のことをどう思っていたのだろう。若いからって、大目に見てもらっていたのかな。だけど、ちゃんと直さなければ、年を取ってもこのままだろう。

⑦楓はカケの紐を丁寧に巻き付けた。真新しいカケをきちんとカケ置き場に置くと、心なしか、艶を増したように見えた。

（碧野圭「凜として弓を引く」より。一部省略等がある）

（注）カケ…矢を射る時、弦で指を傷つけないために用いる革の手袋。
射…矢を射ること。

---

**問1** ①家の中は……どこにもない　とありますが、ここから読みとれる祖母の性格として、次の**ア**～**エ**から最も適切なものを一つ選び、その符号を書きなさい。

**ア**　親切　**イ**　几《き》帳面　**ウ**　大胆　**エ**　お節介

**問2** ②くれぐれも安物買いはしないようにね　とありますが、祖母がそのように述べた理由を、四十字以内で書きなさい。

**問3** ③キリがない　とありますが、これと同じ意味の熟語として、次の**ア**～**エ**から適切なものを一つ選び、その符号を書きなさい。

**ア**　無類　**イ**　不明　**ウ**　無限　**エ**　不可

**問4** ④カケと矢を購入した　とありますが、自分の矢を使ったとき、楓はどのようなことを実感したか、「～こと」につながるように、本文中から七字で抜き出して書きなさい。

**問5** ⑤そうもいかない　とありますが、「そう」の内容を、「～わけにはいかない」につながるように書きなさい。

**問6** ⑥前田さんはちょっとめんどくさいな　とありますが、ここで楓がそう思った理由として、次の**ア**～**エ**から最も適切なものを一つ選び、その符号を書きなさい。

**ア**　前田が慌てている楓を呼びつけて、世間話をし始めたから。
**イ**　楓が無視したと思ったのか、前田が大声で嫌みを言ったから。
**ウ**　前田が難解な言葉を使うので、説明が分かりにくかったから。
**エ**　楓が非を認めたのに、前田がこまごまと注意してきたから。

**問7** ⑦楓はカケの紐を丁寧に巻き付けた　とありますが、その理由を、楓が自分の行動の特徴に気づくことにつながった前田の指摘内容にふれて、八十字以内で書きなさい。

三　次の文章を読んで、あとの各問に答えなさい。

多くの人には「知識は伝えることができる」という信念があると思う。こうした信念の表れは「①本は知識の泉だ」という言葉にも表れている。書籍には先人が獲得した知識が記載されており、それを読むことで知識が得られると考える。[X] 学校では知識を教えると言われる。先生は教科書を使い、さまざまな事柄を教える。これは知識は誰かから誰かへ伝わると信じているからだ。

ところが、残念ながらそうではない。書物は知識を文字に表したものであり、それ自身は知識ではない。だから書物を読んでも、そこから知識を得ることはできないのだ。それが表すのは「情報」であり、もしそれを覚えたとすれば「記憶」となる。同様に、先生たちは知識を教えているのではない。先生が伝えるのは情報で、運良く生徒がそれを覚えればその生徒の記憶となる。しかしそれらは伝えられただけであり、もしそのままならば②単に記憶、情報としてとどまるだけなのだ。

ここまで読んでこられた読者は、「お前の言う知識とはなんなんだ」と言いたくなると思う。伝統的な哲学では、「正当化された、真なる信念」と言われる。キーワードが3つあり、それが知識の3つの条件となっている。第一に、「真なる」という言葉が示すように、それは真、つまり正しくなくてはならない。第二に、「信念」というわけだから、それを信じていなくてはならない。そして最後に、「正当化された」とあり、それは真である根拠が存在するということである。

ただ私はここで③そういう知識を取り上げたいわけではない。有用な知識について考えてみたいのだ。役立つ、意味のある知識といってもよい。というのも、右の定義で言うと「私の目の前のクレジットカードの上にUSBメモリーがある」というのも知識になるからだ。これは私以外の人にはなんの役にも立たないし、意味もない。[A]

有用性を持つ知識というのは、以下に述べる3つの性質を持っていなければならないと思う。1つめは一般性である。一般性とはいろいろな場面で使えるという性質を指す。ウガンダの首都は多くの日本人にとって使う場面はほとんどない。早押しクイズのような場面でしか使えない。

もう1つの性質は関係性である。孤立した知識は何の役にも立たない。知識というのは他の知識と関係を持っていなければならない。[B]

最後は場面応答性である。知識はそれが必要とされる場面において発動、起動されなければならないというのが場面応答性である。重力加速度についての知識は、落下物体の速度を求めるという場面で起動しなければならない。テレビのチャンネルを変える時に発動しても役に立たない。

このように知識を捉えると、ある事柄が伝えられた途端、知識として定着することは原則的にないことが容易に理解できるだろう。伝えられた事柄、本で読んだ事柄がどのような範囲をカバーするのか、それは他の知識とどう関係するのか、そしてどこで使われるのかを考える作業を行わない限り、その事柄は単に記憶としてしか存在せず、知識とはならないのだ。

こういう考え方を構成主義と言う。相手からの情報が知識となるためには、それらの素材を用いて知識として構成していかなければならないのだ。構成するのはもちろんあなただ。構成される知識は人によって少しずつ異なってくる。より多くの関連した知識と結びつきを作ったり、その知識がカバーする事柄をたくさん経験した人が構成する知識は、単にクイズのように覚えた人のそれとはまったく異なったものとなる。

いくつか補足しておきたい。「自分で考えて」と言ったが、それは何も意識的に考えることだけを意味するわけではない。私たちには無意識の働

きというものがある。これが勝手に、それまでに貯《たくわ》えたいろいろな他の知識との結びつきを作ってくれるし、それが働く場所も勝手に見つけてくれる場合も多々ある。［C］

もう一つは伝えられたことについてすぐに「なるほど」と思えるようなケースについてである。この場合は、伝えられた情報、あるいはその記憶から知識を構成するために十分な経験や関連した知識が存在している。［Y］努力している人へのアドバイスは、すぐに伝わるように見える。ちなみにこうしたことが自動的に行われる経験が、知識が伝達可能であるという信念を支えているのだと思う。一方で何もやっていない人には、同じことを言っても何も伝わらない。せいぜい記憶にとどまるだけだ。

最後の一つは、では記憶はなんの意味もないのか、ということについてである。それはある時もあるというのが答えだ。経験のない段階で何かのことを教わっても、ほとんどそれは意味がない。しかし、あなたは成長する、経験を重ねる。こうなると、昔はちんぷんかんぷんだったことが意味を持つことがある。だから記憶が意味がないというわけではない。

子供も含めた学習途上の人間が④知識を作るなどという大それたことなどできるはずはないと考える人たちはたくさんいると思う。しかし、そうではないことは人間の歴史が証明している。未知の問題を解決しようと努力している科学者たちは、その途中では誰も解はわかっていない。解決に必要な知識も十分ではないというか、何が必要な知識かもわからない。しかし集団の力でそれを作り出してきたのだ。同じことはより小さな組織、学級、会社などにおいても実際に起きている。だから子供は成長するし、会社は事業を続けるし、人類は進歩する。［D］

（鈴木宏昭『私たちはどう学んでいるのか』ちくまプリマー新書より。一部省略等がある）

---

問1　本文中の［X］・［Y］に入る語の組み合わせとして、次のア～エから適切なものを一つ選び、その符号を書きなさい。

ア〔X　なお　Y　しかし〕　イ〔X　つまり　Y　そこで〕
ウ〔X　また　Y　だから〕　エ〔X　そして　Y　ただし〕

問2　①本は知識の泉だ　について、

(1)　これに使われている表現技法として、次のア～エから最も適切なものを一つ選び、その符号を書きなさい。

ア　擬人法　イ　体言止め　ウ　倒置　エ　隠喩

(2)　筆者が考える「本」とは、どのようなものか、「～もの」につながるように、本文中から十字以内で抜き出して書きなさい。

問3　②単に記憶、情報としてとどまるだけなのだ　とありますが、筆者はとどまった「記憶」に意味がある時もあるとも考えています。筆者がこのように考える理由を、六十字以内で書きなさい。

問4　③そういう知識　とありますが、それは何を指すか、本文中から抜き出して書きなさい。

問5　④知識を作る　とありますが、それはどういうことだと筆者は述べているか、知識の成立過程にふれて、七十字以内で書きなさい。

問6　本文には次の一文が抜けています。本文中の［A］～［D］のうち、次の一文が入る最も適切な箇所を一つ選び、その符号を書きなさい。

> 頭を抱えて「この知識はどこで使えるのだ、他とどんな関係があるのだ」と悩まなくてもよいことも多い。

**四** 次の文章を読んで、あとの各問に答えなさい。

（――線部の左側は、現代語訳です。）

巨伯、遠く①友人の疾《やまい》を看《み》、胡賊《こぞく》の郡を攻むるに値《あ》ふ。（胡賊が郡を攻めるのに出くわした）友人、巨伯に語りて曰《い》はく、「吾《われ》、今死せんとす。子《し》（あなたは）、去るべし。」と。巨伯曰はく、「遠く②来りて相視《あいみ》るに（対面する）、子は吾をして去らしめんとす（私に立ち去らせようとする）。義を敗《そこな》ひて（捨てて）以《もっ》て生を求むるは、豈《あ》に巨伯の行ふ所ならんや。」（どうしてこの巨伯にできようか）と。③賊既に至り（そうしているうちに）、巨伯に謂《い》ひて曰はく（言うには）、「大軍至らば、④一郡尽《ことごと》く空《むな》しからん。汝《なんじ》、何《いか》なる男子にして、敢《あえ》て独り止《とど》まる。」（お前はいったいどういう男なのか、あえて一人踏みとどまっているとは）と。巨伯曰はく、「友人疾有り、之《これ》を委《す》つる（見捨てる）に忍びず。寧《むし》ろ我が身を以て友人の命に代へん。」と。賊相《あい》謂ひて（互いに）曰はく、「我輩《わがやから》（我々は）、無義の人にして、有義の国に入《い》らんや。」（入ることができようか）と。遂《つい》に軍を班《か》へして還《かえ》る。

（「世説新語」より。一部省略等がある）

（注）　巨伯…漢の時代の人。　　胡賊…胡国の盗賊。

問1　①友人の疾を看　は、漢文では「看 友 人 疾」と書いてあります。この漢文に返り点をつけなさい。

問2　②来りて　の主語にあたる言葉を、本文中から二字で抜き出して書きなさい。

問3　③賊既に至り　とありますが、現代語に直したときに、「賊」の後に補う助詞として、次の**ア**～**エ**から最も適切なものを一つ選び、その符号を書きなさい。

**ア**　に　　**イ**　を　　**ウ**　が　　**エ**　より

問4　④一郡尽く空しからん　とありますが、ここでは、一つの郡内がどのような状態になることか、現代語で書きなさい。

問5　次の会話は、本文を読んだあとに、佐藤さんと鈴木さんが話し合った内容の一部です。[A]・[B]に入る適切な言葉を書きなさい。ただし、[A]は現代語で書き、[B]は本文中から一字で抜き出して書くこと。

佐藤　胡賊は、どうしてそのまま軍を引き返したのだろうか。

鈴木　巨伯が[　A　]と言ったからだよ。

佐藤　普通なら、そんな提案できないよ。巨伯はすごいね。

鈴木　巨伯の行為のように、人の行うべき正しい道のことを、[B]という言葉で表すことがあるんだ。他の古文や漢文でも見たことあるよ。

佐藤　[B]には、そんな意味があるんだね。古文や漢文は、昔の話だと思っていたけれど、現代を生きる私達にも、大事なことが書かれているんだと分かったよ。

## 五

ある中学校では、国語の授業で外来語の使用について考えることになり、石川さんのグループは、外来語とその言い換え語の例について調べました。次の【資料】は、石川さんのグループが調べた内容をまとめたものです。

日常生活の中で外来語を交えて話したり書いたりする時に、あなたなら、どのようなことを心がけますか。あなたの考えと、そう考えた理由を、あとの**条件1**と**条件2**にしたがって書きなさい。

**【資料】**

| 外来語 | 言い換え語例 |
| --- | --- |
| インバウンド | 訪日外国人旅行（者） |
| コンソーシアム | 共同事業体 |
| エビデンス | 証拠・根拠 |
| ガイドライン | 指針 |
| コミュニケーション | 伝達・意思疎通 |
| サポート | 支持・支援 |

**条件1**　外来語を一つ以上取り上げ、それに関連した自分の体験や見聞などを含めて書くこと（**【資料】**に書かれている言葉を用いてもよい）。

**条件2**　「～だ。～である。」調で、二百字程度で書くこと。

これで、国語の問題は終わりです。

were studying on the train.

**Masashi:** I learned a lot from Ms. Miller's talk. Taking a rest is important when we study. Kyoko, what do you do when you take a rest?

**Kyoko:** I usually study for forty minutes and then, dance for ten minutes. And I repeat this. You may be surprised, but by dancing to popular music, I get energy to work harder.

**Masashi:** Oh, do you? When I take a rest, I play video games. But if I start playing games, I cannot stop and I keep playing for a long time. So, I don't think it's a good idea.

**Kyoko:** I agree. You should find something different to take a rest.

**Masashi:** You're right.

**Kyoko:** How about dancing?

**Masashi:** Mmm. . . I'm not good at that.

**Kyoko:** Then, what about listening to music? Music helps you when you're tired. I think you can remember more after you listen to music.

**Masashi:** Oh, really? That's great. I'll try that next time.

(間 1 秒)

Question:

〔**No. 1**〕 Kyoko saw many high school students studying when she was in junior high school. Where were they studying?

(間 5 秒)

〔**No. 2**〕 Masashi doesn't think playing video games is a good idea for him. Why?

(間 5 秒)

〔**No. 3**〕 What will Masashi do when he takes a rest next time?

(間 5 秒)

繰り返します。

(Repeat)

以上で，聞くことの検査を終わります。〔**チャイムⅡ**〕

（間２秒）

（間２秒）

次に，**B**の問題に移ります。**B**では，２つの場面の英文を読みます。それぞれの英文の後に質問を読みますから，問題用紙にある**ア**～**エ**の中から，質問の答えを表す絵として最も適切なものを１つ選び，その符号を書きなさい。

では，始めます。

〔**No. 1**〕

**A:** Alex, will you clean this room in the afternoon?

**B:** Sorry, Mom. I have to do my homework. After that, I'm going to go shopping with my friend.

**A:** What about tomorrow?

**B:** I'll practice the guitar in the morning, but I can clean the room in the afternoon.

**A:** Thank you.

（間１秒）

Question: What will Alex do tomorrow morning?

繰り返します。

(Repeat)

（間２秒）

〔**No. 2**〕

**A:** Welcome to my garden!

**B:** Wow! There're beautiful flowers in your garden.

**A:** Thank you. On Sundays, I sit on that bench under the big tree and enjoy reading books.

**B:** Nice!

**A:** I'm thinking about planting a cherry blossom tree next month. I like cherry blossoms, but I don't have one here.

**B:** I like that plan. Oh, what a pretty dog house! Do you have a dog?

**A:** Yes. He loves to play in the garden.

（間１秒）

Question: What do they see in the garden?

繰り返します。

(Repeat)

（間２秒）

（令和５年度）

# 英語　聞くことの検査

※教英出版注
音声は，解答集の書籍ＩＤ番号を教英出版ウェブサイトで入力して聴くことができます。

〔**チャイムＩ**〕　これから，聞くことの検査を始めます。問題用紙の１ページと２ページを見て下さい。（３秒）問題は，**A**，**B**，**C**の３つに分かれています。英語は，すべて２回繰り返します。メモを取ってもかまいません。答えはすべて解答用紙に記入しなさい。（３秒）

それでは，**A**の問題を始めます。**A**では，２つの場面の英文を読みます。それぞれの英文の後に質問とその答えを読みますから，答えが正しいか，誤っているかを判断して，記入例のようにマルで囲みなさい。なお，各質問に対する正しい答えは１つです。

では，始めます。

〔**No. 1**〕
**A:** Hi, Tim! Do you like baseball?
**B:** Yes, it's my favorite sport. Why?
**A:** I'm going to a baseball game next week.

（間１秒）

Question: What will Tim say next?
Answer: **a**. It was a great game.
**b**. That sounds fun.
**c**. You look sad.

〔**No. 2**〕
**A:** This Friday is Susan's birthday. Let's have a birthday party, Mark!
**B:** Yes, let's. She likes sweet things, so I'll make a chocolate cake for her.
**A:** That's nice. Then, I'll get some drinks.
**B:** Thank you. Susan likes donuts, too. Can you bring some?
**A:** Sure. I can.

（間１秒）

Question: What will Mark bring to the party?
Answer: **a**. A chocolate cake.
**b**. Some donuts.
**c**. Some drinks.

次に，**C**の問題に移ります。**C**は**Part** 1，**Part 2**の2つの問題に分かれています。

**Part** 1では，ALTのミラー(**Miller**)先生が，高校1年生の最初の英語の授業で生徒たちに話しています。英文のあとに3つの質問を読みますから，問題用紙にある**ア**～**ウ**の中から，その答えとして最も適切なものを1つずつ選び，その符号を書きなさい。

では，始めます。

Hello, everyone! Welcome to my English class. Now, you are high school students and many of you have decided to study harder. Every morning, I see some students studying even on the bus. Today, I'm going to give you some advice to study effectively.

First, think about when you should study. When I was a high school student, I studied early in the morning. I got up at five o'clock and studied for two hours before I left for school. I played tennis after school and felt very sleepy at night, so studying in the morning was best for me. You should learn when you study most effectively.

Next, when you study for a long time, you should take a rest and do something you like. For example, I took a walk when I felt tired. My friend liked fruit, so he chose a fruit for the day and enjoyed eating it. You should find something you can enjoy when you take a rest.

Everyone has his or her own way of studying. Let's find the best way for us.

(間1秒)

Question:

〔**No.** 1〕 What is the main topic of Ms. Miller's talk?

(間4秒)

〔**No.** 2〕 When did Ms. Miller study when she was a student?

(間2秒)

〔**No.** 3〕 What did Ms. Miller's friend do when he took a rest?

(間2秒)

繰り返します。

(Repeat)

(間1秒)

**Part** 2では，雅史(**Masashi**)さんと恭子(**Kyoko**)さんが，ミラー先生の話を聞いた後に話し合っている場面の英文が流れます。そのあと3つの質問を読みますから，問題用紙の指示に従ってそれぞれ答えなさい。

令 和 5 年 度

公立高等学校入学者選抜学力検査問題

# 数　　　　学

(50分)

**注 意 事 項**

1　問題は，1ページから6ページまであります。

2　解答は，すべて解答用紙に記入しなさい。

**1**　下の(1)～(5)に答えなさい。なお，解答欄の □ には答だけを書くこと。

(1)　次の**ア**～**オ**の計算をしなさい。

**ア**　$5-(-4)$

**イ**　$(-3)^2\times 2-8$

**ウ**　$\frac{15}{2}x^3y^2\div\frac{5}{8}xy^2$

**エ**　$\frac{4a-2b}{3}-\frac{3a+b}{4}$

**オ**　$\sqrt{54}-2\sqrt{3}\div\sqrt{2}$

(2)　右の図は，反比例のグラフである。$y$ を $x$ の式で表しなさい。

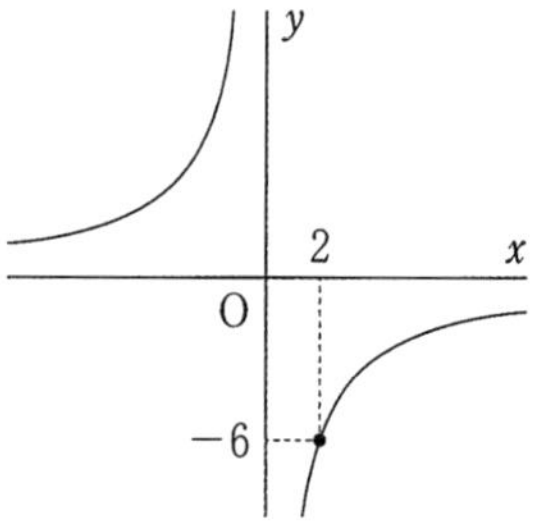


(3)　$\sqrt{60n}$ が自然数になるような自然数 $n$ のうちで，最も小さい値を求めなさい。

(4)　$a$ mL のジュースを7人に $b$ mL ずつ分けたら，残りは200 mL より少なくなった。このときの数量の間の関係を，不等式で表しなさい。

(5)　A中学校の3年1組と2組の生徒それぞれ31人について，ある期間に読んだ本の冊数を調べた。右の図は，その分布のようすを箱ひげ図に表したものである。

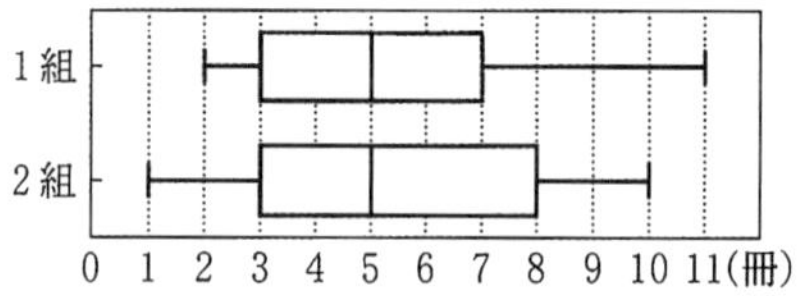


このとき，次の**ア**～**オ**のうち，箱ひげ図から読みとれることとして正しいものを**2つ**選び，その符号を書きなさい。

**ア**　1組と2組の平均値は等しい。

**イ**　2組の第3四分位数のほうが，1組の第3四分位数より大きい。

**ウ**　どちらの組もデータの四分位範囲は9冊である。

**エ**　どちらの組にも，読んだ本が7冊以上の生徒は8人以上いる。

**オ**　どちらの組にも，読んだ本が10冊の生徒が必ずいる。

**2** 図1のように，箱の中に1，2，3の数字が1つずつ書かれた3個の赤玉と，1，2の数字が1つずつ書かれた2個の白玉が入っている。

このとき，次の(1)，(2)に答えなさい。

図1

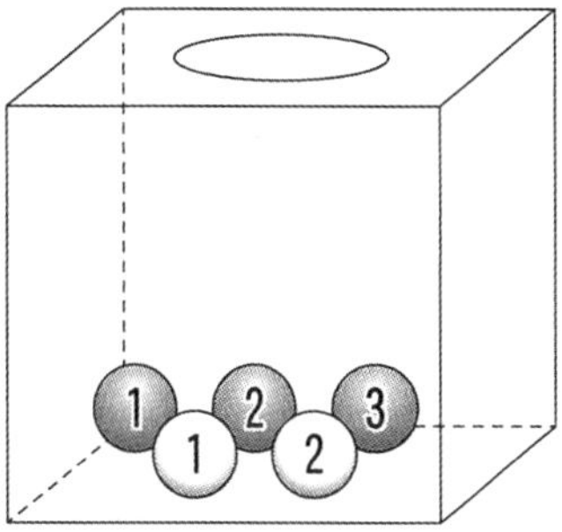


(1) 箱から玉を2個同時に取り出すとき，玉に書かれた数の和が4になる玉の取り出し方は，全部で何通りあるか，求めなさい。

(2) 図2のように，座標軸と原点Oがある。

箱から玉を1個ずつ，もとにもどさずに続けて2回取り出す。1回目に取り出した玉の色と数字によって，点Pを □ の中の規則にしたがって座標軸上にとる。また，2回目に取り出した玉の色と数字によって，点Qを □ の中の規則にしたがって座標軸上にとる。

図2

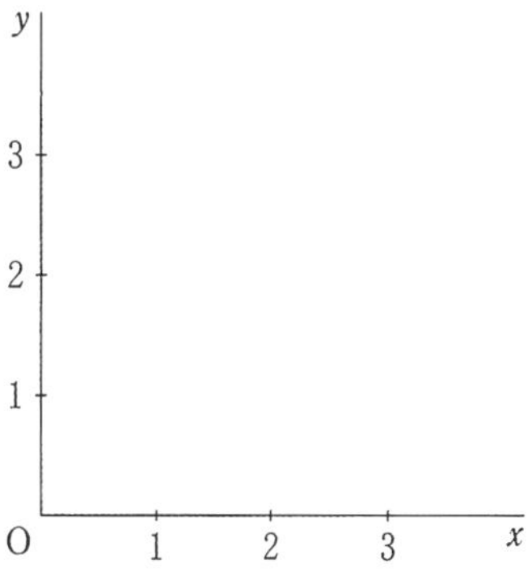


< **規則** >

- 赤玉を取り出したときは，玉に書かれた数を $x$ 座標として $x$ 軸上に点をとる。
- 白玉を取り出したときは，玉に書かれた数を $y$ 座標として $y$ 軸上に点をとる。

このとき，O，P，Qを線分で結んだ図形が三角形になる確率を求めなさい。また，その考え方を説明しなさい。説明においては，図や表，式などを用いてよい。ただし，どの玉が取り出されることも同様に確からしいとする。

**3** 図1のように，針金の3か所を直角に折り曲げて長方形の枠を作る。その長方形の周の長さを $x$ cmとし，面積を $y$ cm$^2$ とする。ただし，針金の太さは考えないものとする。

このとき，次の(1)～(3)に答えなさい。

図1

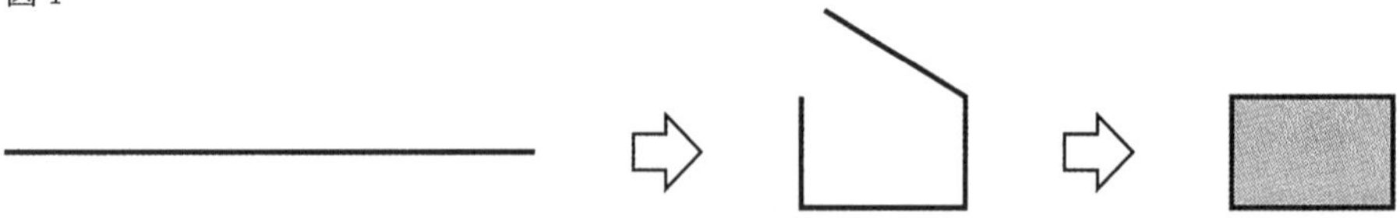

(1) $x=22$ とする。横が縦より3cm長い長方形となるとき，縦の長さを求めなさい。

(2) 図2は，針金を折り曲げて正方形の枠を作るときの $x$ と $y$ の関係をグラフに表したものである。このグラフで表された関数について，$x$ の値が8から20まで増加するときの変化の割合を求めなさい。

図2

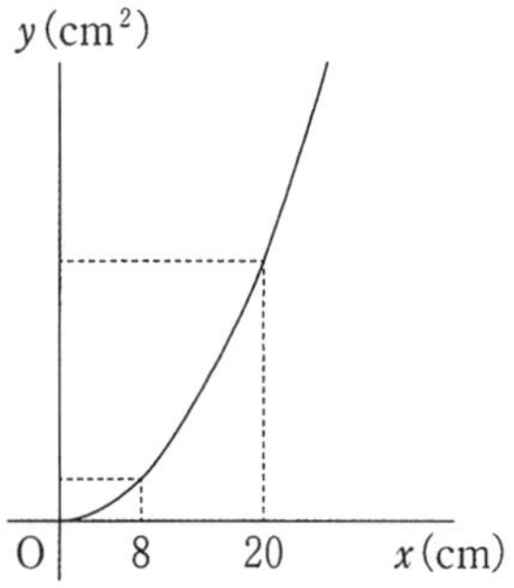


(3) 2つの針金をそれぞれ折り曲げて，縦と横の長さの比が1：4の長方形の枠と，縦が $a$ cmで，横が縦より長い長方形の枠を作る。

図3は，この2通りの方法でできる長方形それぞれについて，$x$ と $y$ の関係をグラフに表したものである。これらのグラフから，2通りの方法でできるそれぞれの長方形の周の長さがともに50cmであるとき，面積の差が14cm$^2$ であることが読みとれる。

このとき，$a$ の値を求めなさい。ただし，$a<\frac{25}{2}$ とする。なお，途中の計算も書くこと。

図3

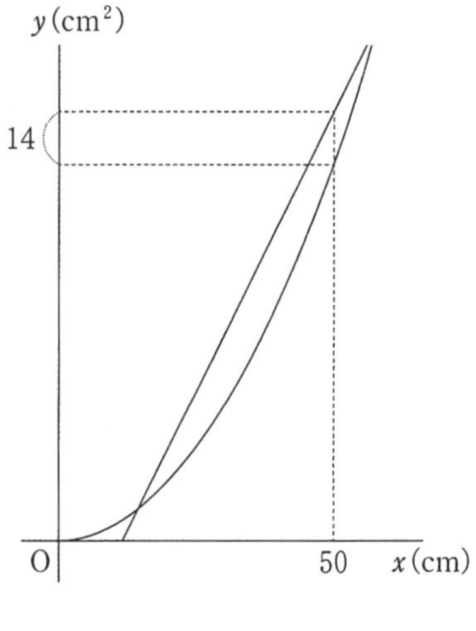

**4** ある店では，とり肉とぶた肉をそれぞれパック詰めして販売している。右の表は，この店で販売しているとり肉，ぶた肉それぞれ 100 g あたりの価格を示したものである。

| 100 g あたりの販売価格（税抜き） | |
|---|---|
| とり肉 | 120 円 |
| ぶた肉 | 150 円 |

太郎さんは，この店でとり肉 1 パックと，ぶた肉 2 パックを購入した。太郎さんが購入したぶた肉 2 パックの内容量は等しく，とり肉とぶた肉の内容量はあわせて 720 g，合計金額は 1020 円であった。

このとき，太郎さんが購入したとり肉 1 パックとぶた肉 1 パックの内容量はそれぞれ何 g か，方程式をつくって求めなさい。なお，途中の計算も書くこと。ただし，消費税は考えないものとする。

**5** 解答用紙に，$\triangle ABC$ と，点 A を通る直線 $\ell$ がある。また，辺 BC と直線 $\ell$ の交点を D とする。これを用いて，次の ［　　］ の中の条件 ①～③ をすべて満たす点 P を作図しなさい。ただし，作図に用いた線は消さないこと。

① 点 P は，直線 $\ell$ に対して点 B と同じ側にある。

② $\angle ABP = \angle CBP$

③ $\angle DAP = \angle DAC$

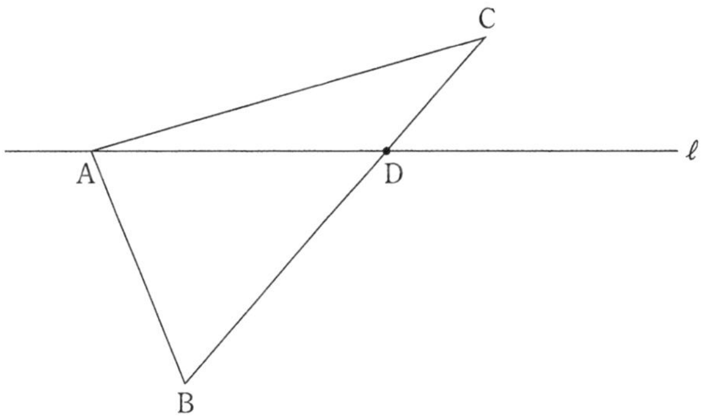

**6** 図1～図3のように，底面GHIJKLが1辺4cmの正六角形で，AG＝8cmの正六角柱ABCDEF－GHIJKLがある。

このとき，次の(1)～(3)に答えなさい。

(1) 図1において，辺AFに平行な辺をすべて書きなさい。

図1

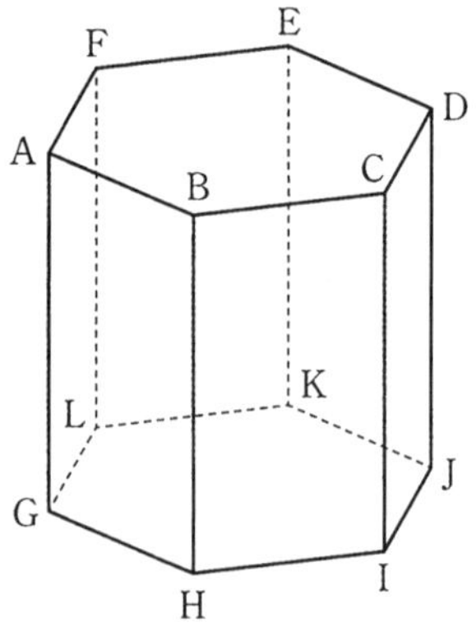


(2) 図2において，線分AIの長さを求めなさい。なお，途中の計算も書くこと。

図2

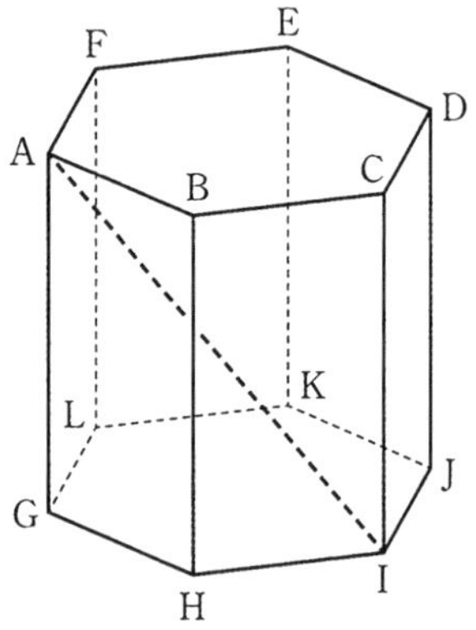


(3) 図3のように，辺DJ上に点Mを，辺EK上に点Nを，DE//MNとなるようにとる。立体MN－IJKLの体積が正六角柱ABCDEF－GHIJKLの体積の$\frac{1}{12}$倍になるとき，DM：MJを最も簡単な整数の比で表しなさい。なお，途中の計算も書くこと。

図3

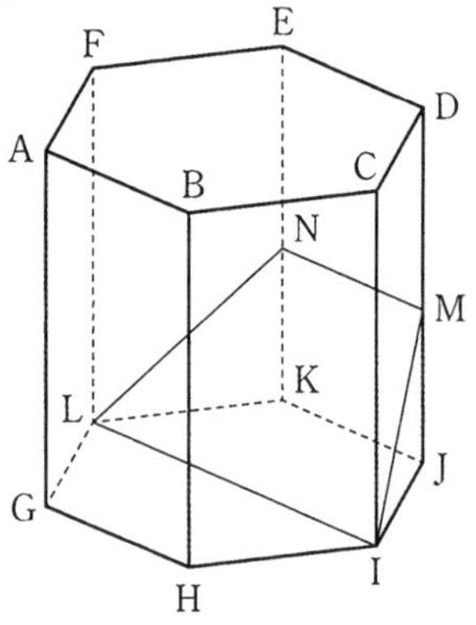

**7** 図1～図3のように，円Oの周上に4点A，B，C，Dがあり，線分ACとBDの交点をEとする。
このとき，次の(1)～(3)に答えなさい。

(1) 図1のように，BDは円Oの直径，$\angle ABD = 24°$，$\angle BOC = 82°$のとき，$\angle AED$の大きさを求めなさい。

図1

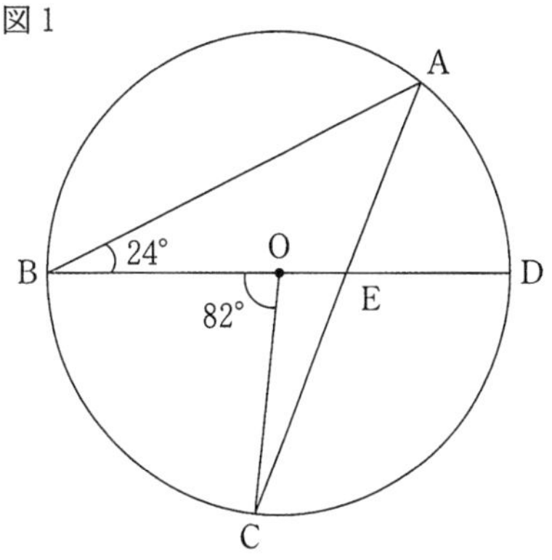


(2) 図2のように，BCは円Oの直径，$\angle ACB = 45°$とする。また，点Aを含まない$\overset{\frown}{BC}$上に点Fを，$\overset{\frown}{AD} = \overset{\frown}{CF}$となるようにとる。
このとき，$\triangle ABD \equiv \triangle CAF$であることを証明しなさい。

図2

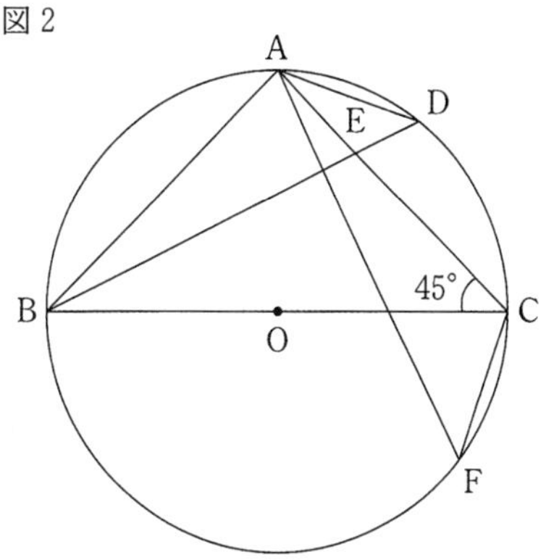


(3) 図3において，ACは$\angle BCD$の二等分線である。また，点Gを線分AB上に$GE /\!/ BC$となるようにとり，直線GEと線分CDの交点をHとする。
$AG = 1$ cm，$GB = 2$ cm，$CD = 4$ cmのとき，線分BCの長さを求めなさい。なお，途中の計算も書くこと。

図3

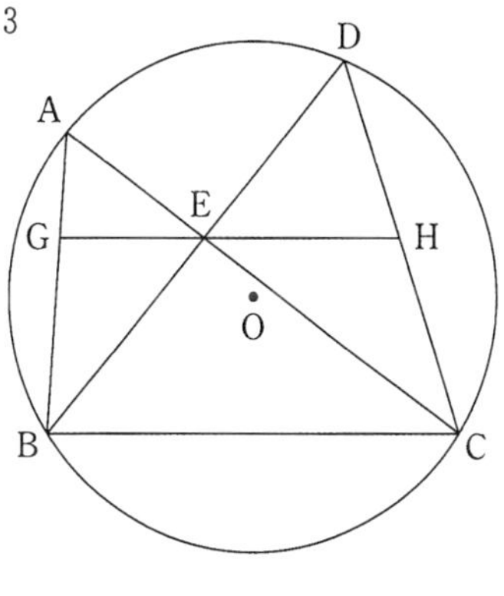

令 和 5 年 度

公立高等学校入学者選抜学力検査問題

# 英　　　語

（50分）

**注 意 事 項**

1　問題は，1ページから6ページまであります。

2　解答は，すべて解答用紙に記入しなさい。

※教英出版注
音声は，解答集の書籍ＩＤ番号を教英出版ウェブサイトで入力して聴くことができます。

**1** 〔聞くことの検査〕

問題は，**A**，**B**，**C**の３つに分かれています。英語は，すべて２回繰り返します。メモを取ってもかまいません。答えはすべて解答用紙に記入しなさい。

**A**　２つの場面の英文を読みます。それぞれの英文の後に質問とその答えを読みますから，答えが正しいか，誤っているかを判断して，記入例のように○で囲みなさい。なお，各質問に対する正しい答えは１つです。

| 記入例 | a | 正 | (誤) | b | 正 | (誤) | c | (正) | 誤 |
|---|---|---|---|---|---|---|---|---|---|

**B**　２つの場面の英文を読みます。それぞれの英文の後に質問を読みますから，**ア**～**エ**の中から，質問の答えを表す絵として最も適切なものを１つ選び，その符号を書きなさい。

**No. 1**

ア

イ

ウ

エ

**No. 2**

ア

イ

ウ

エ

**C**　**Part 1**　ALTのミラー(**Miller**)先生が，高校１年生の最初の英語の授業で生徒たちに話しています。英文のあとに３つの質問を読みますから，**ア**～**ウ**の中から，その答えとして最も適切なものを１つずつ選び，その符号を書きなさい。

**No. 1**　**ア**　How to study effectively.　**イ**　What to eat when you study.
**ウ**　Why high school students study hard.

**No. 2**　**ア**　At night.　**イ**　Early in the morning.　**ウ**　For two hours.

**No. 3**　**ア**　He ate some fruit.　**イ**　He played tennis.　**ウ**　He took a walk.

**Part 2** 雅史(**Masashi**)さんと恭子(**Kyoko**)さんが，ミラー先生の話を聞いた後に話し合っている場面の英文が流れます。そのあと3つの質問を読みますから，指示に従ってそれぞれ答えなさい。

**No. 1** (質問に対する適切な答えになるように，下線部にあてはまる英語を書きなさい。)

On ＿＿＿＿＿＿＿＿＿＿.

**No. 2** (質問に対する適切な答えになるように，下線部にあてはまる英語を書きなさい。)

He ＿＿＿＿＿＿＿＿＿＿ playing them.

**No. 3** (質問に対する適切な答えを英語で書きなさい。)

## 2 健(**Ken**)さんとキャシー(**Cathy**)さんの会話を読んで，あとの各問に答えなさい。

*Cathy* : Last weekend, I was sick in bed. Sachi was always with me and took care of me.

*Ken* : How kind!

*Cathy* : To say thank you to her, I gave her fish.

*Ken* : Fish? Why?

*Cathy* : Oh, Sachi is my pretty cat. I had a fever, and she worried about me and stayed with me for a long time. ①(　　)(　**X**　)(　　)(　**Y**　)(　　).

*Ken* : She can understand how you feel.

*Cathy* : Yeah. When I come back from work every day, she ②(　　)(　**X**　)(　　)(　**Y**　)(　　). I say to her, "I'm home," and she always answers me.

*Ken* : Wow, she is very cute. I wish [　　　　　　]. But I can't. In fact, my father doesn't like animals.

*Cathy* : For me, Sachi is not an animal but an important part of my family.

*Ken* : I see. ③(　　)(　**X**　)(　　)(　**Y**　)(　　) pets can be family members.

**問1** 下線部①～③には，それぞれ次の【　】内の語句を並べかえたものが入ります。ア～オの語句を会話の意味が通じるように正しく並べかえて文を完成させるとき，(　**X**　)，(　**Y**　)にあてはまる語句はどれか，符号を書きなさい。ただし，文頭の文字も小文字で表されています。

① 【 ア better　イ feel　ウ helped　エ me　オ that 】

② 【 ア in front of　イ is　ウ me　エ my house　オ waiting for 】

③ 【 ア I　イ know　ウ my father　エ to　オ want 】

**問2** [　　　　　　] の中に入る3語～6語の適切な内容の英語を書きなさい。

**3** 高校生の洋人(**Hiroto**)さんと桃子(**Momoko**)さんが，留学生のルーカス(**Lucas**)さん，ミア(**Mia**)さんと話しています。ウェブサイトに書かれている内容と会話を読んで，あとの各問に答えなさい。

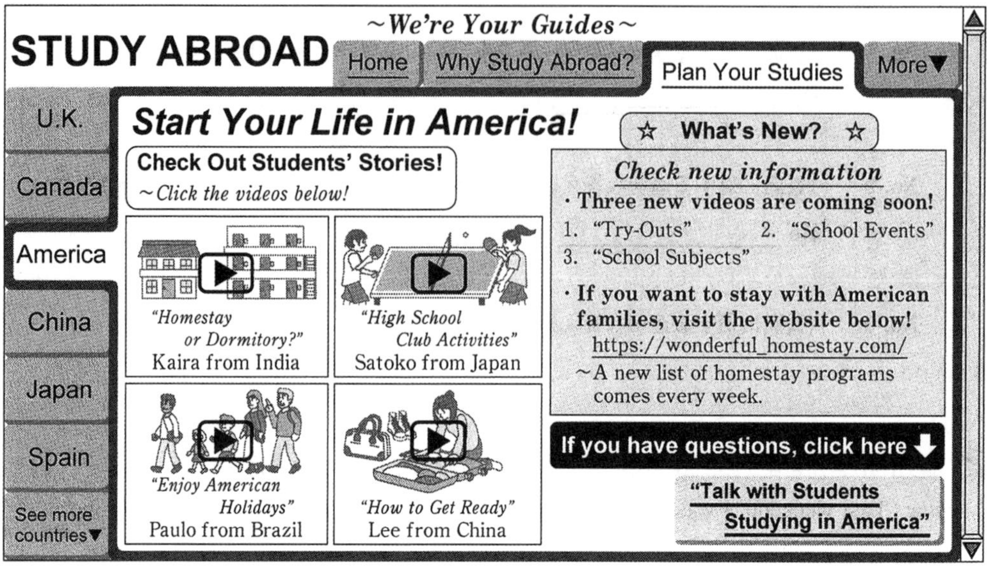


*Hiroto*：I'm thinking about studying in America for one year, but I can't imagine the life there. This is my first time to go abroad.

*Momoko*：Oh, really? I've never been abroad and I'm also interested in studying there for about one year. Lucas, will you give us some advice?

*Lucas*：I know a good website. [ あ ] You can learn a lot about studying abroad. Now, let's click America!

*Momoko*：We can watch some videos on this website.

*Mia*：Some students studying in America talk about their life there. They are all from [ A ]. Their stories may help you a lot.

*Hiroto*：Well, I want to join a basketball club. If I watch Satoko's video, I can learn about the club activities in America.

*Lucas*：Look at "What's New?" You should also watch [ (1) ]. I mean, "Try-Outs."

*Hiroto*："Try-Outs?" I've never heard of that. [ い ]

*Lucas*：It's a test you must take to join a club. I did "Try-Outs" three times to become a member of the volleyball club in my school.

*Hiroto*：①<u>Do I have to take a test to enjoy something I like? Why? I don't understand. But... OK, I'll do my best.</u>

*Mia*：Good luck, Hiroto! Momoko, is there anything you want to know?

*Momoko*：Well, which is better, living with a family there or staying in a students' dormitory?

*Hiroto*：I think a homestay is good because we can experience real American daily life as a member of a family. For example, we can eat home-cooked food or do some activities on holidays.

*Mia*：If you stay for a long time, a dormitory is better. You can meet students from all over the world and make many friends. You can also enjoy events held by the students, ②<u>such as</u> a Christmas party.

*Momoko* : Sounds interesting! I think life in a dormitory is more attractive to me.

*Lucas* : But you don't know much about life in America, so I think a homestay is better for you if you go to America.

*Mia* : Or you can stay with an American family during the first two or three months and then move into a dormitory. Oh, don't forget to watch [ B ] video later!

*Momoko* : OK. It'll be useful in understanding the difference. But how can I find a homestay program?

*Lucas* : You can get [ (2) ] by checking out the website's new information. You can choose the best program for you.

*Hiroto* : [ う ] I'll check it out now.

*Lucas* : If you need some more advice, you can click and talk online to some students studying in America.

*Momoko* : It'll be a big help! Actually, I have a question now. [ (3) ]

*Lucas* : Mm... I'll answer, "You should try to find more chances to speak in English even in Japan."

*Mia* : You will get different answers from different students. Just one click will open the door to a new world!

(注) click：クリックする，クリック　　dormitory：寮

**問 1** [ あ ] ～ [ う ] の中に入る英語として，次の**ア**～**エ**から最も適切なものをそれぞれ１つ選び，その符号を書きなさい。

**ア** I see.　**イ** Look!　**ウ** What about you?　**エ** What is it?

**問 2** [ A ]，[ B ] の中に入る英語として，次の**ア**～**エ**から最も適切なものをそれぞれ１つ選び，その符号を書きなさい。

**A**　**ア** America　**イ** China　**ウ** my country　**エ** other countries

**B**　**ア** Kaira's　**イ** Lee's　**ウ** Paulo's　**エ** Satoko's

**問 3** [ (1) ]，[ (2) ] の中に入る，それぞれ**２語**～**６語**の適切な内容の英語を書きなさい。

**問 4** 次の**ア**～**エ**のうち，下線部①の内容を最もよく表しているものはどれか，その符号を書きなさい。

**ア** I don't want to do "Try-Outs," but I've decided to try three times.

**イ** I want to be in a basketball club, but I will not do "Try-Outs."

**ウ** I don't want to do "Try-Outs" to join a basketball club, but I will.

**エ** I will do "Try-Outs" with Lucas to join a basketball club.

**問 5** 下線部②と同じような意味で使われている英語を本文中から**２語**で抜き出し，書きなさい。

**問 6** [ (3) ] について，あなたが桃子さんなら何と言うか，**５語以上**の英語で書きなさい。

**問 7** 次の**ア**～**オ**のうち，ウェブサイト及び会話の内容に合うものを２つ選び，その符号を書きなさい。

**ア** Hiroto is looking forward to joining a Christmas party held by students living in a dormitory.

**イ** Hiroto told Momoko to use this website because she wanted to learn about school events.

**ウ** Momoko and Hiroto have never lived in a foreign country before.

**エ** Momoko has decided to live with an American family for one year.

**オ** This website has a lot of useful information about studying abroad.

**4** 英語の授業で，中学生の智香(**Chika**)さんが，伝統工芸品(**traditional crafts**)についてクラスの生徒にスピーチをしました。その時に使ったグラフ(**graph**)と原稿を読んで，あとの各問に答えなさい。

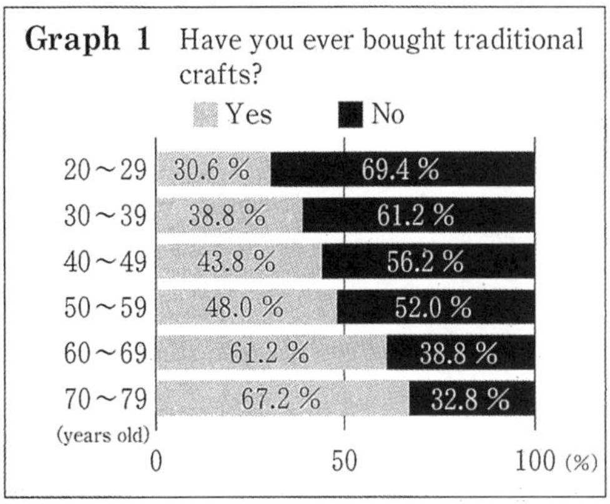

**Graph 1** Have you ever bought traditional crafts?

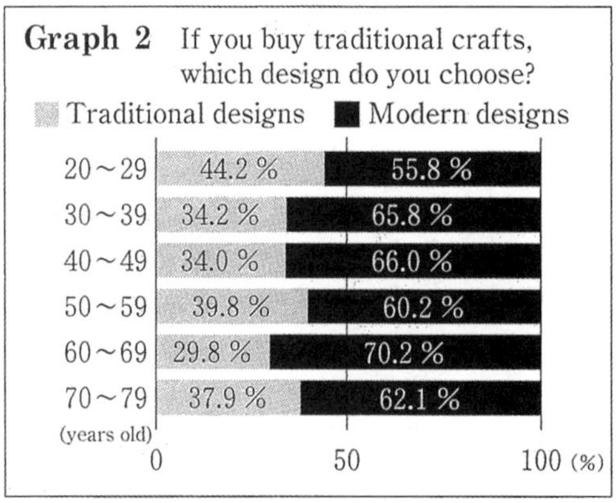

**Graph 2** If you buy traditional crafts, which design do you choose?

(Graph 1, Graph 2 はJTB総合研究所ホームページより作成)

"Happy birthday, Chika!" My grandmother gave me a small lacquerware mirror as a present for my 15th birthday. It was the first traditional Japanese craft I got in my life. It was very beautiful and I liked it so much. She bought the mirror when she was my age. I was surprised that it was about fifty years old but was very beautiful. Actually, she has been using many kinds of lacquerware products [ **A** ] she was young. She told me their good points. "Lacquerware bowls can keep food warm longer than other bowls. And lacquerware products survive much longer, so you can use them for a long time." Then, I wanted to know more about lacquerware.

But I felt sad to learn a fact on the Internet. Look at Graph 1. According to the survey, [ あ ] people have bought [ い ] traditional Japanese crafts. Can you guess why they don't buy them? My grandmother says, "I think they don't know how good traditional Japanese crafts are. If they use one, they will understand how useful it is and become interested in the crafts."

[ (1) ]

I started to think about what I can do to protect these wonderful products.

Look at Graph 2. It shows people of all ages like traditional crafts with modern designs better. Last week, my grandmother took me to the museum near my house. In it, I found a lot of lacquerware works with modern designs. I saw lacquerware bowls with anime characters or cute animals painted on them. I also saw lacquerware key chains and smartphone cases. I was surprised because [ (2) ]. They all looked new to me. Many young people were enjoying looking at them, and even buying them. Actually, I bought a bowl with a picture of a cute baby panda. A young woman I met said, "I thought traditional crafts were not for daily use, but I can use the crafts with these designs in my daily life. They are very pretty." [ (3) ]

After looking at the new crafts, I had a chance to talk with the young lacquerware artist [ **B** ] made them. He told me he loves traditional Japanese crafts and tries to do something to make them more attractive, especially to young people. He creates new designs they love. He believes taking in the new things of the times is as important as keeping traditional designs. I thought this idea may solve the problem about traditional crafts.

My grandmother's mirror made me interested in lacquerware, and now I want to be a

lacquerware artist and make products young people want to use. In this way, I believe I can protect lacquerware. Our lives change with the times, and the traditional craft artists should always [C] what people want and keep up with the changes of the times. I will try to learn traditional skills and at the same time, try something new to make this traditional Japanese craft more attractive.

(注) lacquerware：漆製品　key chain：キーホルダー　smartphone case：スマートフォンケース

**問1** [A] ～ [C] の中に入る英語として，次の**ア**～**エ**から最も適切なものをそれぞれ１つ選び，その符号を書きなさい。

**A**　**ア** because　**イ** since　**ウ** until　**エ** while

**B**　**ア** and　**イ** people　**ウ** sometimes　**エ** who

**C**　**ア** become　**イ** change　**ウ** check　**エ** talk

**問2** [あ]，[い] の中に入る英語の組み合わせとして，次の**ア**～**エ**から最も適切なものを１つ選び，その符号を書きなさい。

**ア** [あ] older [い] fewer　**イ** [あ] older [い] more

**ウ** [あ] younger [い] fewer　**エ** [あ] younger [い] more

**問3** [(1)] の中には次の**ア**～**エ**が入る。文章の意味が通じるように最も適切な順に並べ替え，その符号を書きなさい。

**ア** And finally, this wonderful Japanese tradition will be lost.

**イ** This should never happen, but how can we make young people more interested in stopping it?

**ウ** They won't buy the crafts and more lacquerware artists will lose their jobs.

**エ** What will happen if young people today become older without having much interest in them?

**問4** [(2)] の中に入る**5語～8語**の適切な内容の英語を書きなさい。

**問5** [(3)] の中に入る英語として，次の**ア**～**エ**から最も適切なものを１つ選び，その符号を書きなさい。

**ア** Traditional designs are more impressive than modern designs to young people.

**イ** Modern designs have made young people more interested in traditional crafts.

**ウ** Young people will become more interested in traditional designs by buying more traditional products.

**エ** Young people will buy more traditional products if they understand the good points of traditional designs.

**問6** スピーチの後にALTのグレン(**Glen**)先生が智香さんと話しています。会話の意味が通じるように，(a)には，**4語～8語**の適切な内容の英語を，また，(b)には**4文以上**のまとまりのある英文を書きなさい。

*Mr. Glen*：I enjoyed your speech. I want to support your dream.

*Chika*：I want to be a lacquerware artist and try to protect lacquerware by ____(a)____.

*Mr. Glen*：Japan has many traditional things and events. What do you want to introduce to people from abroad?

*Chika*：____(b)____

令 和 5 年 度

公立高等学校入学者選抜学力検査問題

# 理　　　　　科

（50分）

**注 意 事 項**

1　問題は，1ページから6ページまであります。

2　解答は，すべて解答用紙に記入しなさい。

**1** 以下の各問に答えなさい。

**問1** 物質の成り立ちについて，次の(1)，(2)に答えなさい。

(1) 1種類の物質が2種類以上の物質に分かれる化学変化を何というか，書きなさい。

(2) 次の**ア**～**エ**の物質について，分子であるものを**すべて**選び，その符号を書きなさい。

**ア** 銅　　**イ** 二酸化炭素　　**ウ** マグネシウム　　**エ** 水

**問2** 気象について，次の(1)，(2)に答えなさい。

(1) 日本付近の天気は西から東へ変わることが多い。それは，中緯度帯の上空で1年中，西から東へ風が吹いているからである。このような西よりの風を何というか，書きなさい。

(2) 図1はある地点での風向，風力，天気を表したものである。この地点の風向と風力の組み合わせを，次の**ア**～**エ**から1つ選び，その符号を書きなさい。

**ア** 風向：北東　風力：1　**イ** 風向：北東　風力：2

**ウ** 風向：南西　風力：1　**エ** 風向：南西　風力：2

図1

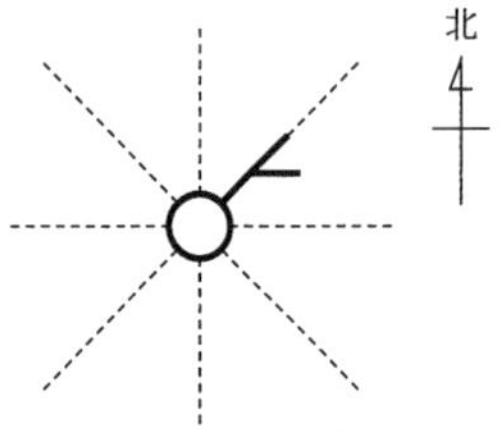


**問3** 細胞の観察について，次の(1)，(2)に答えなさい。

(1) 図2の顕微鏡を用いて細胞を観察するには，次の**ア**～**エ**をどの順番で行えばよいか，最も適切な順に並べ，その符号を書きなさい。

**ア** 調節ねじを回して，プレパラートと対物レンズを遠ざけながら，ピントを合わせる。

**イ** 反射鏡を調節して，視野全体が明るく見えるようにする。

**ウ** 横から見ながら，プレパラートと対物レンズをできるだけ近づける。

**エ** プレパラートをステージにのせ，クリップで固定する。

(2) 接眼レンズの倍率が15倍，対物レンズの倍率が40倍のとき，顕微鏡の倍率は何倍か，求めなさい。

図2

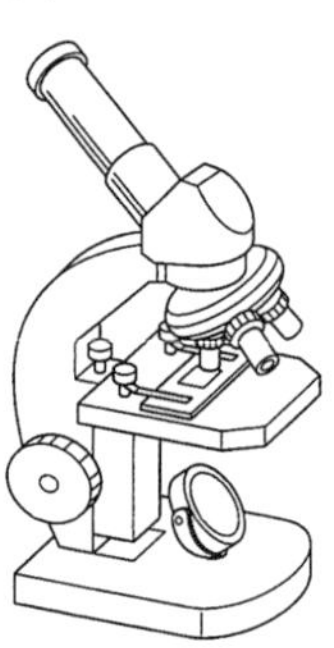

**問4** 光について，次の(1)，(2)に答えなさい。

(1) 太陽や蛍光灯のように，みずから光を出す物体を何というか，書きなさい。

(2) 図3の ----▶---- は，点Aから出た光の進む道すじの1つを表している。この道すじを進んできた光は三角柱のガラスを通過した後，どの道すじを進むか，図3の**ア**～**エ**から最も適切なものを1つ選び，その符号を書きなさい。

図3

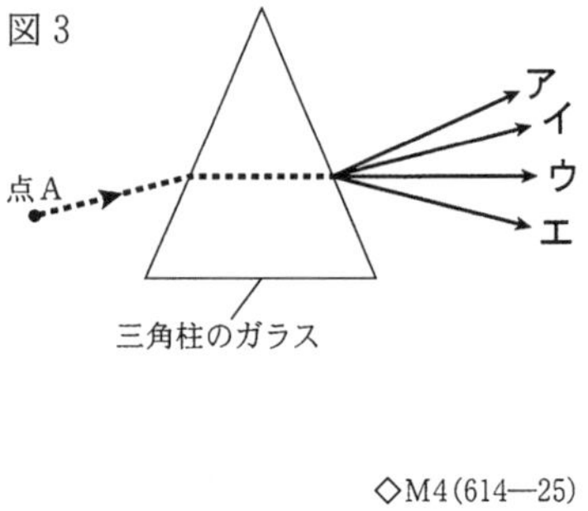

**2** 次のメモは，無性生殖と有性生殖について，吉田さんが調べて書いたものの一部である。これを見て，以下の各問に答えなさい。

> Ⅰ　無性生殖では，子の特徴は親の特徴と同じになる。

> Ⅱ　有性生殖も無性生殖も，親の体細胞と子の体細胞の染色体の数は同じになる。

> Ⅲ　有性生殖に関する実験を，エンドウを用いて行った。
> ※①，②では，エンドウに自家受粉を防ぐ操作を事前に行った。
> ①　丸い種子をまいて育てた個体Ｐの花粉を，しわの種子をまいて育てた個体Ｑのめしべに受粉させたところ，個体Ｑにできた種子はすべて丸い種子になった。
> ②　丸い種子をまいて育てた個体Ｒの花粉を，しわの種子をまいて育てた個体Ｓのめしべに受粉させたところ，個体Ｓにできた種子は丸い種子としわの種子が，ほぼ同じ数になった。
> ③　②の実験で個体Ｓにできた丸い種子をまいて育て，自家受粉させて種子をつくった。この自家受粉でできた種子の数は，丸い種子がしわの種子より多く，その割合は約３：１であった。
> ④　③の実験でできた丸い種子をすべてまいて育て，それらを，それぞれ自家受粉させた。

**問１**　植物において，からだの一部から新しい個体をつくる無性生殖を何というか，書きなさい。

**問２**　Ⅰについて，子の特徴が親の特徴と同じになるのはなぜか，その理由を書きなさい。

**問３**　Ⅱについて，次の文は有性生殖における染色体の数の変化について述べたものである。文中の（　あ　），（　い　）にあてはまる語句をそれぞれ書き，文を完成させなさい。

> 有性生殖では，親の体細胞が（　あ　）分裂することによってできる生殖細胞は，染色体の数が親の体細胞の（　い　）になっている。そのため，生殖細胞が受精してできる子の体細胞の染色体の数は，親の体細胞の染色体の数と同じになる。

**問４**　Ⅲについて，次の(1)～(3)に答えなさい。なお，エンドウの種子を丸くする遺伝子の記号をＡ，しわにする遺伝子の記号をａとする。

(1)　下線部のような結果になったのは，①の実験でエンドウに自家受粉を防ぐ操作を事前に行ったためである。その操作について述べたものはどれか，次の**ア**～**エ**から最も適切なものを１つ選び，その符号を書きなさい。

**ア**　個体Ｐのやくをすべて切り取った。　　**イ**　個体Ｐの柱頭をすべて切り取った。
**ウ**　個体Ｑのやくをすべて切り取った。　　**エ**　個体Ｑの柱頭をすべて切り取った。

(2)　個体Ｐの体細胞の遺伝子の組み合わせを，遺伝子の記号Ａ，ａを使って書きなさい。

(3)　④の実験で丸い種子としわの種子があわせて18000個できたとすると，丸い種子はそのうち何個あるか，次の**ア**～**オ**から最も適切なものを１つ選び，その符号を書きなさい。

**ア**　11000個　**イ**　12000個　**ウ**　13500個　**エ**　15000個　**オ**　16000個

**3** 地震について，以下の各問に答えなさい。

**問 1**　地下で大規模な岩石の破壊が起こると，岩盤にずれができる。この岩盤のずれを何というか，書きなさい。

**問 2**　日本付近の大陸プレートと海洋プレートの動きを模式的に表したものはどれか，次の**ア**～**エ**から最も適切なものを1つ選び，その符号を書きなさい。ただし，⇨ はプレートの動く向きを表している。

**ア**

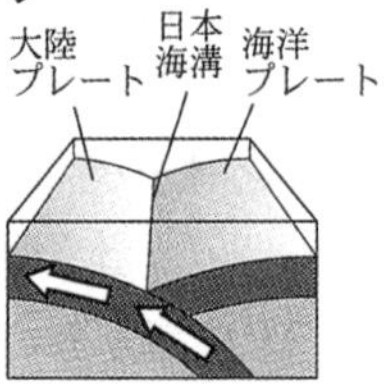


**イ**

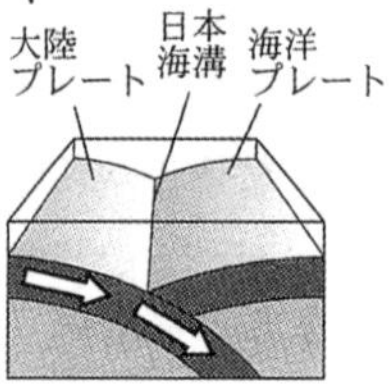


**ウ**

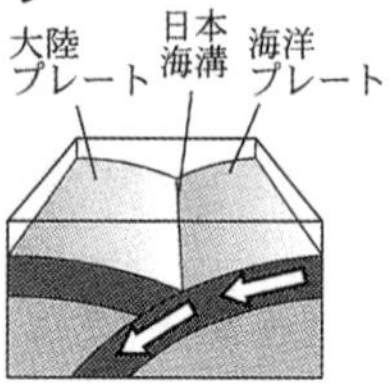


**エ**

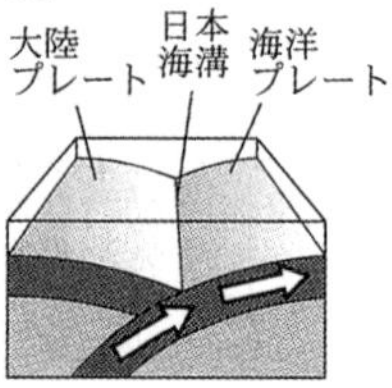


**問 3**　次の文は，震度について説明したものである。文中の①，②にあてはまる数字をそれぞれ書き，文を完成させなさい。

> 震度は，ある地点での地震によるゆれの大きさを表すものであり，各観測点に設置した震度計で測定される。日本では，震度を（　①　）から7の（　②　）階級に分けている。

**問 4**　地震が起こったときのP波とS波について述べたものはどれか，次の**ア**～**エ**から最も適切なものを1つ選び，その符号を書きなさい。

**ア**　震源ではP波とS波は同時に発生し，P波はS波よりも伝わる速さが速い。

**イ**　震源ではP波とS波は同時に発生し，S波はP波よりも伝わる速さが速い。

**ウ**　震源ではP波が発生した後にS波が発生し，P波はS波よりも伝わる速さが速い。

**エ**　震源ではS波が発生した後にP波が発生し，S波はP波よりも伝わる速さが速い。

**問 5**　図は，地震計を模式的に表したものである。地震で地面がゆれたときに，地震計でゆれを記録できるのはなぜか，その理由を，慣性に着目して，「**記録紙**」，「**おもりについたペン**」という2つの語句を用いて書きなさい。

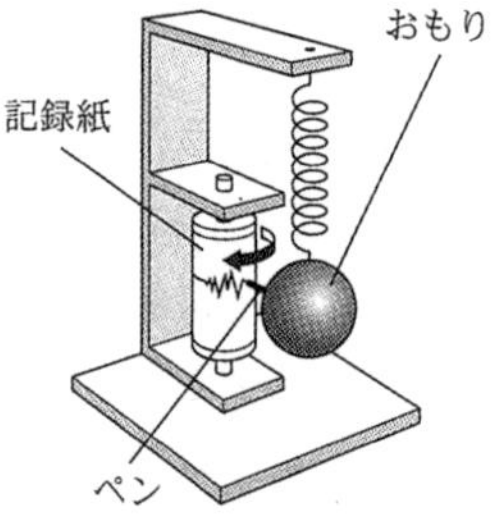


**問 6**　ある地震を，X，Yの2地点で観測した。地点Xでは，震源までの距離が150 km，震央までの距離が90 km，初期微動継続時間が20秒であった。このとき，震央までの距離が160 kmの地点Yにおいて，初期微動継続時間は何秒か，求めなさい。ただし，小数第2位を四捨五入すること。なお，地点X，Yと震央は同じ標高とし，この地域での地震波の伝わる速さは一定であるものとする。

**4** 金属と水溶液に関する，次の実験を行った。これらをもとに，以下の各問に答えなさい。ただし，すべての溶液の濃度は質量パーセント濃度を表すものとする。

［**実験Ⅰ**］ うすい塩酸が入っている試験管に鉄粉を入れたところ，気体が発生した。

［**実験Ⅱ**］ 5％硫酸亜鉛水溶液が入っている試験管にマグネシウム片を入れたところ，マグネシウム片に灰色の固体が付着したが，硫酸亜鉛水溶液の色は変化しなかった。

［**実験Ⅲ**］ 5％硫酸銅水溶液が入っている試験管に亜鉛片を入れたところ，亜鉛片に赤色の固体が付着し，硫酸銅水溶液の色がうすくなった。

［**実験Ⅳ**］ 図のように，5％硫酸亜鉛水溶液を入れたビーカーに亜鉛板を入れた。その後，5％硫酸銅水溶液と銅板を入れたセロハンの袋を，ビーカー中の硫酸亜鉛水溶液に入れた。亜鉛板と銅板に電圧計をつないだところ，電圧計の針が右にふれた。

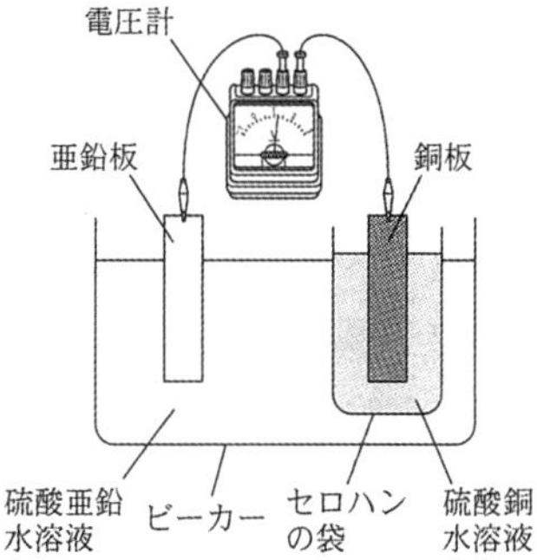


**問1** 実験Ⅰについて，発生した気体は何か，名称を書きなさい。

**問2** 実験Ⅱについて，硫酸亜鉛が水溶液中で電離しているようすを化学式を用いて書きなさい。

**問3** 実験Ⅲについて，硫酸銅水溶液の色がうすくなったのはなぜか，その理由を書きなさい。

**問4** 実験Ⅳについて，次の(1)～(3)に答えなさい。

(1) 次の文は，この実験におけるセロハンの役割について述べたものである。文中の①，②にあてはまる内容の組み合わせを，下の**ア**～**エ**から1つ選び，その符号を書きなさい。

| |
|---|
| セロハンには，この2種類の水溶液を（ ① ）し，イオンを（ ② ）性質があり，その結果，電流を流し続けることができる。 |

**ア** ① 混ざりやすく ② 通過させる　　**イ** ① 混ざりやすく ② 通過させない

**ウ** ① 混ざりにくく ② 通過させる　　**エ** ① 混ざりにくく ② 通過させない

(2) 金属原子を○，金属イオンを●，電子を•のモデルで表したとき，銅板の表面で起こる化学変化について模式的に表すとどうなるか，次の**ア**～**エ**から適切なものを1つ選び，その符号を書きなさい。

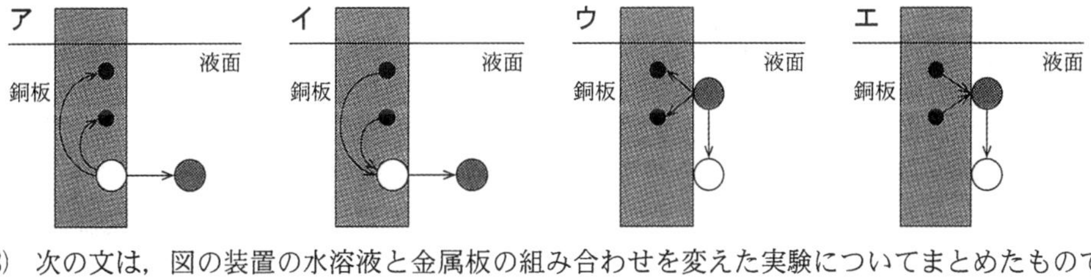


(3) 次の文は，図の装置の水溶液と金属板の組み合わせを変えた実験についてまとめたものである。文中の①，②にあてはまる内容を，下の**ア**～**ウ**からそれぞれ1つ選び，その符号を書きなさい。

| |
|---|
| 図の装置の5％硫酸亜鉛水溶液と亜鉛板を，5％硫酸マグネシウム水溶液とマグネシウム板に変えたところ，電圧計の針が（ ① ）ふれた。また，図の装置の5％硫酸銅水溶液と銅板を，5％硫酸マグネシウム水溶液とマグネシウム板に変えたところ，電圧計の針が（ ② ）ふれた。 |

**ア** 左に　　**イ** 右に，実験Ⅳより大きく　　**ウ** 右に，実験Ⅳより小さく

**5** 電流と磁界に関する，次の実験を行った。これをもとに，以下の各問に答えなさい。

［実験］ エナメル線でコイルと回転軸をつくり，回転軸のエナメルをすべてはがした。図1のように，回路をつくり，コイルの下部を黒く塗った。その後，スイッチを入れたところ，回路には ⇨ の向きに電流が流れ，コイルの下部が ➡ の向きに力を受け，コイルは動き始めたが，間もなく静止した。なお，電源装置からは一定の向きに電流が流れるものとする。

図1

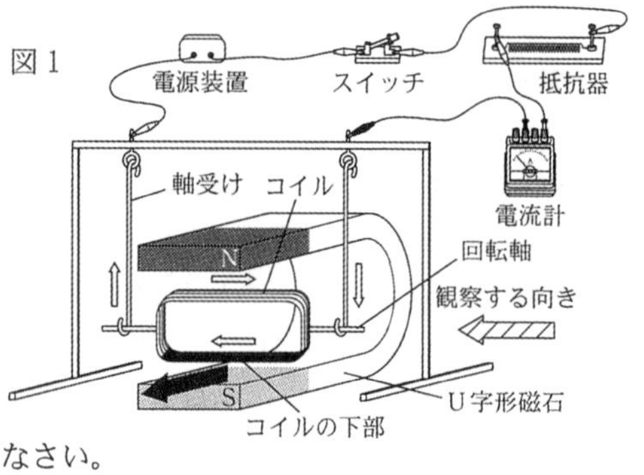


**問1** 一定の向きに流れる電流を何というか，書きなさい。

**問2** 磁界の中でコイルに電流を流すとコイルに力がはたらく。この現象を利用したコイルの活用について述べたものはどれか，次の**ア**～**エ**から適切なものを1つ選び，その符号を書きなさい。

**ア** 懐中電灯を点灯する。 **イ** 扇風機で送風する。

**ウ** 手回し発電機で発電する。 **エ** 電磁調理器で加熱する。

**問3** 実験について，次の(1)～(3)に答えなさい。

(1) スイッチを入れたところ，電流計の目盛りは図2のようになった。電流の大きさは何mAか，読み取って書きなさい。

図2

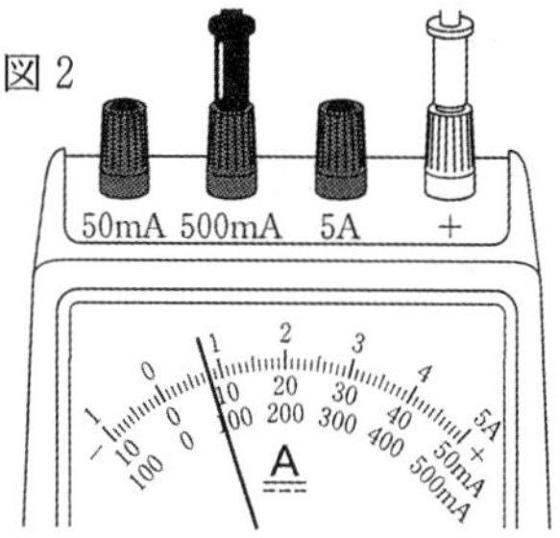


(2) 電流の大きさを変えて，抵抗器に300 mAの電流を5秒間流したとき，抵抗器が消費する電力量は何Jか，求めなさい。ただし，抵抗器の抵抗の大きさを20 Ωとする。

(3) 図3は，図1の装置を ⇦ の向きに見た模式図である。コイルが回転し続けるように，スイッチを入れたり，切ったりする。コイルの回転を止める力がはたらかないようにするためには，コイルの黒く塗った部分が図3のどの範囲を通過しているときにスイッチを切った状態にしておかなければならないか，次の**ア**～**エ**から最も適切なものを1つ選び，その符号を書きなさい。

図3

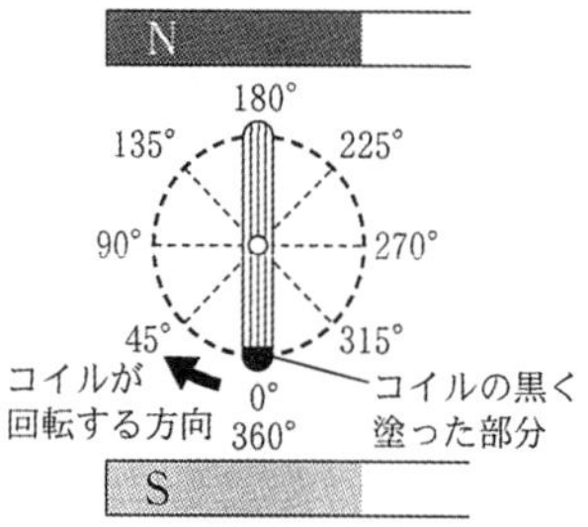


**ア** 0°から180° **イ** 90°から270°

**ウ** 180°から360° **エ** 270°から360°と0°から90°

**問4** 実験の後，図4のようにコイルと磁石を設置しなおした。スイッチを入れるとコイルはどのように動くか，次の**ア**～**エ**から最も適切なものを1つ選び，その符号を書きなさい。また，そう判断した理由を，「**電流の向き**」，「**磁石による磁界の向き**」という2つの語句を用いて書きなさい。

図4

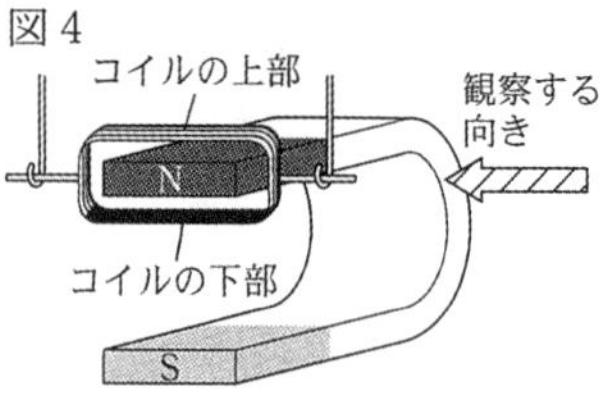


**ア**

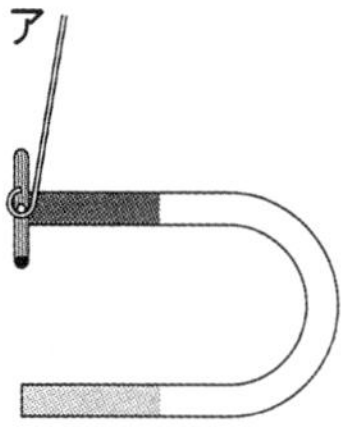

**イ**

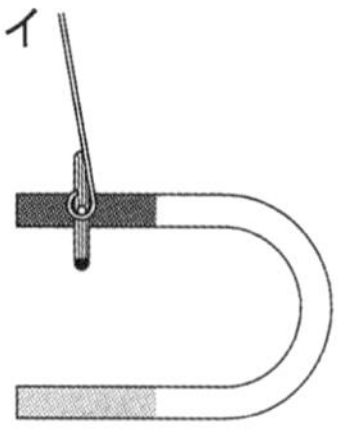

**ウ**

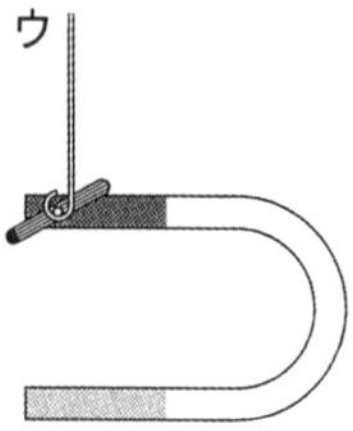

**エ**

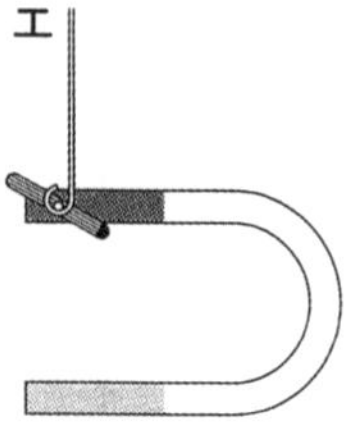

**6** 山田さんの所属する科学部では，次の実験を行った。これをもとに，以下の各問に答えなさい。

**[実験]** 図1のように，斜面が直線になるように，摩擦力のないレールと摩擦力のあるレールをつないで水平な台の上に設置した。<u>物体Xを点A，点Bのそれぞれの位置でそっと離してから点Dを通過するまでの運動を</u>，1秒間に60回打点する記録タイマーでテープに記録した。それを6打点ごとに切り，左から時間の経過順に下端をそろえてグラフ用紙にはりつけたところ，図2，図3のようになった。物体Xを点Cの位置でそっと離したところ，物体は静止したままであった。

図1

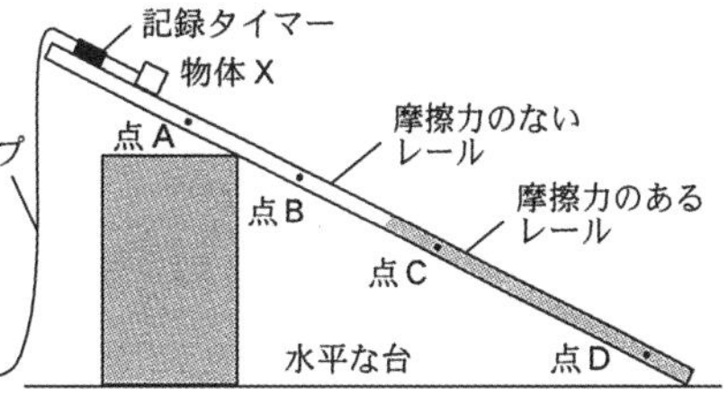


図2　点Aの位置で離した物体Xの運動

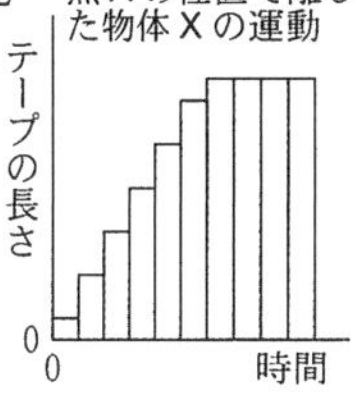


図3　点Bの位置で離した物体Xの運動

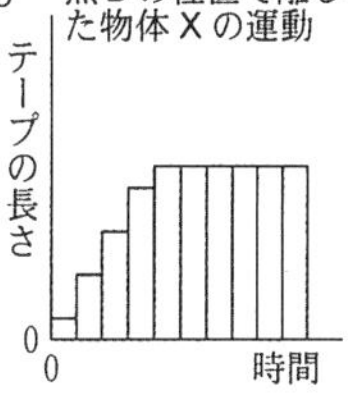


**問1**　高いところにある物体は，重力によって落下することで，ほかの物体の形を変えたり，動かしたりすることができる。このように高いところにある物体がもっているエネルギーを何というか，書きなさい。

**問2**　物体Xは，一辺が2cmの金属の立方体で，質量は21.6gであった。図4は，4種類の金属のサンプルの体積と質量の関係を示したグラフであり，物体Xは鉄，鉛，チタン，アルミニウムのいずれかの金属である。物体Xはどの金属と考えられるか，書きなさい。

図4

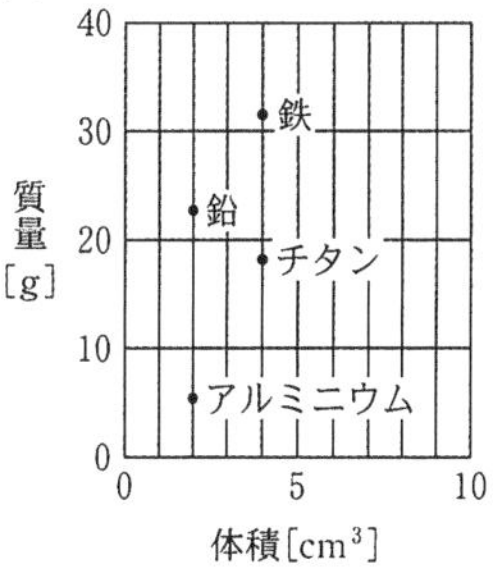


**問3**　下線部について，物体Xが，摩擦力のあるレール上を通過するときに，音が聞こえた。次の(1)，(2)に答えなさい。

(1)　耳や目などのように，外界からの刺激を受けとる器官を何というか，書きなさい。

(2)　次の文は，ヒトの，音が聞こえるしくみについて述べたものである。文中の①，②にあてはまる語句をそれぞれ書き，文を完成させなさい。

| |
|---|
| 空気の振動が耳の中にある（　①　）を振動させ,その振動が耳小骨によって（　②　）に伝えられる。そこで受けとった刺激は信号にかえられ，神経を通り脳に伝わる。 |

**問4**　グラフ用紙にはりつけた記録テープのうちの1本の長さを測定したところ，15cmであった。この区間における物体Xの平均の速さは何m/sか，求めなさい。

**問5**　点A，点B，点Cの位置で離した物体Xが，摩擦力のあるレール上の点Cの位置で受ける摩擦力の大きさをそれぞれa，b，cとする。a，b，cの関係を正しく表している式はどれか，次の**ア**～**オ**から最も適切なものを1つ選び，その符号を書きなさい。また，そう判断した理由を書きなさい。ただし，テープの質量，テープの摩擦，空気の抵抗は考えないものとする。

**ア**　a＝b＝c　　**イ**　a＝b＞c　　**ウ**　a＝b＜c

**エ**　a＜b＜c　　**オ**　a＞b＞c

令 和 5 年 度

公立高等学校入学者選抜学力検査問題

# 社　　　　　会

(50分)

**注 意 事 項**

1　問題は，1ページから6ページまであります。

2　解答は，すべて解答用紙に記入しなさい。

**1** 次の略地図を見て，下の各問に答えなさい。

略地図

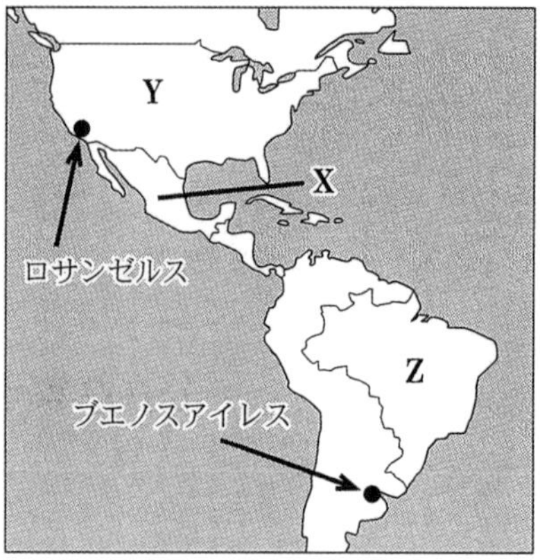


**問1** 略地図の**X**国について，次の(1)，(2)に答えなさい。

(1) 世界を6つの州に分けたとき，**X**国が属する州の名前を書きなさい。

(2) 次の**ア**～**エ**のうち，**X**国で主に使われている言語を1つ選び，その符号を書きなさい。

**ア** 英語　　**イ** スペイン語

**ウ** フランス語　　**エ** ポルトガル語

**問2** 略地図のロサンゼルスの太平洋岸とブエノスアイレスは温帯に属している。次の**ア**～**エ**のうち，この2つの地域の気候の特徴について述べた文として適切なものをそれぞれ1つ選び，その符号を書きなさい。

**ア** 気温は1月の方が7月より高く，降水量は1月の方が7月より多い。

**イ** 気温は1月の方が7月より高く，降水量は1月の方が7月より少ない。

**ウ** 気温は1月の方が7月より低く，降水量は1月の方が7月より多い。

**エ** 気温は1月の方が7月より低く，降水量は1月の方が7月より少ない。

**問3** 次の**a**，**b**の文は，略地図の**Y**国と**Z**国について述べたものである。それぞれの文について，正しいものには○を，誤っているものには×を書きなさい。

**a** **Y**国の自動車製造の中心地として発展したのはピッツバーグであり，そこで用いられた大量生産方式が他の工業分野にも普及した。

**b** **Z**国では，現在，農作物の輸出額のうち最大のものは大豆であり，アマゾン川流域の森林を伐採した後につくられた畑などで栽培されている。

資料1

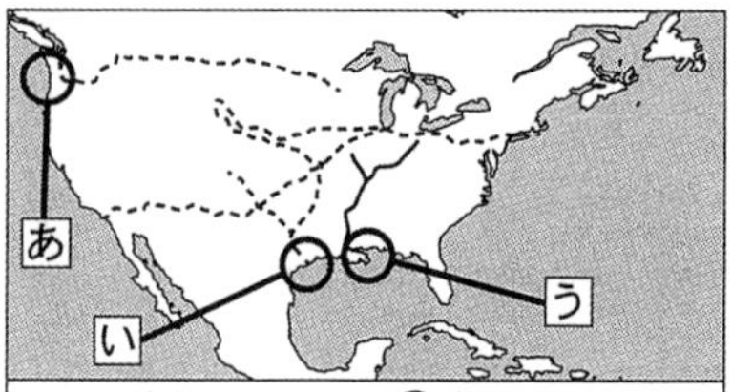


---- 鉄道　── 水路　○港のある地域
※鉄道と水路は年間1億トン以上の輸送がある区間

(日本貿易振興機構ホームページなどより作成)

**問4** 資料1は，略地図の**Y**国で貨物輸送に用いられている主要な鉄道，水路，港のある地域を示したものである。資料2のように，うの地域の港から輸出されるとうもろこしが多いのはなぜだと考えられるか，資料1をもとに書きなさい。

資料2　とうもろこしの輸出量の港別割合

| あの地域の港 | いの地域の港 | うの地域の港 | その他 |
|---|---|---|---|
| 13.1％ | 1.1％ | 65.1％ | 20.7％ |

(農林水産省ホームページより作成)

**問5** 資料3は，略地図の**Y**国の政府が，国内の農業分野の仕事に就く外国人に入国を許可する際の条件の一部である。**Y**国が，農業分野の仕事に就く外国人に，資料3のような条件で入国を認めているのはなぜだと考えられるか，資料3と資料4を関連づけて書きなさい。

資料3

<移住を目的としない外国人に農業分野の就労のための入国を許可する条件>

○雇用期間は，原則として1年をこえないこと。

○雇用契約を結ぶ相手である農業経営者が，事前に自国民に向けて求人活動を行っていること。

資料4　入国を許可された外国人の主な仕事と雇用期間

(2019年)

| 就労先 | 主な仕事内容 | 平均雇用期間(月) |
|---|---|---|
| 野菜農場 | 野菜の植え付け，収穫，箱詰め等の手作業 | 約4.5 |
| 果樹園 | 果実の収穫，箱詰め，樹木の手入れ等の手作業 | 約5.2 |

(資料3，資料4は**Y**国農務省ホームページなどより作成)

**2** 次の4枚のカードは，「各時代の地方の状況」について書かれたものである。これを見て，下の各問に答えなさい。

| | |
|---|---|
| **A** 源頼朝によって，国ごとに守護が，荘園や公領ごとに地頭が置かれた。 | **B** 水野忠邦が幕府の改革を進めたころ，独自の改革で財政を立て直した藩もあった。 |
| **C** 豊臣秀吉によって全国が統一され，各地で太閤検地や刀狩が行われた。 | **D** 藤原道長・頼通が政治の実権をにぎったころ，地方の政治は乱れていた。 |

**問1** **A**について，源頼朝の死後，御家人をまとめた北条氏が将軍を補佐する地位につき，政治の実権をにぎった。この地位を何というか，書きなさい。

**問2** **B**について，次の(1)，(2)に答えなさい。

(1) 次の**ア**～**エ**のうち，水野忠邦が行った改革について述べた文として最も適切なものを1つ選び，その符号を書きなさい。

**ア** 蝦夷地《えぞち》を調査し，開拓にのりだした。

**イ** 庶民の意見を聞くため，目安箱を設置した。

**ウ** 大名の参勤交代を軽減するかわりに，米を献上させた。

**エ** 物価の上昇を抑えるため，株仲間を解散させた。

(2) 資料1は，幕府がこのころに出した法令の一部である。幕府が下線部のように方針を変えたのはなぜか，「情け深い行い」の内容を明らかにして書きなさい。

資料1

> 外国船が渡ってきたときは迷うことなく打ち払いなさい，とかつて命じた。しかし，<u>このたび万事を改め，情け深い行いをしたい</u>。

（「徳川禁令考」より作成。表現はわかりやすく改めた）

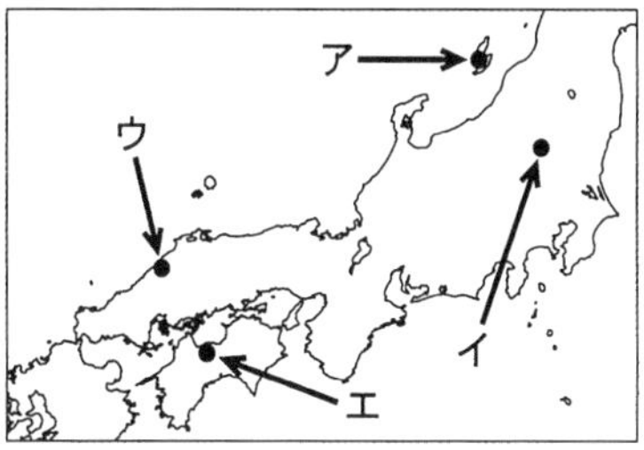


**問3** **C**について，次の(1)，(2)に答えなさい。

(1) 豊臣秀吉が直轄地として開発を行った銀山の位置を，略地図の**ア**～**エ**から1つ選び，その符号を書きなさい。また，その銀山の名称を書きなさい。

(2) 太閤検地や刀狩によって，このあとの時代の身分制社会の土台がつくられたといえる。なぜそのようにいえるのか，書きなさい。

**問4** **D**の時期には，朝廷の行事や寺社の修繕等の際，その費用を納めた見返りに，国司になろうとするものがいた。その理由を，資料2をもとに，大宝律令が制定されたときと**D**の時期の税の決められ方の違いにふれて書きなさい。

資料2　**D**の時期の朝廷と地方の関係

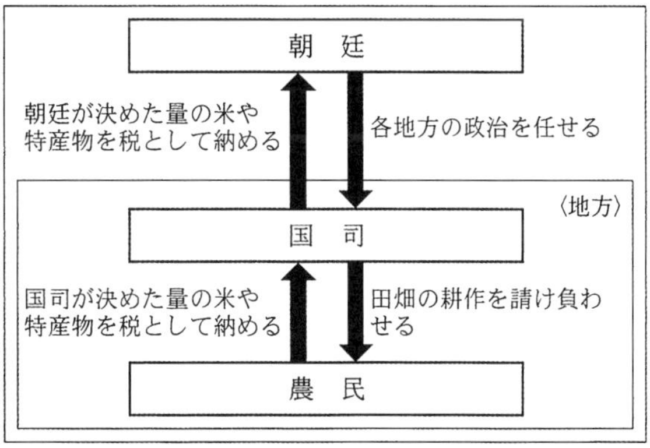


**問5** **A**～**D**の4枚のカードを，時代の古いものから順に並べ，その符号を書きなさい。

**3** 次のメモは，高橋さんが現在の日本における権利についてまとめたものである。これを見て，下の各問に答えなさい。

- ①日本国憲法では，平等権，②自由権，社会権などの基本的人権を保障している。
- 社会や技術の変化にともない，③新しい人権が主張されるようになった。
- すべての国民には，④裁判所で裁判を受ける権利が保障されている。
- ⑤地方の政治では，直接民主制の考え方を取り入れた直接請求権が幅広く認められている。

**問1**　下線部①では，天皇は内閣の助言と承認によって法律を公布したり，国会を召集したりすると規定されている。このような天皇の行為を何というか，書きなさい。

**問2**　下線部②について，次の**ア**～**エ**のうち，日本国憲法が保障している自由権の内容として，**あてはまらないもの**を1つ選び，その符号を書きなさい。

**ア**　学問の研究　　　**イ**　拷問や残虐な刑罰を受けないこと

**ウ**　個人の財産所有　　**エ**　働く人が要求実現のために行うストライキ

**問3**　右の資料は，下線部③のうちのある権利を求めて争われた裁判について述べたものである。この裁判で，資料の原告が主張した権利を何というか，書きなさい。

資料

**A**氏は，作家である**B**氏が発表した小説のモデルとされた。**A**氏は，生活をのぞき見されたかのような作品の中の描写によって，精神的苦痛を与えられたとして，**B**氏に損害賠償を請求した。

（日本音楽事業者協会ホームページなどより作成）

**問4**　下線部④について，次の図と文は，高橋さんが国民，裁判所，国会の関係についてまとめたものである。文中の下線部のように最高裁判所が「憲法の番人」と呼ばれているのはなぜか，[あ]の内容にふれて書きなさい。また，**X**にあてはまる適切な語句を書きなさい。

<国民，裁判所，国会の関係>

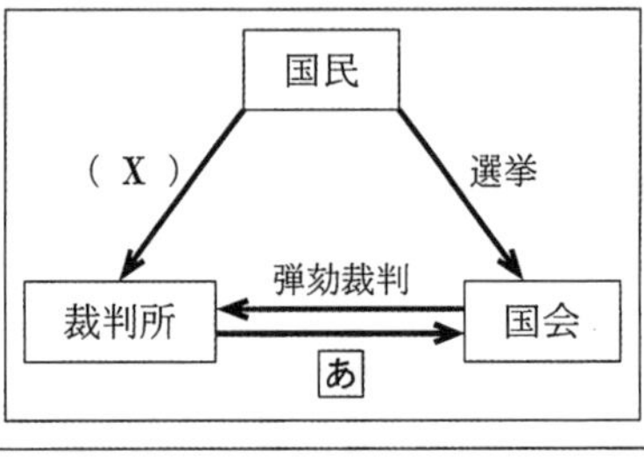


裁判所は，[あ]という権限を持っており，中でも最高裁判所は「憲法の番人」と呼ばれている。このような最高裁判所の役割を考えると，最高裁判所の裁判官に対する（　**X**　）は，選挙と同様に国民主権の原理にもとづく重要な意義をもつといえる。

**問5**　下線部⑤について，次の文は，高橋さんが地方交付税交付金についてまとめたものである。地方交付税交付金を交付されない地方公共団体の数が，文中の下線部のようになったのはなぜか，書きなさい。

地方交付税交付金を交付されない地方公共団体の数は，景気の緩やかな回復とともに徐々に増加し，2018年度の日本の地方公共団体1718のうち，78の地方公共団体に地方交付税交付金が交付されなかった。

問4

問5

問6

# 四

問1 看友人疾

問2

問3

問4

問5 A B

問1．２点
問2．２点
問3．２点
問4．３点
問5．A．４点
B．３点

# 五

10点

（25字×9行＝225字）

令 和 5 年 度

# 数 学 解 答 用 紙

（令和５年度）

# 数学解答用紙

※100点満点

## 1

⑴３点×５
⑵３点
⑶４点
⑷４点
⑸４点

⑴

| ア | イ | ウ | エ | オ |
|---|---|---|---|---|
| | | | | |

⑵

⑶ $n=$

⑷

⑸

## 2

⑴４点
⑵６点

⑴ 通り

⑵ 〔確率〕

〔考え方〕

受検番号　　　　番

## 3

⑴３点
⑵４点
⑶７点

⑴ cm

⑵

⑶ 〔計算〕

答　$a=$

## 4

10点

〔方程式と計算〕

答 ｛とり肉１パックの内容量
　 ぶた肉１パックの内容量

令 和 5 年 度

# 英 語 解 答 用 紙

(令和5年度)

# 英語解答用紙

※100点満点

## 1

〔聞くことの検査〕

A. 3点×2
B. 3点×2
C. Part1. 3点×3
　Part2. 3点×3

**A**

| | | | | | | | | | |
|---|---|---|---|---|---|---|---|---|---|
| No. 1 | a | 正 | 誤 | b | 正 | 誤 | c | 正 | 誤 |
| No. 2 | a | 正 | 誤 | b | 正 | 誤 | c | 正 | 誤 |

**B**

| | | | |
|---|---|---|---|
| No. 1 | | No. 2 | |

**C**

Part 1

| | | | | | |
|---|---|---|---|---|---|
| No. 1 | | No. 2 | | No. 3 | |

Part 2

| | |
|---|---|
| No. 1 | On |
| No. 2 | He　　　　playing the |
| No. 3 | |

受検番号　　番

## 2

3点×4

| | | | | | | |
|---|---|---|---|---|---|---|
| 問1 | ① | (X)　(Y) | ② | (X)　(Y) | ③ | (X)　(Y) |
| 問2 | | | | | | |

## 3

問1. 2点×3
問2. 2点×2
問3. 3点×2
問4. 2点
問5. 2点
問6. 4点
問7. 3点×2

| | | | |
|---|---|---|---|
| 問1 | あ | い | う |
| 問2 | A | B | |
| 問3 | (1) | | |
| | (2) | | |
| 問4 | | | |
| 問5 | | | |
| 問6 | | | |
| 問7 | | | |

令 和 5 年 度

# 理 科 解 答 用 紙

（令和５年度）

# 理科解答用紙

※100点満点

受検番号　　番

## 1

問１．２点×２
問２．２点×２
問３．２点×２
問４．２点×２

| | | | | |
|---|---|---|---|---|
| 問１ | (1) | | (2) | |
| 問２ | (1) | | (2) | |
| 問３ | (1) | → → → | (2) | |
| 問４ | (1) | | (2) | |

## 2

問１．２点
問２．３点
問３．２点
問４．(1)３点
(2)２点
(3)４点

| | | |
|---|---|---|
| 問１ | | |
| 問２ | | |
| 問３ | あ | い |
| 問４ | (1) | |
| | (2) | |
| | (3) | |

## 3

問１．２点
問２．２点
問３．２点
問４．３点
問５．３点
問６．４点

| | | |
|---|---|---|
| 問１ | | |
| 問２ | | |
| 問３ | ① | ② |
| 問４ | | |
| 問５ | | |
| 問６ | 秒 | |

令 和 5 年 度

# 社 会 解 答 用 紙

（令和５年度）

# 社会解答用紙

※100点満点

## 1

問１．２点×２
問２．２点
問３．２点
問４．４点
問５．５点

| | |
|---|---|
| 問１ | (1)　州 |
| | (2) |
| 問２ | （ロサンゼルスの太平洋岸）　（ブエノスアイレス） |
| 問３ | a　b |
| 問４ | |
| 問５ | |

## 2

問１．２点
問２．(1)２点
(2)３点
問３．(1)３点
(2)２点
問４．４点
問５．３点

| | |
|---|---|
| 問１ | |
| 問２ | (1) |
| | (2) |
| 問３ | (1)（符号）　（名称）　銀山 |
| | (2) |
| 問４ | |
| 問５ | →　→　→ |

受検番号　番

## 3

問１．２点
問２．２点
問３．２点
問４．５点
問５．４点

| | |
|---|---|
| 問１ | |
| 問２ | |
| 問３ | |
| 問４ | （理由） |
| | （Xの語句） |
| 問５ | |

2点
2点
2点
4点
4点
4点

| | | |
|---|---|---|
| 問1 | | |
| 問2 | | |
| 問3 | | |
| 問4 | | |
| 問5 | | |
| 問6 | ア | オ |

2点
3点
(1)2点
(2)3点
2点
4点

| | | |
|---|---|---|
| 問1 | | |
| 問2 | (国名) | (符号) |
| 問3 | (1) | |
| | (2) | |
| 問4 | | |
| 問5 | | |

2点
4点
(1)2点
(2)3点
4点

| | | |
|---|---|---|
| 問1 | | |
| 問2 | | |
| 問3 | (1) | |
| | (2) | |
| 問4 | | |

# 4

1．2点
2．3点
3．3点
4．(1) 3点
(2) 3点
(3) 2点 ×2

| | | | |
|---|---|---|---|
| 問 1 | | | |
| 問 2 | → | | |
| 問 3 | | | |
| 問 4 | (1) | | |
| | (2) | | |
| | (3) | ① | ② |

# 5

1．2点
2．2点
3．3点 ×3
4．4点

| | | | |
|---|---|---|---|
| 問 1 | | | |
| 問 2 | | | |
| 問 3 | (1) | mA | |
| | (2) | J | |
| | (3) | | |
| 問 4 | （符号） | （理由） | |

# 6

． 2点
． 3点
． (1) 2点
(2) 2点
． 3点
． 5点

| | | | |
|---|---|---|---|
| 問 1 | | | |
| 問 2 | | | |
| 問 3 | (1) | | |
| | (2) | ① | ② |
| 問 4 | m/s | | |
| 問 5 | （符号） | （理由） | |

# 4

1．２点×３
2．２点
3．４点
4．３点
5．２点
6．(a)３点
(b)８点

| | | | | |
|---|---|---|---|---|
| 問１ | A | B | C | |
| 問２ | | | | |
| 問３ | (第１文) | →(第２文) | →(第３文) | →(第４文) |
| 問４ | | | | |
| 問５ | | | | |
| 問６ | (a) | | | |
| | (b) | | | |

**5**
8 点

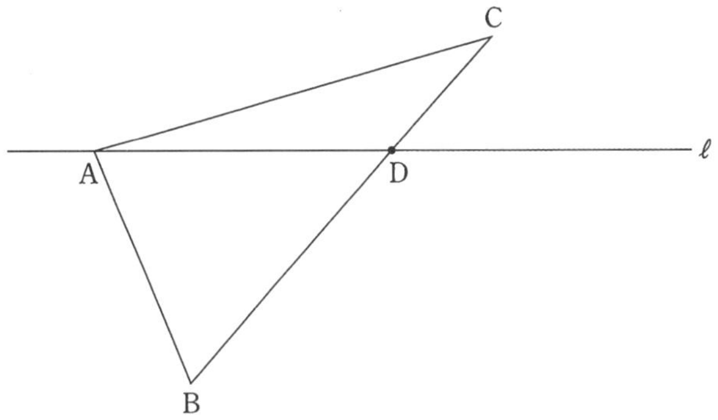


**6**
)3 点
4 点
)7 点

(1)

(2) 〔計算〕

答　　　　　　cm

(3) 〔計算〕

答　DM：MJ＝　　　　：

**7**
)3 点
)5 点
)6 点

(1)　　　　度

(2) 〔証明〕

(3) 〔計算〕

答　　　　　　cm

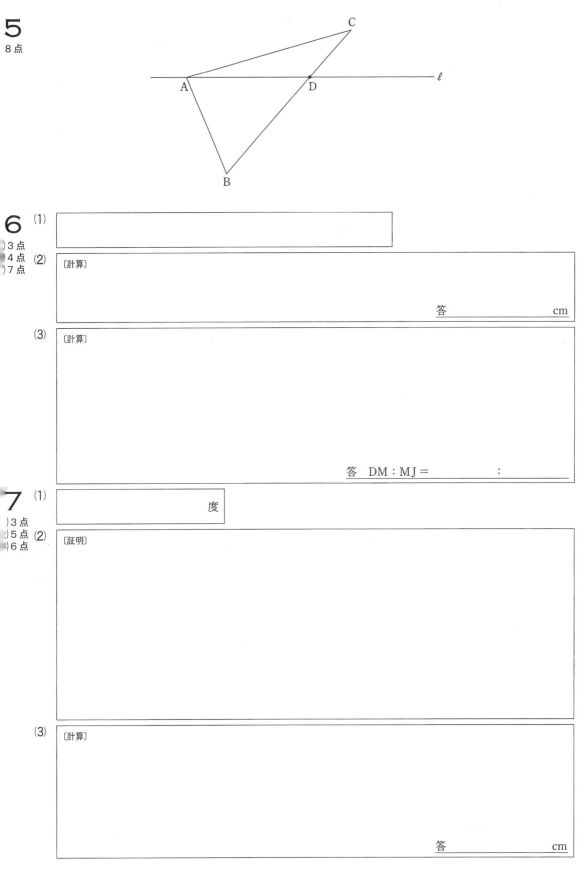

（令和五年度）

# 国語解答用紙

※100点満点

| 受検番号 |
| --- |
| 番 |

## 一

問1
- (1) 包装
- (2) 刷る　　　る
- (3) 曖昧
- (4) 厳か　　　か

問2
- (1) イソぐ　　　ぐ
- (2) シュクシャ
- (3) サンサク
- (4) タらす　　　らす

2点×8

## 二

問1

問2

問3

問4　　　こと。

問5　　　わけにはいかない。

問6

問7

問1．２点
問2．６点
問3．２点
問4．４点
問5．４点
問6．４点
問7．７点

## 三

問1

問2
- (1)
- (2)　　　もの。

問1．２点
問2．(1)２点
　　　(2)４点
問3．６点
問4．４点
問5．７点
問6．４点

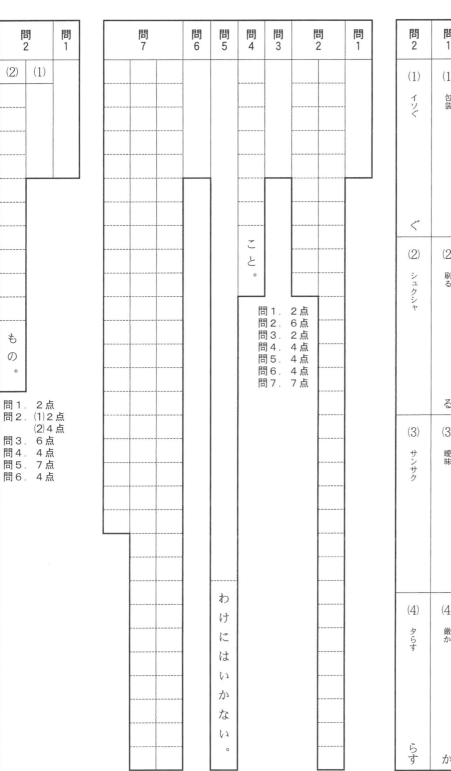

令和五年度

# 国語解答用紙

2023(R5) 石川県公立高
教英出版

**4** 山本さんは，略地図の地域の自然や産業などについて調べた。次の略地図を見て，下の各問に答えなさい。

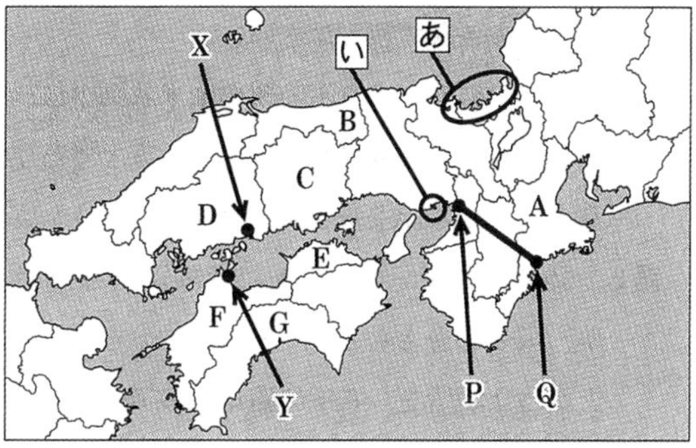


問1　略地図の あ の地域にみられるような複雑に入り組んだ海岸を何というか，書きなさい。

問2　次のア～エのうち，略地図のP―Q間の断面を模式的に示したものとして適切なものを1つ選び，その符号を書きなさい。

ア
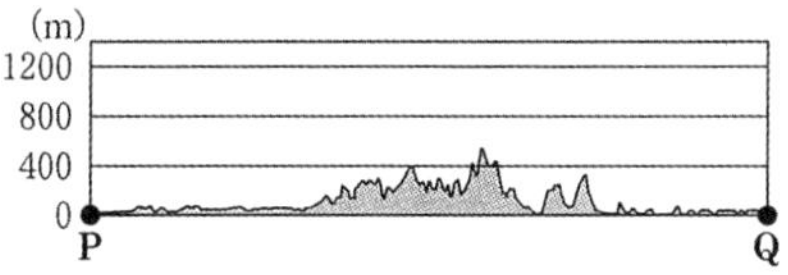


イ
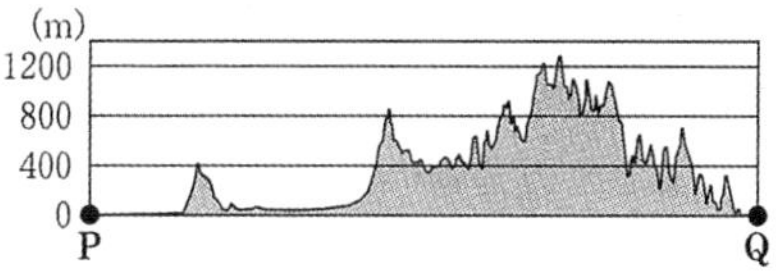


ウ
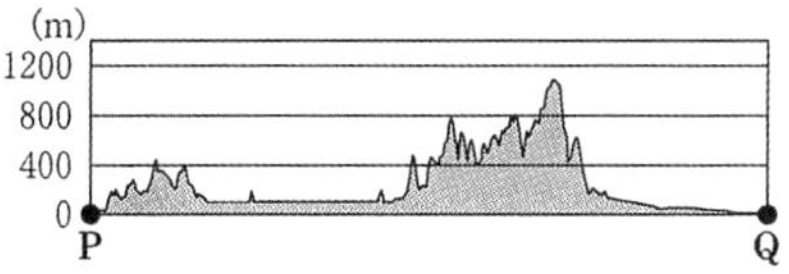


エ
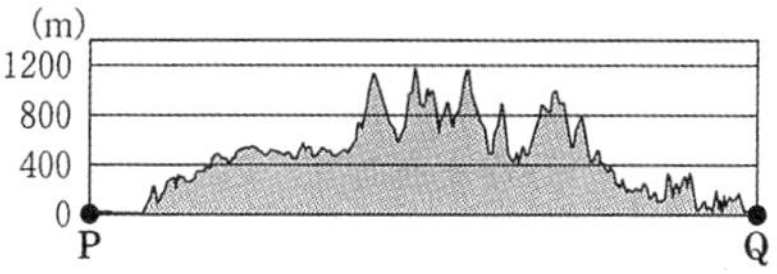


問3　山本さんは，略地図のA県における水田1ヘクタールあたりの米の収穫量について，他の都道府県と比べてどのくらい違うか調べることにした。次のア～エのうち，どの資料を活用するとよいか，最も適切なものを1つ選び，その符号を書きなさい。

ア　各都道府県における田の耕地面積と米の消費量を示す資料

イ　各都道府県の総面積と田の耕地面積を示す資料

ウ　都道府県別にみた作物別の作付面積と収穫量を示す資料

エ　都道府県別の作物別の収穫量と農業従事者数を示す資料

問4　略地図の い の地域は，山と海にはさまれていて，平坦な土地が少ないので，1960年頃から，人口の増加に対応するため「山(が)，海へ行く」といわれる開発方法でまちづくりを行った。どのように開発をすすめたのか，書きなさい。

問5　資料1は，略地図のX市とY市が1999年以降に連携して取り組んできた事業について，山本さんが調べて書いたものである。このようにX市とY市が連携して事業に取り組むのはなぜか，資料1から読み取れることにふれて書きなさい。

問6　資料2は，略地図のB～G県の農業産出額，製造品出荷額等を示したものである。ア，オにあてはまる県はどれか，B～Gからそれぞれ1つ選び，その符号を書きなさい。

資料1

・両市の決められた場所でなら，どこでも貸出・返却できるレンタサイクル事業を始めた。
・それぞれの市のホームページにサイクリングのモデルコースや休憩所などの情報を掲載している。
・共同でSNSを運用し，名所や特産物など地域の魅力を発信している。

（X市とY市のホームページなどより作成）

資料2　(2019年)

| 県 | 農業産出額(億円) | | | 製造品出荷額等(億円) |
|---|---|---|---|---|
| | 米 | 野菜 | 果実 | |
| ア | 120 | 242 | 63 | 27,116 |
| イ | 247 | 236 | 172 | 97,415 |
| ウ | 112 | 715 | 104 | 5,855 |
| エ | 152 | 190 | 527 | 43,088 |
| オ | 324 | 205 | 249 | 77,041 |
| カ | 151 | 213 | 69 | 7,816 |

（「データでみる県勢」より作成）

**5** 次の年表は，田中さんが「日本と国際社会の関わり」について，調べて作成したものである。これを見て，下の各問に答えなさい。

| 年 | できごと |
|---|---|
| 1871 | ①岩倉使節団が欧米に派遣される |
| 1875 | ②日本と（　X　）が条約を結び，国境を定める |
| 1894 | 日清戦争が始まる |
| 1904 | 日露戦争が始まる |
| 1914 | 第一次世界大戦が始まる |
| 1919 | ③パリ講和会議が開かれる |
| | ↕④ |
| 1939 | 第二次世界大戦が始まる |
| 1941 | 太平洋戦争が始まる |
| 1947 | ⑤貿易のルールを決めた国際協定に世界の国々が調印する |

**問1**　①について，この使節団の欧米訪問中に，政府内では武力で朝鮮に開国をせまろうとする主張が高まった。この主張を何というか，書きなさい。

**問2**　②について，年表のXにあてはまる国はどこか，国名を書きなさい。また，このとき，日本領となった場所を，右下の略地図のア～エから１つ選び，その符号を書きなさい。

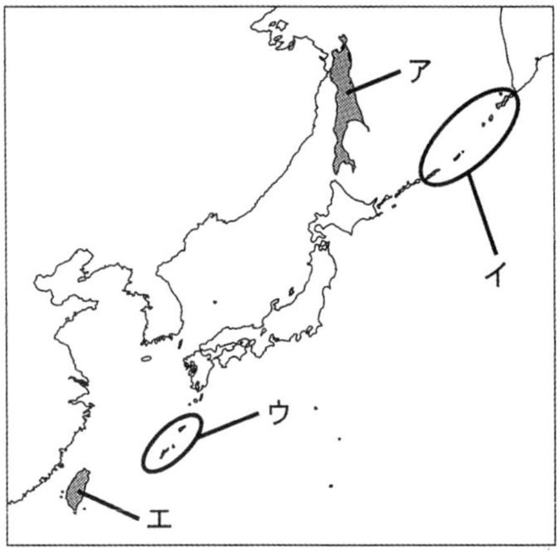


**問3**　③について，次の⑴，⑵に答えなさい。

⑴　この会議の出席者の１人は，「全ての国に政治的独立と領土保全を相互に保障する契約のもとに，国家間の組織を作らなければならない」という提案をした。この提案をもとにつくられた組織は何か，書きなさい。

⑵　この会議で，中国は第一次世界大戦中に日本が受け入れさせた要求の取り消しを求めたが，拒絶されたことで民衆の抗議運動が起こった。この要求のうちドイツに関わるものを書きなさい。

**問4**　次のア～エのうち，④の時期におこったできごとをすべて選び，その符号を書きなさい。

**ア**　日本が韓国を併合し，朝鮮総督府を設置した。
**イ**　日本はロンドン海軍軍縮条約を結んだ。
**ウ**　平和共存を訴えるアジア・アフリカ会議に日本が参加した。
**エ**　北京郊外の盧溝橋《ろこうきょう》付近で，日本軍が中国軍と衝突した。

**問5**　右の資料は，⑤の協定の基本原則の一部であり，次の文は，田中さんがこの協定についてまとめたものである。［　　］にあてはまる適切な内容を，資料をもとに書きなさい。

資料

・関税や輸入制限などの貿易障害を実質的に軽減する。
・ある国の輸入品に与える最も有利な待遇を，他のすべての加盟国の同種の輸入品に対して，与えなければならない。

（経済産業省ホームページより作成。表現はわかりやすく改めた）

この協定は，平和を維持しようとして調印されたものだと私は考えます。なぜなら，一部の国が［　　　　　　　　　　］ことが第二次世界大戦の原因の１つであったという反省をもとに，この協定が調印されたからです。

**6**　次のメモは，渡辺さんが消費生活と経済の関わりについてまとめたものである。これを見て，下の各問に答えなさい。

| |
|---|
| ・消費者は，①モノやサービスを購入するとき，販売者と契約している。<br>・②企業の競争を促すことが，消費者の利益を守ることにつながる。<br>・市場における③価格は，一般的に消費者の買う量と生産者の売る量との関係で変化する。<br>・消費者は顧客として，④株式会社などの企業の経営に影響を与えている。 |

**問1**　下線部①について，消費者が訪問販売などによってモノやサービスの購入や申し込みをした場合に，一定の期間内であれば，理由にかかわりなく契約を解除できる制度を何というか，書きなさい。

**問2**　下線部②について，次の**ア**～**エ**のうち，内容が正しいものを**2つ**選び，その符号を書きなさい。

**ア**　環境保護に取り組むことは，企業に求められる社会的責任の1つである。

**イ**　企業は1日7時間をこえて労働させてはならないことが，労働基準法で定められている。

**ウ**　企業を大企業と中小企業に分けたとき，日本の企業数の99％以上を中小企業が占める。

**エ**　企業を私企業と公企業に分けたとき，法人企業は公企業の1つである。

**問3**　下線部③について，次の(1)，(2)に答えなさい。

(1)　市場において需要量と供給量が一致するところで決まる価格を何というか，書きなさい。

(2)　次の文は，渡辺さんが野菜の販売価格について書いたものである。［　　］にあてはまる適切な内容を，資料をもとに書きなさい。

資料　ある野菜の流通経路

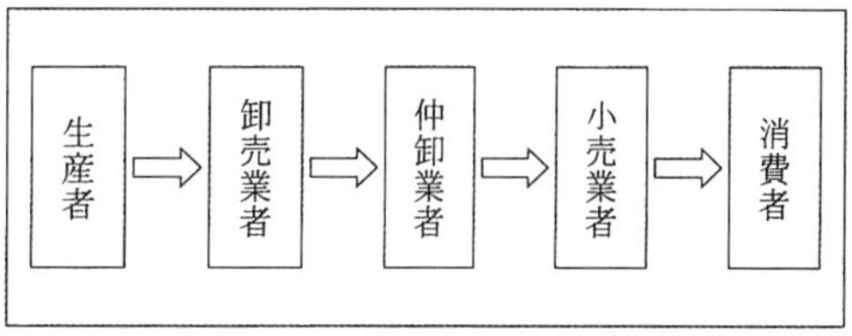


| |
|---|
| 資料に示される流通経路によって，ある野菜を仕入れて販売していた小売業者が，この野菜を消費者に，より安い価格で販売するための流通経路の工夫として，［　　　　　　　　　　］ということが考えられる。 |

**問4**　下線部④について，近年，株式会社には証券取引所での自社の株式の売買をとりやめる動きがある。次のメモは，渡辺さんが，このような株式会社の1つである**A**社について調べてまとめたものである。この手続きが，**A**社の円滑な意思決定につながると考えられるのはなぜか，「**株主**」という語句を使って書きなさい。

| |
|---|
| **A**社の経営者は，経営に必要な意思決定を円滑に行うために，下の1～3の手続きを順に行った。<br>1　自社の株式の買い付けのための資金を用意する。<br>2　証券取引所を通じ，自社の株式を，他の株主から買い付ける。<br>3　自社の株式の9割を取得し，保有する。<br>こうした手続きによって，証券取引所での自社の株式の取引をできなくした。 |

令和四年度

公立高等学校入学者選抜学力検査問題

# 国　語

（50分）

注意事項

一　問題は、一ページから八ページまであります。

二　解答は、すべて解答用紙に記入しなさい。

石川県公立高等学校

一　次の各問に答えなさい。

問1　次の(1)～(4)について、――線部の漢字の読みがなを書きなさい。

(1)　身の回りを整える。

(2)　緑茶を飲む。

(3)　来客を歓迎する。

(4)　感覚が研ぎすまされる。

問2　次の(1)～(4)について、――線部の片仮名を漢字で書きなさい。

(1)　ハシラにカレンダーを掛ける。

(2)　ユデンが発見される。

(3)　真面目にキンムする。

(4)　セスジを伸ばす。

二　次の文章を読んで、あとの各問に答えなさい。

高校生の「俺」は、会社員から転職した父が営むパン屋の来客数が急に増えたことを不思議に思い、母が妹の那美と店から帰宅した後、母に尋ねた。

お詫び

著作権上の都合により、文章は掲載しておりません。
ご不便をおかけし、誠に申し訳ございません。

教英出版

お詫び

著作権上の都合により、文章は掲載しておりません。
ご不便をおかけし、誠に申し訳ございません。

教英出版

お詫び
著作権上の都合により、文章は掲載しておりません。
ご不便をおかけし、誠に申し訳ございません。
教英出版

（関口暁「小さなパン屋のヒーロー」より。一部省略等がある）

問1 ①母さんはその場に崩れて泣き出した　とありますが、このときの、母の心情として、次の**ア**～**エ**から最も適切なものを一つ選び、その符号を書きなさい。

**ア**　焦燥　**イ**　愉快　**ウ**　失意　**エ**　安堵《ど》

問2 ②長らく趣味としてパンを作るに留まっていた　とありますが、父がそうしていた理由を、「～ため」につながるように、本文中から七字で抜き出して書きなさい。

問3 本文中の□に入る言葉として、次の**ア**～**エ**から最も適切なものを一つ選び、その符号を書きなさい。

**ア**　意気投合　**イ**　一念発起　**ウ**　七転八倒　**エ**　責任転嫁

問4 ③ひたすら　が直接かかるのはどの言葉か、本文中から一文節で抜き出して書きなさい。

問5 ④夢があるから力が湧いて　とありますが、ここで「夢があるから力が湧く」と「俺」が思った理由を、四十字以内で書きなさい。

問6 ⑤息子なんです――きっかけは　とありますが、父が、最終的にパン屋を開業することを決断した理由を、五十字以内で書きなさい。

問7 ⑥コンテストに応募する　とありますが、「俺」がそう思い立った理由を、放送を見る前の「夢」に対する「俺」の考えにふれて、七十字以内で書きなさい。

三　次の文章を読んで、あとの各問に答えなさい。

進化は現在、一般社会にもっとも広く普及している生物学用語のひとつである。しかしそこで使われている進化という用語は、本来の意味とは全く異なる誤った意味合いで使われていることが多い。

進化についてのよく耳にする誤解は、①人間が一番進化しているという誤解である。これにはそれなりの理由がある。何といっても人間には、他の動物には類を見ない桁《けた》はずれに大きな脳があることだ。その大きな脳は期待にたがわず、これまた動物界では例を見ないすばらしい文明を築き上げ、人間特有の文化的生活を実現してきたからである。

［A］ある動物のある形質を取り上げ、他の動物の同じ形質と比較して、どちらがより進化しているなどと序列をつけ、それに基《もと》づいてどちらが進化しているなどと断じることは、進化学とは無縁の所業である。

生物は、それぞれの種に固有の環境によりよく適応するように形質を特殊化させてきた。海に進出したオットセイやアザラシなどの哺乳類は、水中でより効率的に移動するために、哺乳類に典型的な長い四肢を短縮縮小し、脚を魚の鰭《ひれ》に似た形状にして水中での移動器官に変形した。水中の環境に適応して四肢を特殊化したのだ。同じくコウモリは前肢の指を長く伸長し、その間に皮膜を張って飛行器官に特殊化した。このためこれらの動物は哺乳類一般の四肢の機能を失った。

このようにそれぞれの環境で生活する動物は、体の構造や器官などをその環境に合うように特殊化することで適応を身につけた。そしてそれぞれの環境に適応しているという点では、それぞれの動物は動物界の先頭に立っている。換言すれば動物はそれぞれの環境への適応については、みな第一人者であり、エキスパートである。すなわち動物はみなそれぞれの環境で進化の先頭に立っていて、横一線に並んでいるのだ。

したがってそれぞれ異なる特殊化をなし遂げた、互いに異質の形質どうしを種間で比較することは意味がない。それをすることはあたかもハンマー投げのエキスパートと走り幅跳びのエキスパートのどちらがアスリートとして優れているか、と問うようなものである。

進化は進歩的変化、という誤解もよく耳にする。これも元をただせば人間中心主義がもたらした誤解であろう。たとえば「科学技術は日々急速に進化している」など、人間社会の科学技術の進歩を言い表すために進化という用語がしばしば使われるが、これは明らかに進化イコール進歩、という誤解に根ざす用法であろう。②このような意味合いで用いられている進化という言葉は本来、改善とか改良、向上［B］上達などの言葉に置き換えられるべきことであって、生物学の進化とは全く関係ない。

進化とは、集団における任意の遺伝子（あるいはその遺伝子によって形成される形質、またはその形質を有する個体）の頻度（割合）が、世代の経過とともに変化（増加）することである。したがって進化という言葉は、そもそも世代交代によって生命を引き継いでいく生物界固有の事象についての用語であって、非生物界の事象にこの用語を適用する余地は全くない。

しかし進化には退歩や退化など、進歩発展と逆方向の変化も含まれる。また個体がそれ以前より適応的な形質を獲得した場合、確かにその個体はその時点、あるいはその後しばらくの間は自然淘汰《とうた》上有利になり子孫を増やすことになるが、より長期的に見るとある環境への適応、すなわち特殊化は、別の新たな環境への適応を困難にし、進化の道を阻《はば》む可能性があることも考慮する必要がある。

進化という用語はまた、○○選手の打撃の進化など、スポーツ選手の運

動スキルの上達などに対してもしばしば使われるが、これまた③進化に該当しない。これが進化という用語に該当するためには、その技術は遺伝子に基づく技術であるうえに、その技術を持っていることが子供をより多く生むうえで有利に働かなければならない。そしてその選手は、実際に他の人よりより多くの子を遺《のこ》さなければならない。

　進化は進歩的変化であるという誤解と同根の誤解は、退化についての誤解である。つまり退化は反進化あるいは進化の逆行という意味合いで使われることが多いが、これも進化についての基本的誤解から発している。

　動物が新しい環境に進出する際、その進出に有利に働く器官や機能には正の自然淘汰が働く。一方、その環境での生存と生殖に有害な効果をもたらす器官や構造は、捨て去らなければならない。このような場合、これには負の自然淘汰が及び、これらの器官や構造は消失するか、害がない痕跡構造まで縮小される。進化の定義に照らし合わせて退化を見ると、退化前の器官の構築にかかわっていた遺伝子に対して、その器官の退化をもたらす（対立）遺伝子の頻度が増加したがゆえに、退化は進行したことになる。このように進化の定義に照らし合わせると、退化は紛れもなく進化の一形態なのだ。

　退化をもたらす対立遺伝子の頻度を増加させるメカニズムはいくつか考えられる。ひとつはその器官が新しい環境への進出に有害である場合、それには負の自然淘汰が働いて退化が進行することになろう。また不要になった器官は、エネルギー的にもまた発生学的にも個体に相当の負担を及ぼすと考える人は、その負担を軽減することは進化上有利であるため、退化に向けた自然淘汰が働くと考える。

（小原嘉明「入門！　進化生物学」より。一部省略等がある）

（注）　淘汰…環境に適応できないものが滅ぶこと。

---

問1　特有　の類義語を、本文中から漢字二字で抜き出して書きなさい。

問2　本文中の　A　・　B　に入る語の組み合わせとして、次のア～エから適切なものを一つ選び、その符号を書きなさい。

ア〔A　そして　B　たとえば〕　イ〔A　また　B　つまり〕

ウ〔A　しかし　B　あるいは〕　エ〔A　さて　B　ただし〕

問3　①人間が一番進化しているという誤解　とありますが、人間が一番進化しているわけではないと筆者が考えている理由を、四十五字以内で書きなさい。

問4　本文において、第四段落で「オットセイ」「アザラシ」「コウモリ」の話題が挙げられている目的は何か、次のア～エから最も適切なものを一つ選び、その符号を書きなさい。

ア　新たな問題を提起し、読者の興味関心を引き出すため。

イ　具体的な説明をすることで、読者の理解を助けるため。

ウ　より高度な話題を提示し、筆者の主張を強調するため。

エ　異なる分野の例を付け加え、筆者の考えを広げるため。

問5　②このような意味合い　とありますが、その内容を本文中から五字で抜き出して書きなさい。

問6　③進化に該当しない　とありますが、それは筆者が「進化」という用語をどのようなものだと考えているからか、本文中から三十三字で抜き出し、最初の四字を書きなさい。

問7　進化には……含まれる　とありますが、退化が進化に含まれるとはどういうことか、退化が「進歩発展と逆方向の変化」であることにふれ、「～ということ」につながるように、八十字以内で書きなさい。

**四** 次の文章を読んで、あとの各問に答えなさい。

（―― 線部の左側は、現代語訳です。）

雲居寺《うんごじ》の聖《ひじり》のもとにて、秋の暮《くれ》の心を、俊頼《としより》、（俊頼が詠《よ》んだ歌）

明けぬとも猶《なお》秋風の訪れて野辺の気色《けしき》よ面変《おもがわ》りすな（夜が明けて暦の上では冬になったとしてもやはり、秋風が吹いて、野辺の様子よ、変わらないでおくれ）

名を隠したりけれど、これを「さよ」（その人の歌だよ）と①心得て、基俊《もととし》②挑む人にて、「歌は、腰の句（第三句）の末に、て文字据へたるに、はかばかしき事（きわだって目立つ歌）なし。いみじう（たいそう）聞きにくきものなり」と、口開かすべくもなく（他人が口出しできないくらい）難ぜられければ、俊頼はともかくも（なんとも）いはざりけり。その座に琳賢《りんけん》が居たりけるが、「異様なる（風変わりな）証歌こそ覚えはべれ」といひ出たりければ、「いでいで（さあさあ）承らん。よもことよろしき歌にあらじ（まさかたいしたことのない歌ではあるまい）」といふに、

桜散る木の下風は寒からで

と、末のて文字を長々とながめたるに（長く伸ばして歌ったところ）、真青に成り、ものもいはずうつぶきたりける時に、俊頼は忍びに（こっそりと）笑ひける。

（「無名抄」より。一部省略等がある）

（注）聖…僧。　俊頼…源俊頼。平安時代後期の歌人。
基俊…藤原基俊。平安時代後期の歌人。　琳賢…比叡山延暦寺の僧。
証歌…ある歌に使った語句や語法などの根拠として引用する歌。

**問1** いはざりけり を現代仮名遣いに直し、すべてひらがなで書きなさい。

**問2** ①心得て の主語として、次の**ア**～**エ**から適切なものを一つ選び、その符号を書きなさい。

**ア** 聖　**イ** 俊頼　**ウ** 基俊　**エ** 筆者

**問3** ②挑む人 の意味として、次の**ア**～**エ**から適切なものを一つ選び、その符号を書きなさい。

**ア** 競争心が強い人　**イ** 自尊心が強い人
**ウ** 公共心が強い人　**エ** 好奇心が強い人

問4　次の会話は、本文を読んだあとに、佐藤さんがグループで話し合った内容の一部です。[A]～[C]に入る適切な言葉を書きなさい。ただし、[A]・[B]は現代語で書き、[C]は本文中から五字で抜き出して書くこと。

佐藤　これは、雲居寺の聖のもとで、俊頼、基俊、琳賢が歌会をしている場面だね。～～～線部の「桜散る木の下風は寒からで」を、琳賢が紹介したのはどうしてかな？

鈴木　これは、紀貫之《きのつらゆき》が詠んだ歌の、第一句から第三句で、この歌が「貫之第一の秀歌」として評価されていたことが、別の本に書いてあったよ。

高橋　先生に借りた本を見たら、この歌は「さくらちるこのした風はさむからで」と書かれていたよ。

佐藤　ということは、琳賢は、和歌の名手である貫之の歌と、俊頼の歌には、[A]という共通点があると示したんだね。これを示すことで、基俊の批判は[B]と、伝えようとしたんだね。

鈴木　基俊の様子について、「[C]」という言葉で、書かれているのも納得できるね。

# 五

ある中学校では、「みんながあいさつできる学校にする」という生徒会目標の実現に向けて、一か月間、朝のあいさつ運動を行うことになり、生徒会役員がその方法について話し合っています。次の【メモ】は、話し合いで提案された方法についてまとめたものです。これを読んで、あとの問に答えなさい。

【メモ】

**A案**

生徒会役員全員が、毎朝、校舎内の、生徒がよく通る場所に分かれて立ち、あいさつする。

**B案**

各部活動の部員が、部活動ごとに割り当てられた曜日の朝、生徒玄関前に並んで立ち、あいさつする。

〈問〉 あなたなら、「みんながあいさつできる学校にする」という生徒会目標を実現するために、【メモ】の中の**A案**・**B案**のうち、どちらがより効果的であると考えますか。**A案**・**B案**のどちらかを選び、あなたの意見を、次の**条件1**～**条件3**にしたがって書きなさい。

**条件1**　**A案**・**B案**のどちらを選んだかを明らかにすること（どちらの方法を選んでもかまわない）。

**条件2**　自分が選んだ方法の方が効果的であるという理由を、自分が選ばなかった方法と比較して書くこと。

**条件3**　「～だ。～である。」調で、二百字程度で書くこと。

これで、国語の問題は終わりです。

に話し合っている場面の英文が流れます。そのあと，**No.** 1から**No.** 3まで3つの質問を読みますから，問題用紙の指示に従ってそれぞれ書きなさい。では，始めます。

**Masami:** Mr. Johnson's talk was interesting.
**Koji:** Yeah. I like their rule about eating dinner together.
**Masami:** I agree. He talked to me about that rule before. He said everyone in his family came home before 7:00 and had dinner together on the first and third Friday every month.
**Koji:** What a good rule! Do you have some family rules, Masami?
**Masami:** My mother tells me to clean my room before breakfast.
**Koji:** I had the same rule when I was in elementary school. Now, I have different rules. I cannot use the Internet after 8:00. I also have to go to bed before 11:00.
**Masami:** I see. Do you have some interesting rules?
**Koji:** Well, we go cycling together and enjoy the beautiful views three times a month. How about you, Masami?
**Masami:** My family members enjoy cooking together on the last Sunday every month. Trying a new recipe is fun.
**Koji:** Sounds interesting!

(間1秒)

Question:

〔**No.** 1〕 According to the rule, how often did Mr. Johnson's family have dinner together?

(間5秒)

〔**No.** 2〕 What time does Koji have to stop using the Internet?

(間5秒)

〔**No.** 3〕 In the dialogue, Masami and Koji talked about their family rules.
Which rule do you like the best? And why?

(間5秒)

繰り返します。

(Repeat)

以上で，聞くことの検査を終わります。〔**チャイムⅡ**〕

次に，**B**の問題に移ります。**B**では，２つの場面の英文を読みます。それぞれの英文の後に質問を読みますから，問題用紙にある**ア**，**イ**，**ウ**，**エ**から正しい答えを１つずつ選び，その符号を書きなさい。では，始めます。

〔**No.** 1〕

**A:** Hello. This is Mike. I'm at the station. I don't know how to get to the library.

**B:** Do you see a big hotel in front of you?

**A:** Yes.

**B:** OK. Go straight along the street and you'll see a bank next to the hotel. Keep going straight to the second traffic light and turn right. You'll see the library on your left.

**A:** Thank you.

(間 1 秒)

Question: Which building is the library?

繰り返します。

(Repeat)

(間 2 秒)

〔**No.** 2〕

**A:** Kevin, we should not be late for the movie. It'll start at 10:00. Let's check the bus schedule.

**B:** What time will the next bus leave?

**A:** It's 9:10 now. Let's see. . .the next bus is at 9:15. But how about taking the bus at 9:25? I want to get some water at the store near here.

**B:** Do you remember it takes forty minutes from here to the movie theater?

**A:** You're right. I'll buy water there.

(間 1 秒)

Question: Which bus will they take?

繰り返します。

(Repeat)

(間 2 秒)

（令和４年度）

# 英　語　　聞　く　こ　と　の　検　査

※教英出版注
音声は，解答集の書籍ＩＤ番号を教英出版ウェブサイトで入力して聴くことができます。

〔**チャイムＩ**〕　これから，聞くことの検査を始めます。問題用紙の１ページと２ページを見て下さい。（３秒）問題は，**A**，**B**，**C**の３つに分かれています。英語は，すべて２回繰り返します。メモを取ってもかまいません。答えはすべて解答用紙に記入しなさい。（３秒）

それでは，**A**の問題を始めます。**A**では，２つの場面の英文を読みます。それぞれの英文の後に質問とその答えを読みますから，答えが正しいか，誤っているかを判断して，記入例のようにマルで囲みなさい。なお，各質問に対する正しい答えは１つです。では，始めます。

〔**No. 1**〕
**A:** Hi, Tom! Today's homework is very difficult.
**B:** Yes, but I finished it just now.
**A:** Really? I need your help. Do you have time now?

（間１秒）

Question: What will Tom say next?
Answer: **a**. Yes. It's five o'clock.
**b**. Yes. I'm glad to help you.
**c**. Yes. You are kind.

〔**No. 2**〕
**A:** I want to have some pizza for lunch. Let's try the Italian restaurant near the city hall.
**B:** Pizza? I had it last night. How about going to a convenience store to get some sandwiches?
**A:** OK. But I hear the sandwiches at the cafeteria near the airport are delicious.
**B:** But it's too far. I'm too hungry.

（間１秒）

Question: What are they talking about?
Answer: **a**. What their favorite food is.
**b**. What they will eat tonight.
**c**. What to eat for lunch.

次に，**C**の問題に移ります。**C**では，ALT や生徒が授業中に話している場面の英文が流れます。なお，**C**は，**Part** 1 と **Part 2** の，２つの問題に分かれています。

それでは，**Part** 1 を始めます。**Part** 1 では，ALT のジョンソン(**Johnson**)先生の，授業の始めの場面の英文が流れます。そのあと **No.** 1 から **No.** 3 まで 3 つの質問を読みますから，各質問に対する答えとして最も適切なものを，問題用紙にある**ア**，**イ**，**ウ**から 1 つずつ選び，その符号を書きなさい。では，始めます。

Today, I'm going to talk about some rules we had in my family when I was fifteen.

One of them is about dinner. We thought spending time together was important, but at that time, we didn't have time to talk with each other. So, we decided to have dinner together. During dinner time, we didn't watch TV or listen to music, but enjoyed talking about the day.

Let me talk about another rule. My mother likes reading books. She learned many things from books when she was young. So, she told my sister and me to read books every Sunday morning after breakfast. I didn't know what to read, so my sister chose books for me. The books she chose for me were interesting and I learned reading was fun.

Finally, I'll talk about an interesting rule for summer vacation. My friends did the dishes or walked their dogs to help their families, but I grew vegetables in our garden. I gave them water every morning and evening. My grandfather taught me how to take care of them. I felt I was an important person in my family.

What kind of family rules do you have? Please talk with your partner.

(間 1 秒)

Question:

〔**No.** 1〕 What did Mr. Johnson enjoy during dinner time?

(間 2 秒)

〔**No.** 2〕 Who chose the books Mr. Johnson read?

(間 2 秒)

〔**No.** 3〕 What did Mr. Johnson do to help his family during summer vacation?

(間 2 秒)

繰り返します。

(Repeat)

令 和 4 年 度

公立高等学校入学者選抜学力検査問題

# 数　　　　学

（50分）

**注 意 事 項**

1 問題は，1ページから6ページまであります。

2 解答は，すべて解答用紙に記入しなさい。

**1** 下の(1)〜(5)に答えなさい。なお，解答欄の □ には答だけを書くこと。

(1) 次の**ア**〜**オ**の計算をしなさい。

**ア** $2-5$

**イ** $9\div(-3)-4^2$

**ウ** $6a^2b^3\div\dfrac{3}{5}ab^2$

**エ** $\dfrac{x+2y}{5}-\dfrac{x+3y}{4}$

**オ** $\sqrt{12}+2\sqrt{6}\times\dfrac{1}{\sqrt{8}}$

(2) 次の方程式を解きなさい。

$2x^2-5x-1=0$

(3) 右の図のように，円Oの周上に4点A，B，C，Dがあり，点Cを含まない$\overset{\frown}{AB}$の長さが，点Aを含まない$\overset{\frown}{CD}$の長さの2倍である。このとき，$\angle x$の大きさを求めなさい。

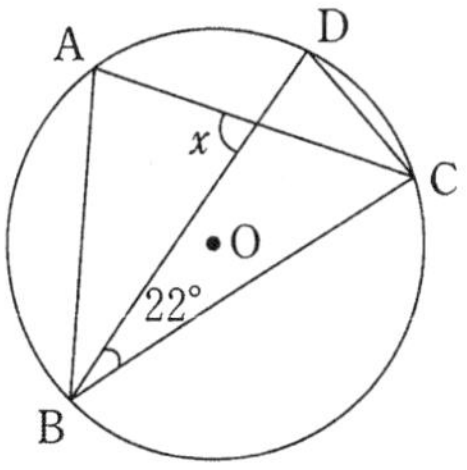


(4) 関数$y=x^2$について，$x$の値が$a$から$a+3$まで増加するときの変化の割合が13である。このとき，$a$の値を求めなさい。

(5) A中学校バスケットボール部の1年生12人が，シュート練習を4回ずつ行った。右の表はシュートが成功した回数と人数の関係をまとめたものである。12人について，シュートが成功した回数の中央値が2回であるとき，ア，イにあてはまる数の組み合わせは全部で何通りあるか，求めなさい。

| 回数(回) | 人数(人) |
|---|---|
| 0 | 1 |
| 1 | 4 |
| 2 | ア |
| 3 | イ |
| 4 | 2 |
| 計 | 12 |

**2** 100 円と 50 円の硬貨がある。

このとき，次の⑴，⑵に答えなさい。

⑴ 100 円と 50 円の硬貨を合わせて 320 枚入れた袋がある。よくかき混ぜてから，ひとつかみ取り出して 100 円と 50 円の硬貨の枚数を調べたところ，100 円硬貨は 27 枚，50 円硬貨は 21 枚あった。

このとき，袋の中に入っていた 100 円硬貨はおよそ何枚と考えられるか，求めなさい。

⑵ 100 円硬貨が 1 枚，50 円硬貨が 2 枚ある。この 3 枚を同時に投げたとき，表が出た硬貨の合計金額を $a$ 円，裏が出た硬貨の合計金額を $b$ 円とする。

このとき，$a - b \geqq 100$ が成り立つ確率を求めなさい。また，その考え方を説明しなさい。説明においては，図や表，式などを用いてよい。ただし，硬貨の表裏の出かたは同様に確からしいとする。

**3** 下の表は，3台のトラックA車，B車，C車について，調べたことをまとめたものである。ただし，3台それぞれのトラックについて，燃料タンクいっぱいに燃料を入れて出発し，$x$ km走ったときの残りの燃料の量を$y$ Lとするとき，$y$は$x$の一次関数とみなす。

また，下の図は，表をもとに，A車，B車それぞれについて$x$と$y$の関係をグラフに表したものである。

このとき，次の(1)~(3)に答えなさい。

| | |
|---|---|
| A車 | ・燃料タンクの容量は50 Lである。<br>・1 km走るごとに0.1 Lずつ燃料を使う。 |
| B車 | ・燃料タンクいっぱいに燃料を入れて出発すると，400 km走ったときの残りの燃料の量は0 Lになる。<br>・1 km走るごとに0.2 Lずつ燃料を使う。 |
| C車 | ・燃料タンクの容量は240 Lである。<br>・燃料タンクいっぱいに燃料を入れて出発すると，200 km走ったときの残りの燃料の量は190 Lになる。<br>・1 km走るごとに一定の量ずつ燃料を使う。 |

※燃料は，走ることだけに使い，すべて使いきることができるものとする。

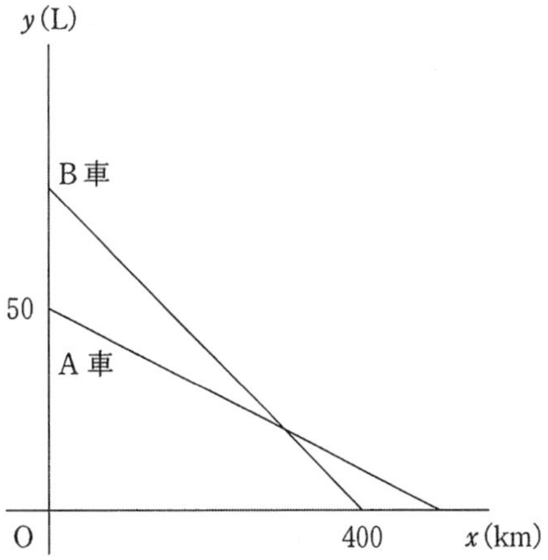


(1) A車で，燃料タンクいっぱいに燃料を入れて出発した。70 km走ったときの残りの燃料の量は何Lか，求めなさい。

(2) A車，B車で，燃料タンクいっぱいに燃料を入れて出発した。このとき，次の □ にあてはまる数を求めなさい。

> A車，B車，それぞれが同じ距離 □ km走ったとき，A車の残りの燃料の量がB車の残りの燃料の量よりも5 L多かった。

(3) C車で，燃料タンクいっぱいに燃料を入れて出発した。途中で1回だけ，燃料タンクいっぱいになるように燃料を追加して，少なくとも1800 km走れるようにしたい。出発してから燃料を追加するまでに走る距離は何km以上，何km以下であればよいか，求めなさい。また，その考え方を説明しなさい。説明においては，図や表，式などを用いてよい。

**4** 花子さんは，学校の遠足で動物園に行った。行きと帰りは同じ道を通り，帰りは途中にある公園で休憩した。

行きは午前 9 時に学校を出発し，分速 80 m で歩いたところ，動物園に午前 9 時 50 分に着いた。帰りは午後 2 時に動物園を出発し，動物園から公園までは分速 70 m で歩いた。公園で 10 分間休憩し，公園から学校までは分速 60 m で歩いたところ，午後 3 時 10 分に学校に着いた。

このとき，学校から公園までの道のりと，公園から動物園までの道のりは，それぞれ何 m であったか，方程式をつくって求めなさい。なお，途中の計算も書くこと。

**5** 解答用紙に，2 点 A，B を通る直線 $\ell$ と，線分 CD があり，AB = CD である。これを用いて，次の [    ] の中の条件 ①，② をともに満たす点 P を作図しなさい。ただし，作図に用いた線は消さないこと。

① PA = PB

② △PAB = △PCD

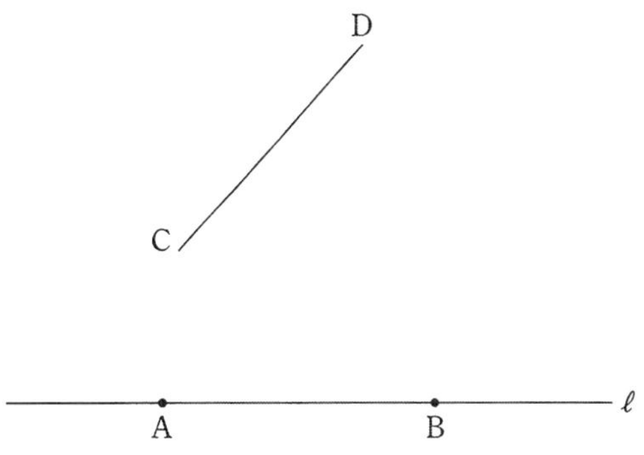

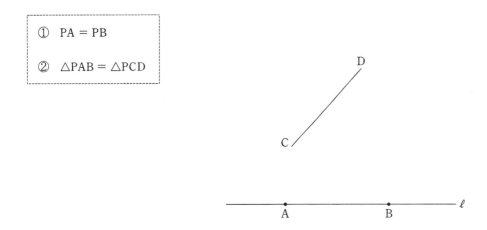

**6** 図1～図3は，長方形ABCDの紙を折ったものである。ただし，AB < AD とする。

このとき，次の(1)～(3)に答えなさい。

(1) 図1は，対角線BDを折り目として折ったものである。点Aが移った点をEとし，辺BCと線分DEとの交点をFとする。

$\angle DFC = 76°$ のとき，$\angle BDF$ の大きさを求めなさい。

図1

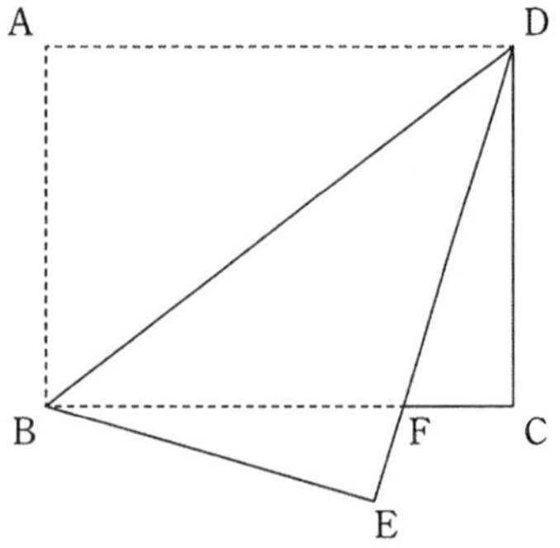


(2) 図2は，辺AB上の点Gと，辺AD上の AB = AH となる点Hを結んだ線分GHを折り目として折ったものである。点Aが移った点をIとし，直線AIと線分GHとの交点をJ，直線AIと辺BCとの交点をKとする。

このとき，$\triangle ABK \equiv \triangle HIG$ であることを証明しなさい。

図2

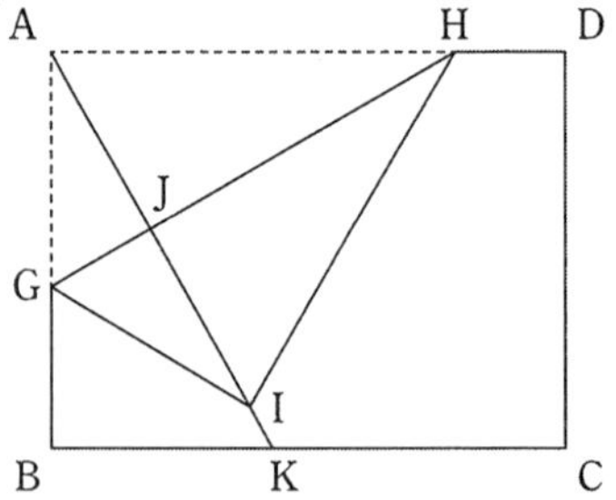


(3) 図3は，点Aが辺BC上に重なるように折ったものである。点Aが移った点をLとし，折り目の線分をDMとする。

AD = 4 cm，$\triangle DML$ の面積が $4\ cm^2$ のとき，長方形ABCDの面積を求めなさい。なお，途中の計算も書くこと。

図3

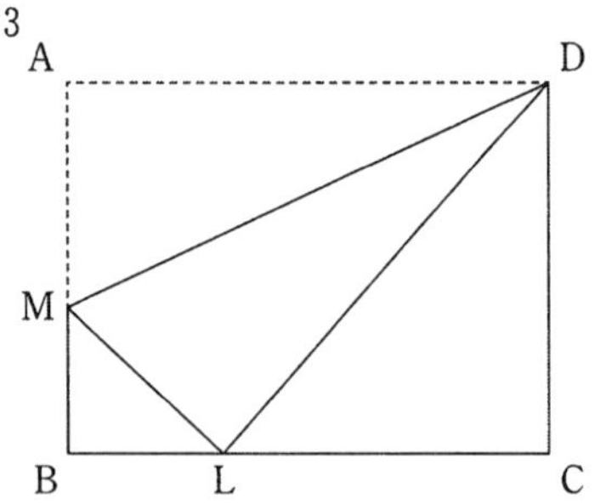

**7** 図1～図4のように，$AB = AD = 3\sqrt{2}$ cm，$AE = 8$ cm の正四角柱 ABCD－EFGH がある。

このとき，次の(1)～(3)に答えなさい。ただし，円周率は $\pi$ とする。

図1

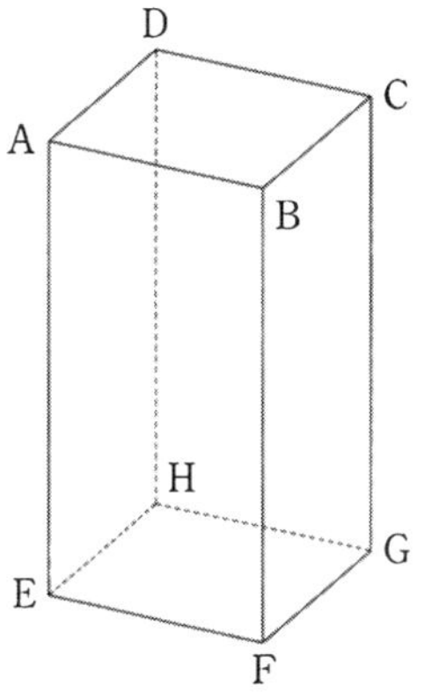


(1) 図1において，面 ABCD と垂直な辺をすべて書きなさい。

図2

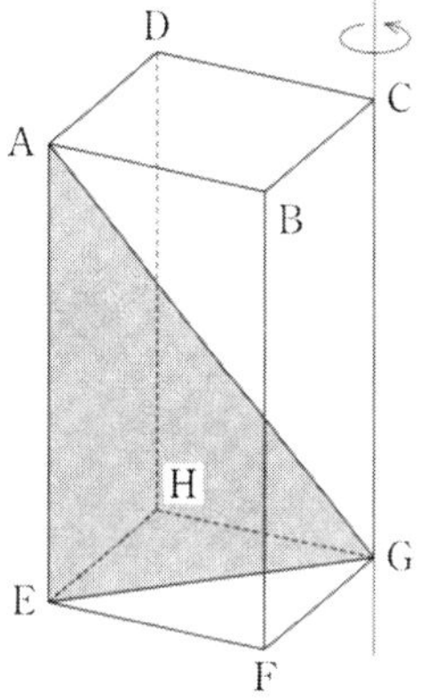


(2) 図2において，△AEG を，直線 CG を軸として1回転させてできる立体の体積を求めなさい。なお，途中の計算も書くこと。

(3) 図3のように，正四角柱 ABCD－EFGH の容器に水を満たした。次に，図4のように，この容器を傾けると，水がこぼれて，水面が四角形 APQR になった。ただし，点 P，Q，R は，それぞれ辺 BF，CG，DH 上にあり，$BP = DR$ とする。

残っている水の体積が，はじめに入っていた水の体積の $\frac{4}{5}$ 倍になるとき，線分 CQ の長さを求めなさい。なお，途中の計算も書くこと。ただし，容器の厚さは考えないものとする。

図3

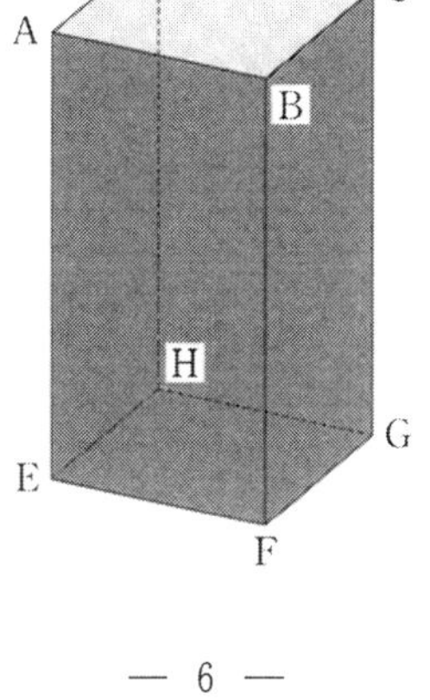


図4

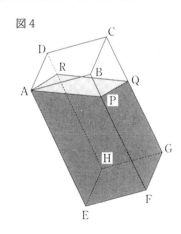

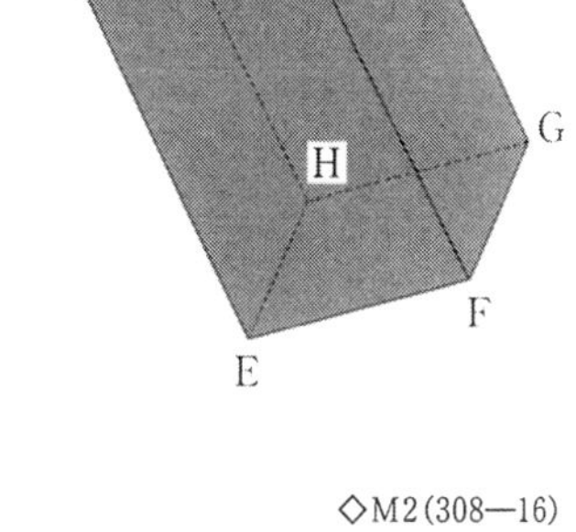

令 和 4 年 度

公立高等学校入学者選抜学力検査問題

# 英　　　語

(50分)

**注 意 事 項**

1　問題は，1ページから6ページまであります。

2　解答は，すべて解答用紙に記入しなさい。

## 1 〔聞くことの検査〕

※教英出版注
音声は，解答集の書籍ＩＤ番号を教英出版ウェブサイトで入力して聴くことができます。

### A (英文を聞いて質問に答える問題)

### B

**No. 1**

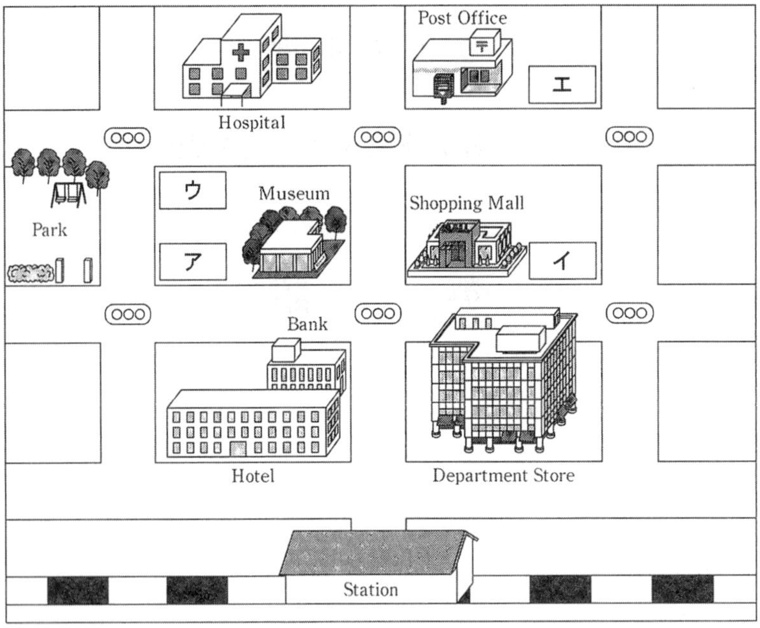


**No. 2**

**Kamome Bus Stop**

| Time | Sunday | | | | |
|---|---|---|---|---|---|
| | | | | | |
| 8 | 8:25 | 8:45 | | | |
| 9 | ア 9:00 | イ 9:15 | ウ 9:25 | 9:40 | 9:50 |
| 10 | エ 10:00 | 10:15 | 10:25 | 10:40 | 10:50 |
| | | | | | |

### C

**Part 1**

**No. 1** ア Listening to music. イ Talking with his family. ウ Watching TV.

**No. 2** ア He himself did. イ His mother did. ウ His sister did.

**No. 3** ア He did the dishes. イ He grew vegetables. ウ He walked his dogs.

**Part 2**

**No. 1**　（質問に対する適切な答えになるように，下線部にあてはまる英語を書きなさい。）

________________ a month.

**No. 2**　（質問に対する適切な答えになるように，下線部にあてはまる英語を書きなさい。）

At ________________.

**No. 3**　（質問に対する適切な答えを英語で書きなさい。）

**2**　中学生の誠(**Makoto**)さんと留学生のスティーブ(**Steve**)さんの会話の意味が通じるように，［　①　］～［　④　］に入る文として，下の**ア**～**オ**から最も適切なものをそれぞれ1つ選び，その符号を書きなさい。

*Steve*：Have you ever lived in an English speaking country?

*Makoto*：No, I've never been abroad.

*Steve*：Really?  You speak English very well.  Why?

*Makoto*：I like speaking English.  After every English lesson, I speak to Mr. Smith, our ALT. ［　①　］ and don't try to talk to him.

*Steve*：I understand them.  I feel the same when I speak Japanese.

*Makoto*：It's sometimes difficult for me to express myself in English. ［　②　］, and then Mr. Smith helps me.

*Steve*：Oh, you learn English that way.

*Makoto*：Trying to speak English with no mistakes is important in communication with people from other countries. ［　③　］.

*Steve*：Oh, what is it?

*Makoto*：I think I should enjoy talking with people.  They're not checking my English, but are having a good time talking with me. ［　④　］.

*Steve*：You're right.  Good English speakers are not speakers of good English.  My Japanese is not perfect, but I will enjoy talking in Japanese.

**ア**　But I always try to say something

**イ**　But there is something more important than that

**ウ**　I'm not taking a speaking test

**エ**　Many of my friends are afraid of making mistakes

**オ**　We also want to practice English

**3** 夏休みにアメリカでホームステイをしている高校生の葵(**Aoi**)さんと同級生の雅樹(**Masaki**)さんが，それぞれのホストファミリーのエミリー(**Emily**)さん，オリバー(**Oliver**)さんと話しています。ポスター(**poster**)と会話を読んで，あとの各問に答えなさい。

## *Let's Enjoy Different Cultures Together!*

**★ What will happen?**
・Performance Contest
　～ Enjoy performances of many cultures.
・Games ～ Make friends with more people!

**Green Festival**
***August 1st***
***14:00 ～ 16:00***
***White Park***
(If it rains, this event will be on the next day.)

**★ If you want to join Performance Contest...**
・Choose one type from the list on the right.
・The top five people or groups will get prizes.
・The prizes are decided by the points you get.
・Group performances are welcome.
・You will get more points if your group has people from different countries.
・Visit our website https://www.greenfestival.com or contact us at 415-780-6789.

**Types of Performance**
・Music　・Dance　・Drama　・Talk Show

| ***Get a Prize!*** | | Tickets to... |
|---|---|---|
| 1st Place | : | Green Orchestra |
| 2nd | : | Sky Baseball Stadium |
| 3rd | : | Star Amusement Park |
| 4th | : | Car Museum |
| 5th | : | Sunny Zoo |

*Oliver*：Look! I brought a poster for an interesting event. This Saturday, an exciting event is going to be held in our community. Let's go together and have fun!

*Emily*：Oh, Green Festival. My favorite part is [ あ ]. Last year, I enjoyed the performance of students from Brazil. They performed a traditional dance and came in first place.

*Masaki*：Sounds interesting! It'll be fun to see performances from different cultures.

*Aoi*：①But just ( as / as / good / is / not / performing / watching performances ). Masaki, what do you think about joining the contest with me? Let's do something about Japanese culture together!

*Masaki*：OK. But what can we do? ②Do you have anything in mind?

*Aoi*：How about a calligraphy performance? It's getting popular with young people in Japan.

*Emily*：I know about calligraphy, but what is a calligraphy performance? [ A ]

*Masaki*：It is a team activity. A group of people work together to make a big calligraphy work and they usually wear traditional Japanese clothes. They use big brushes and large paper. Japanese pop music is often played during their performance.

*Oliver*：Wow! I'm sure the audience will be surprised. I enjoyed calligraphy when I visited Japan last summer. I want to try this new type of calligraphy. Can I join you?

*Masaki*：Of course. Our performance will be more exciting if we have more people with us. Emily, [ (1) ] ?

*Emily*：Well... It'll be the first time for me to do calligraphy, but don't worry. I'll do my best!

*Aoi*：Have fun with us!

*Masaki*：OK, everyone will join the contest. Well, what type of performance will our performance be?

*Aoi*：Maybe, dance... because music is played when we are performing. [ B ]

*Oliver*：Umm... I'm not sure. OK, I'll call the office tomorrow and ask.

*Aoi*：Thank you. Emily, did you check the prizes?

*Emily*：No, let's see... Wow, I want to go to [ い ]. I'm a big fan of its top violin player.

*Aoi*：To me, the Ferris wheel in Star Amusement Park is more attractive! I saw it in a magazine before I came here. Let's go and ride it if we win the prize!

*Masaki*：Good idea, Aoi! According to the rules, we can get a prize more easily because [ (2) ].

*Oliver*：Yes. We are American, and Aoi and Masaki are Japanese.

*Emily*：By working with people from different cultures in the same performance, we learn a lot.

*Masaki*：Oh, what can we learn? Give me one example.

*Emily*：[ (3) ]

*Masaki*：You're right, Emily. I think that is an important goal of this contest. Now, let's get ready for the performance!

(注) prize：賞品，景品　　brush：筆

**問 1** [ あ ]，[ い ] の中に入る英語として，次の**ア**～**エ**から最も適切なものをそれぞれ 1 つ選び，その符号を書きなさい。

**ア** the concert by Green Orchestra　　**イ** the night tour at Sunny Zoo

**ウ** the performance contest of many cultures　　**エ** the talk show by a famous actor

**問 2** 下線部①の（　　）内の語句を，会話の意味が通じるように正しく並べかえ，文を完成させなさい。

**問 3** 下線部②は，ここではどのような意味で使われているか，次の**ア**～**エ**から最も適切なものを 1 つ選び，その符号を書きなさい。

**ア** Can you give me an idea for our performance?

**イ** Do you agree with me?

**ウ** How about doing something about Japanese culture?

**エ** What do you know about a calligraphy performance?

**問 4** [ A ]，[ B ] の中に入る英語として，次の**ア**～**エ**から最も適切なものをそれぞれ 1 つ選び，その符号を書きなさい。

**A**　**ア** How did you like it?　　**イ** I've never heard of it.

　　**ウ** What a good performance!　　**エ** What are you going to do?

**B**　**ア** What can you do?　　**イ** What do you think?

　　**ウ** What shall I do?　　**エ** Why do you think so?

**問 5** [ (1) ]，[ (2) ] の中に，それぞれ **4 語～ 8 語**の適切な内容の英語を書きなさい。

**問 6** [ (3) ] について，あなたがエミリー（**Emily**）さんなら何と言いますか。**2 文以上**のまとまりのある英文で書きなさい。

**問 7** 次の**ア**～**オ**のうち，ポスター及び会話の内容に合うものを 2 つ選び，その符号を書きなさい。

**ア** Aoi wants to come in third place in the contest and win the prize.

**イ** Emily was in the group from Brazil and gave a performance last year.

**ウ** If we cannot hold Green Festival on August 1st because of rain, it will be on Sunday.

**エ** The type of the performance of the four students is dance.

**オ** When you want to take part in the performance contest, you must visit the office.

**4** 昨年の秋，英語の授業で，中学生の剛(Takeshi)さんが，クラスの生徒にプレゼンテーションをしました。その時に使ったグラフ(graph)と発表の原稿を読んで，あとの各問に答えなさい。

**Graph 1** Did you get plastic bags when you went shopping this week? (2,100 people answered.)

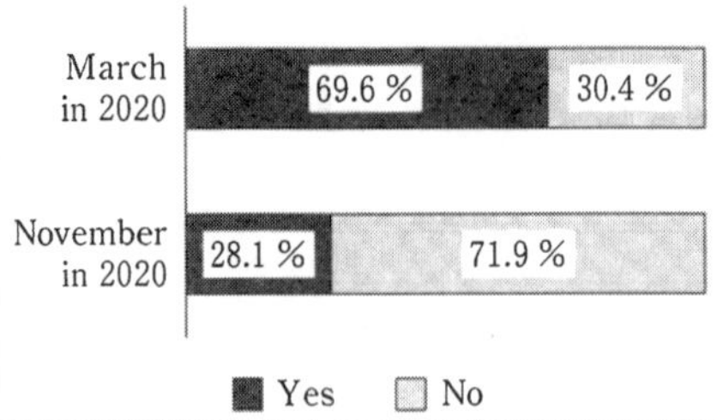


**Graph 2** Are you more interested in plastic garbage problems than you were before the system started?

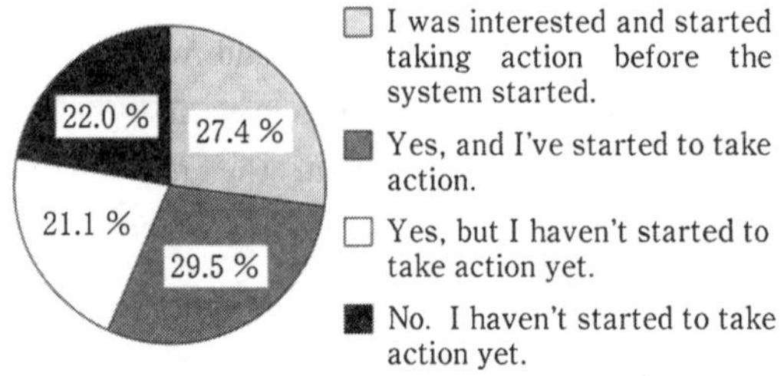


(Graph 1，Graph 2 は環境省ホームページより作成)

On a sunny summer day, when I was taking a walk along a beach, I came to a pretty small store and found works of art which looked [　　] sea animals. They were so cute and I bought some. Then, a woman came up to me and told me she made them. She collected plastic garbage on the beach and made those dolphins out of it. When she saw a lot of plastic garbage there, she thought she should do something. She said, "Plastic garbage in the sea causes serious problems around the world. More people should know this fact."

I became interested in the garbage problem and read the magazine she gave me. [ (1) ]
After reading this magazine, I thought we should work hard to solve this problem.

First, we should stop throwing away plastic garbage because it may go to the sea. However, it is more important to decrease the amount of plastic we use. The Japanese government started a new system in July 2020, and now we have to pay for plastic shopping bags. Look at Graph 1. It shows how many people got plastic bags in a week when they did shopping. From the graph, we can say this system is [ あ ] because [ い ] people got plastic bags in November than in March. Other research says when people get plastic bags, about 80% of the people use them again.

Now, look at Graph 2. It shows how people have changed since the system started. Some people have started to take action. There are some companies that have started to use less plastic. A famous coffee shop began to use paper straws instead of plastic straws. However, [ (2) ]. How can we change these people?

The woman [ (3) ] said, "I like art, so making works of art is the easiest way for me to let more people know about plastic garbage in the sea." The best way to solve this problem is to start with things we can enjoy.

I will introduce a good example. Last year, I joined "*Supo-GOMI*" with my brother and sister. During this event, people enjoyed collecting garbage on the beach as a sport. People made groups of three to five and collected garbage for an hour. Winners were decided by how much and what kind of garbage they got. We picked up many kinds of garbage on the beach. We were surprised to learn there was more plastic garbage than we thought.

I'm thinking of holding "*Supo-GOMI*" on a beach near our school. I hope everyone will have a good time and be interested in the plastic garbage problem. It will take a long time to

( **A** ) it, so we should do things that we can ( **B** ). Our actions may be ( **C** ), but if more people join us, the future of the sea will be ( **D** ). What can you do for sea animals and fish? Everyone, let's take the first step to protect life in the sea.

(注) system：制度　amount：量　straw：ストロー　winner：勝者

**問1** [ ] の中に入る語として，次の**ア**～**エ**から最も適切なものを1つ選び，その符号を書きなさい。

**ア** at　**イ** for　**ウ** into　**エ** like

**問2** [ (1) ] の中には次の**ア**～**エ**が入る。文章の意味が通じるように最も適切な順に並べ替え，その符号を書きなさい。

**ア** In it, I found the expression "disasters of sea animals."

**イ** It continued, "If we do not stop this, there will be no sea animals or fish in the sea."

**ウ** It means more and more sea animals and fish die because of the plastic garbage they eat in the sea.

**エ** The article also said there will be more plastic garbage than fish in 2050.

**問3** [ あ ]，[ い ] の中に入る英語の組み合わせとして，次の**ア**～**エ**から最も適切なものを1つ選び，その符号を書きなさい。

**ア** [ あ ] successful [ い ] fewer　**イ** [ あ ] successful [ い ] more

**ウ** [ あ ] not successful [ い ] fewer　**エ** [ あ ] not successful [ い ] more

**問4** [ (2) ] の中に入る英語として，次の**ア**～**エ**から最も適切なものを1つ選び，その符号を書きなさい。

**ア** about 20% of the people haven't taken any action yet

**イ** about 30% of the people have already started to take action

**ウ** more than 40% of the people haven't taken any action yet

**エ** more than half of the people have already started to take action

**問5** [ (3) ] の中に，**4語以上**の適切な内容の英語を書きなさい。

**問6** 英文の意味が通じるように，( **A** )～( **D** )に入る語として，次の**ア**～**カ**から最も適切なものをそれぞれ1つ選び，その符号を書きなさい。

**ア** continue　**イ** different　**ウ** increase　**エ** same　**オ** small　**カ** solve

**問7** プレゼンテーションの後にALTのベーカー先生(**Mr. Baker**)が剛さんに質問しました。(a)に入る英語として，下の**ア**～**エ**から最も適切なものを1つ選び，その符号を書きなさい。また，(b)には**4文以上**のまとまりのある英文を書きなさい。

*Mr. Baker*：What is the main point of your presentation?

*Takeshi*：I want more people to be interested in ＿＿(a)＿＿.

*Mr. Baker*：For that reason, you're going to hold "*Supo-GOMI*" at your school.

*Takeshi*：Yes. I'm also interested in other problems such as global warming and air pollution.

*Mr. Baker*：What else can you do to protect the environment?

*Takeshi*：＿＿(b)＿＿

**ア** art works　**イ** paper straws　**ウ** plastic garbage　**エ** shopping bags

令 和 4 年 度

公立高等学校入学者選抜学力検査問題

# 理　　　　科

(50分)

**注 意 事 項**

1　問題は，1ページから6ページまであります。

2　解答は，すべて解答用紙に記入しなさい。

**1** 以下の各問に答えなさい。

**問1** 火山活動について，次の(1)，(2)に答えなさい。

(1) 火山の地下には，高温のために岩石がどろどろにとけた物質がある。この物質を何というか，書きなさい。

(2) 次の**ア**～**エ**の岩石のうち，火山岩はどれか，適切なものを1つ選び，その符号を書きなさい。

**ア** 安山岩　　**イ** 花こう岩　　**ウ** せん緑岩　　**エ** はんれい岩

**問2** 水溶液の性質について，次の(1)，(2)に答えなさい。

(1) 塩化ナトリウムのように，水にとかしたときに電流が流れる物質を何というか，書きなさい。

(2) 次の**ア**～**エ**の水溶液のうち，電流が流れるものを**すべて**選び，その符号を書きなさい。

**ア** エタノール水溶液　　**イ** 塩酸　　**ウ** 砂糖水　　**エ** 炭酸水

**問3** ヒトのからだの刺激に対する反応について，次の(1)，(2)に答えなさい。

(1) 熱いものにふれたとき，熱いと感じる前に，思わず手を引っこめる。このように，刺激に対して無意識に起こる反応を何というか，書きなさい。

(2) 目が光の刺激を受けとってから手の筋肉が反応するまでに信号が伝わる経路を，伝わる順に並べたものはどれか，下の**ア**～**エ**から最も適切なものを1つ選び，その符号を書きなさい。

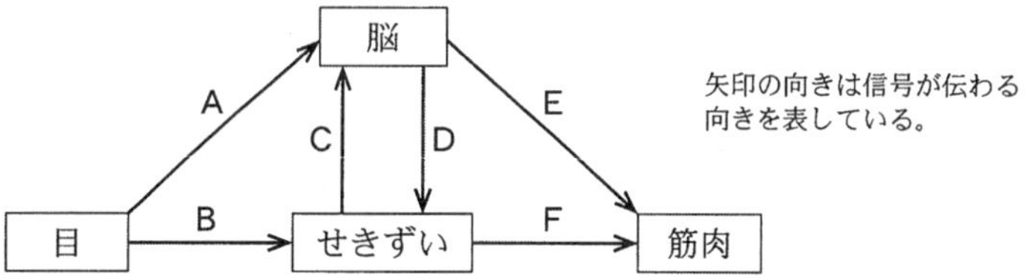


**ア** A E　　**イ** A D F　　**ウ** B C D F　　**エ** B F

**問4** 抵抗器の電力を調べるため，抵抗器に加える電圧と，流れる電流を測定したところ，図のような結果が得られた。次の(1)，(2)に答えなさい。

(1) ガラスやゴムのように，電流をほとんど通さない物質を何というか，書きなさい。

(2) 電圧が2.0Vのときの電力は何Wか，求めなさい。

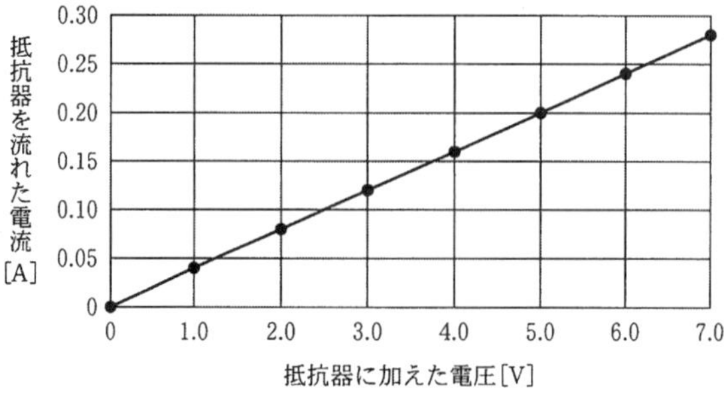

**2** 次のメモは，動物の特徴について，吉田さんが調べて書いたものの一部である。これを見て，以下の各問に答えなさい。

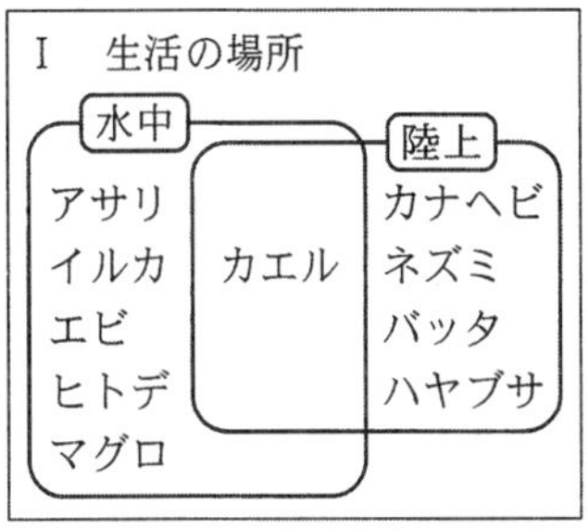


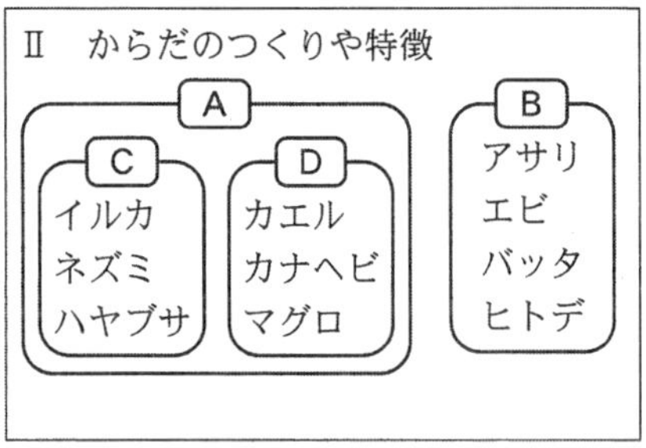


**問1**　多細胞生物の細胞は，一つ一つばらばらに存在するのではなく，形やはたらきが同じものが集まっている。このような，形やはたらきが同じ細胞の集まりを何というか，書きなさい。

**問2**　Ⅰについて，カエルの生活の場所が，水中と陸上の両方になるのはなぜか，その理由を，呼吸のしかたに着目して書きなさい。

**問3**　Ⅱについて，次の(1)～(3)に答えなさい。

(1) グループAとグループBは，どのようなからだのつくりをもとに分類したものか，書きなさい。

(2) 次の文は，グループBについて述べたものである。文中の①にはあてはまる生物名を，②にはあてはまる語句をそれぞれ書き，文を完成させなさい。

| |
|---|
| グループBの中で，軟体動物は（　①　）である。軟体動物には内臓を包む膜があり，それを（　②　）という。 |

(3) グループDのカナヘビについて，気温と体温の関係を表すグラフはどれか，次の**ア**～**エ**から最も適切なものを1つ選び，その符号を書きなさい。

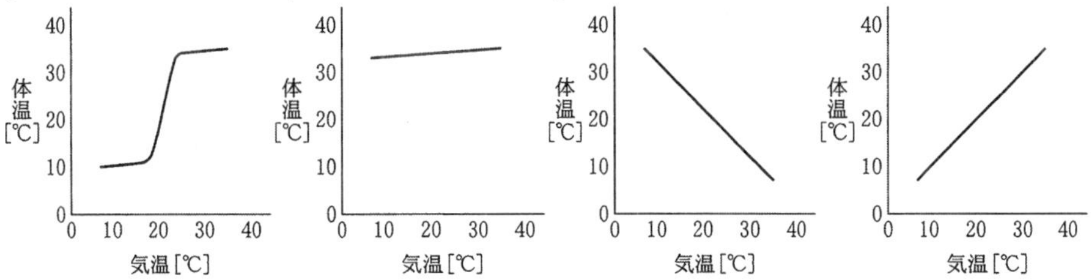


**問4**　図の鳥は肉食であり，獲物をとらえるために適した特徴をいくつかもっている。そのうち，図からわかる目の特徴について書きなさい。また，その特徴の利点を書きなさい。

**3** 気体に関する，次の実験を行った。これらをもとに，以下の各問に答えなさい。

**[実験Ⅰ]** 緑色のBTB溶液にアンモニアを通したところ，BTB溶液が青色に変化した。

**[実験Ⅱ]** 図1のように，酸化銀を加熱したところ，気体が発生した。この気体が酸素であることを確かめるために，<u>ある操作</u>を行った。

図1

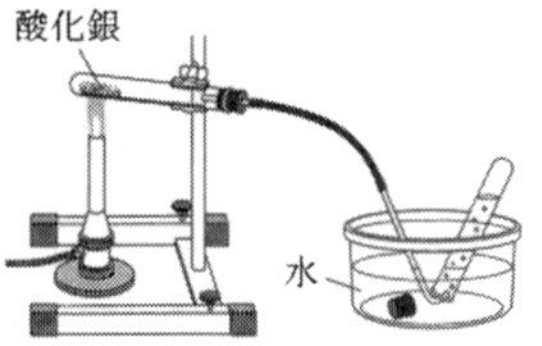


**[実験Ⅲ]** ビーカーA～Eを準備し，すべてのビーカーに，うすい塩酸を20 $cm^3$ずつ入れ，図2のように，それぞれの質量を測定した。次に，ビーカーAに0.40 gの炭酸カルシウムを加えたところ，二酸化炭素を発生しながらすべてとけた。二酸化炭素の発生が完全に終わった後，反応後のビーカー全体の質量を測定した。また，ビーカーB～Eそれぞれについて，表に示した質量の炭酸カルシウムを加え，二酸化炭素の発生が完全に終わった後，反応後のビーカー全体の質量を測定した。表は，それらの結果をまとめたものである。

図2

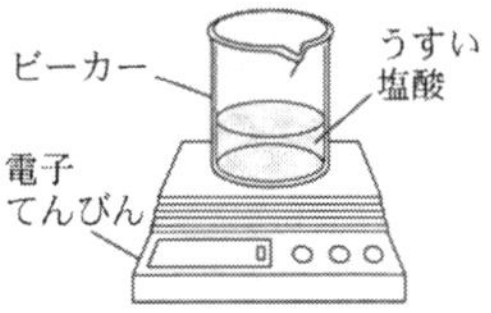


| ビーカー | A | B | C | D | E |
| --- | --- | --- | --- | --- | --- |
| うすい塩酸20 $cm^3$が入ったビーカー全体の質量[g] | 61.63 | 61.26 | 62.01 | 61.18 | 62.25 |
| 加えた炭酸カルシウムの質量[g] | 0.40 | 0.80 | 1.20 | 1.60 | 2.00 |
| 反応後のビーカー全体の質量[g] | 61.87 | 61.74 | 62.75 | 62.32 | 63.79 |

**問1** 実験Ⅰについて，次の(1)，(2)に答えなさい。

(1) アンモニア分子をモデルで表したものはどれか，次の**ア**～**エ**から最も適切なものを1つ選び，その符号を書きなさい。

ア
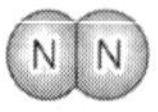

イ

ウ

エ

(2) 緑色のBTB溶液を青色に変えたイオンは何か，その名称を書きなさい。

**問2** 実験Ⅱについて，次の(1)～(3)に答えなさい。

(1) 下線部について，どのような操作を行ったか，酸素の性質に着目して書きなさい。

(2) 酸化銀の加熱により酸素が発生する変化を，化学反応式で表しなさい。

(3) 酸素を発生させる別の方法を，次の**ア**～**エ**から1つ選び，その符号を書きなさい。

**ア** 亜鉛にうすい塩酸を加える。　**イ** 酸化銅と炭素を混ぜ，加熱する。

**ウ** 鉄と硫黄を混ぜ，加熱する。　**エ** 二酸化マンガンにオキシドールを加える。

**問3** 実験Ⅲについて，次の(1)，(2)に答えなさい。

(1) 反応後のビーカーB～Eのうち，炭酸カルシウムの一部が反応せずに残っているものはどれか，**すべて**書きなさい。

(2) 実験Ⅲと濃度が同じうすい塩酸100 $cm^3$と石灰石5.00 gを反応させたところ，発生した二酸化炭素の質量は1.56 gであった。このとき用いた石灰石に含まれる炭酸カルシウムの質量の割合は何%か，求めなさい。ただし，この反応においては，石灰石に含まれる炭酸カルシウムはすべて反応し，それ以外の物質は反応していないものとする。

**4** 小球の運動に関する，次の実験を行った。これらをもとに，以下の各問に答えなさい。なお，実験装置は水平な台の上に設置し，図1，図2は実験装置を横から見たものである。ただし，空気の抵抗，小球とレールの間の摩擦，レールの厚さは考えないものとし，小球は点Xをなめらかに通過するものとする。

［**実験Ⅰ**］ 図1のように，斜面が直線になるようにレールを設置し，斜面上を運動する小球の速さを測定できるように，速度計A，B，Cをホワイトボードに固定した。小球を水平な台から高さ30 cmの位置でそっと離し，各速度計を通過した小球の速さを測定したところ，表のような結果が得られた。

図1

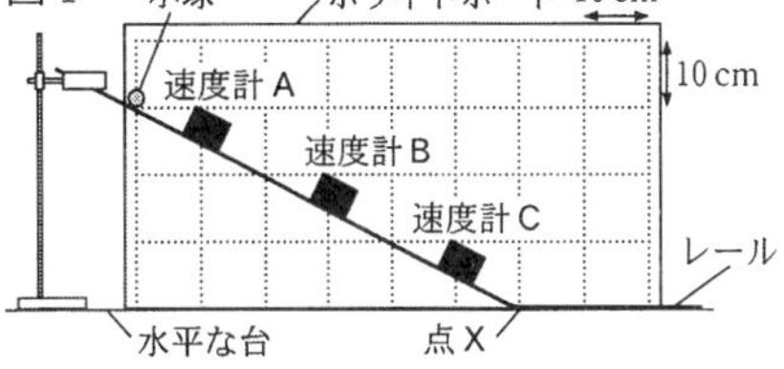


速度計の示す速さ［m/s］

| 速度計A | 速度計B | 速度計C |
| --- | --- | --- |
| 0.97 | 1.69 | 2.21 |

［**実験Ⅱ**］ 図2のように，斜面が曲線になるようにレールを設置し，速度計D，E，Fをホワイトボードに固定した。小球を水平な台から高さ30 cmの位置でそっと離し，各速度計を通過した小球の速さを測定した。

図2

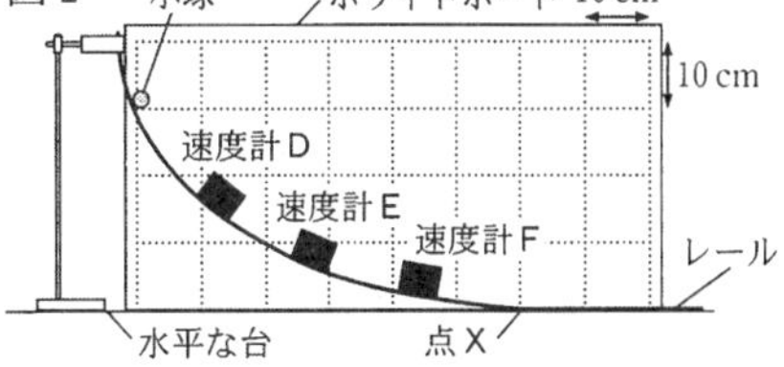


**問1** 物体が一定の速さで一直線上を進む運動を何というか，書きなさい。

**問2** 位置エネルギーを別のエネルギーに変換する発電方法はどれか，次の**ア**～**エ**から最も適切なものを1つ選び，その符号を書きなさい。

**ア** 風力発電　**イ** 水力発電　**ウ** 原子力発電　**エ** 火力発電

**問3** 実験Ⅰについて，次の(1)，(2)に答えなさい。

(1) 小球が斜面上を運動している間に小球にはたらく重力の，斜面に沿った方向の分力を表す矢印を，解答用紙の図にかき入れなさい。

(2) 図3のように，速度計は4.0 cm離れた2つのセンサーの間を小球が通過する時間を計測し，速さを示す。速度計が示す速さが1.60 m/sのとき，2つのセンサーの間を小球が通過するのにかかった時間は何秒か，求めなさい。

図3

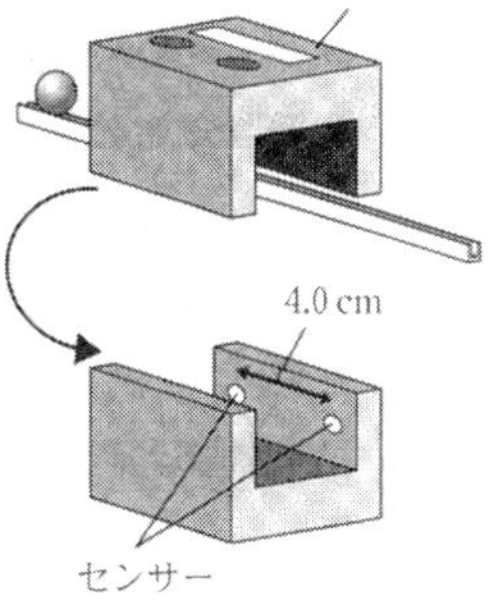


**問4** 実験Ⅱについて，速度計D，E，Fが示す速さはそれぞれ何m/sか，次の**ア**～**エ**から適切な組み合わせを1つ選び，その符号を書きなさい。

| | 速度計D | 速度計E | 速度計F |
| --- | --- | --- | --- |
| **ア** | 1.13 | 1.75 | 2.34 |
| **イ** | 1.69 | 2.18 | 2.64 |
| **ウ** | 1.69 | 2.16 | 2.34 |
| **エ** | 1.13 | 2.18 | 2.64 |

**問5** 実験Ⅰ，Ⅱの後，各実験装置から速度計A～Fをすべてはずし，小球を斜面に沿って点Xから高さ30 cmの位置まで指でゆっくり押し上げる。このとき，指が小球を押し上げる力がした仕事の量を比べると，どちらの斜面を使った方が大きいか，次の**ア**～**ウ**から最も適切なものを1つ選び，その符号を書きなさい。また，そう判断した理由を書きなさい。ただし，押し上げるときの小球とレールの間の摩擦は考えないものとする。

**ア** 図1の実験装置の斜面　**イ** 図2の実験装置の斜面　**ウ** どちらの斜面も同じ

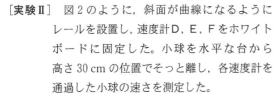

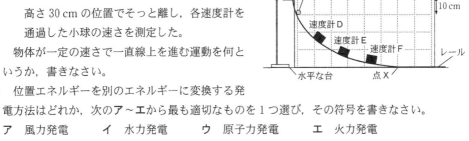

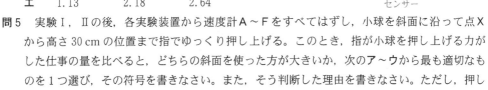

**5** 日本国内の気象観測について，以下の各問に答えなさい。

**問1** 「晴れ」を表す天気記号はどれか，次の**ア**～**エ**から1つ選び，その符号を書きなさい。

**ア** 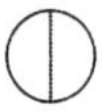　**イ** 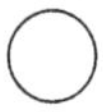　**ウ** 　**エ** 

**問2** 梅雨や秋雨《あきさめ》の時期には，寒気と暖気がぶつかり合って，ほとんど位置が動かない前線ができる。このような前線を何というか，書きなさい。

**問3** 表1は，日本国内の地点Xで，ある年の4月3日，4日に行った気象観測の結果である。これをもとに，次の(1)，(2)に答えなさい。

(1) 地点Xの，4月3日の9時と15時の，空気1 $m^3$ 中に含まれる水蒸気の質量の差は何gか，表2をもとに求めなさい。ただし，小数第2位を四捨五入すること。

(2) 地点Xを，寒冷前線が通過した時間帯はどれか，次の**ア**～**エ**から最も適切なものを1つ選び，その符号を書きなさい。また，そう判断した理由を，「**気温**」，「**湿度**」，「**気圧**」，「**風向**」の中から2つ選び，それらを用いて書きなさい。

**ア** 3日の6時から9時

**イ** 3日の15時から18時

**ウ** 4日の3時から6時

**エ** 4日の12時から15時

表1

| 日 | 時刻[時] | 気温[℃] | 湿度[%] | 気圧[hPa] | 風向 |
|---|---|---|---|---|---|
| 3 | 0 | 11.9 | 90 | 1017 | 西南西 |
| | 3 | 14.7 | 82 | 1017 | 南南西 |
| | 6 | 14.8 | 78 | 1017 | 南 |
| | 9 | 21.0 | 50 | 1017 | 南南西 |
| | 12 | 21.5 | 49 | 1017 | 南西 |
| | 15 | 20.0 | 60 | 1016 | 南西 |
| | 18 | 15.4 | 79 | 1017 | 南南西 |
| | 21 | 13.3 | 85 | 1018 | 南南東 |
| 4 | 0 | 12.1 | 88 | 1018 | 南南西 |
| | 3 | 13.5 | 91 | 1016 | 南南西 |
| | 6 | 10.9 | 95 | 1016 | 北東 |
| | 9 | 11.6 | 95 | 1015 | 北北東 |
| | 12 | 10.7 | 95 | 1015 | 北 |
| | 15 | 7.0 | 87 | 1018 | 北北東 |
| | 18 | 6.3 | 89 | 1021 | 北北東 |
| | 21 | 6.9 | 77 | 1024 | 北北東 |

表2

| 気温[℃] | 15 | 16 | 17 | 18 | 19 | 20 | 21 |
|---|---|---|---|---|---|---|---|
| 飽和水蒸気量[g/$m^3$] | 12.8 | 13.6 | 14.5 | 15.4 | 16.3 | 17.3 | 18.3 |

**問4** 右の図は，日本国内の地点Yで，ある日の0時から20時まで2時間ごとに，風速と風向を観測した結果をまとめたものである。地点Yを含む海岸沿いの地域を模式的に表したものはどれか，次の**ア**～**エ**から最も適切なものを1つ選び，その符号を書きなさい。また，そう判断した理由を書きなさい。ただし，地点Yを含む地域では，この日は1日中晴天で，海風と陸風がはっきりと観測されていたものとする。

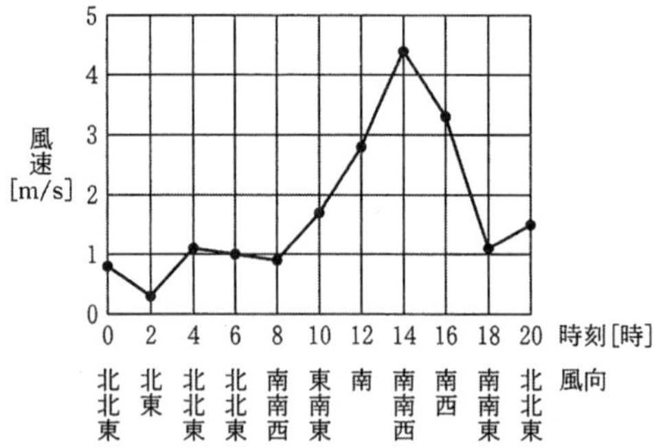


**ア**
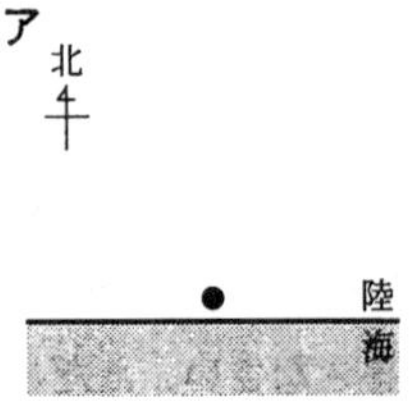


**イ**
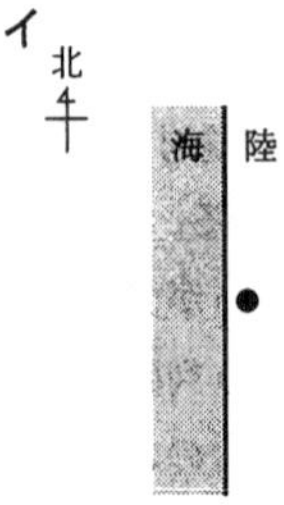


**ウ**
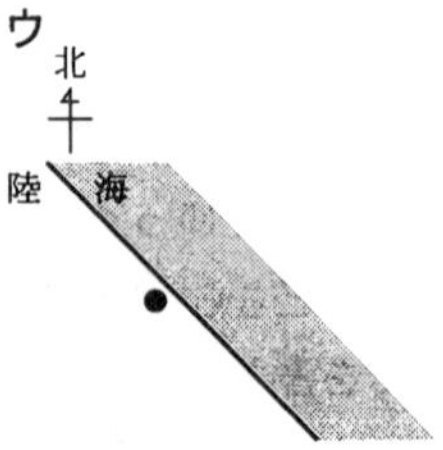


**エ**
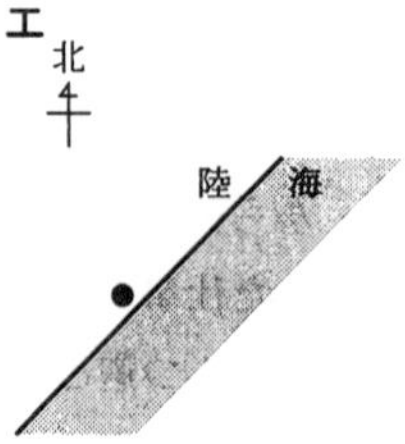


模式図はこの地域を上から見たものであり，図中の●は地点Yを示し，海岸線の長さは10 kmとする。

## 6 次のメモは，山田さんが冬至の日に石川県内の自然教室に参加し，その日のできごとを書いたものの一部である。これを見て，以下の各問に答えなさい。

| | | | |
|---|---|---|---|
| Ⅰ　朝，カボチャのスープを飲んだ。 | Ⅱ　午前，太陽の動きを観測した。 | Ⅲ　午後，スノーボードを体験した。 | Ⅳ　夜，満月を観測した。 |

**問1**　Ⅰについて，次の(1)，(2)に答えなさい。

(1)　カボチャのスープから湯気が上がっていた。湯気は固体，液体，気体のどの状態か，書きなさい。

(2)　次の文は，カボチャなどの被子植物における受精についてまとめたものである。文中の①，②にあてはまる語句をそれぞれ書き，文を完成させなさい。

> めしべの柱頭についた花粉は，子房の中の胚珠に向かって，花粉管をのばす。花粉の中にある生殖細胞である（　①　）は，花粉管の中を移動し，（　①　）の核と胚珠の中にある生殖細胞である（　②　）の核が合体し，受精卵ができる。

**問2**　Ⅱについて，太陽の動きを調べるために，図1のような平らな板に棒を垂直に立てた装置を，水平な台の上に置いた。午前10時から正午まで30分ごとに，太陽の光によってできる棒の影の先端の位置を記録し，それらの点をなめらかな線で結んだ。このときの観測結果はどれか，次の**ア**～**エ**から最も適切なものを1つ選び，その符号を書きなさい。

図1

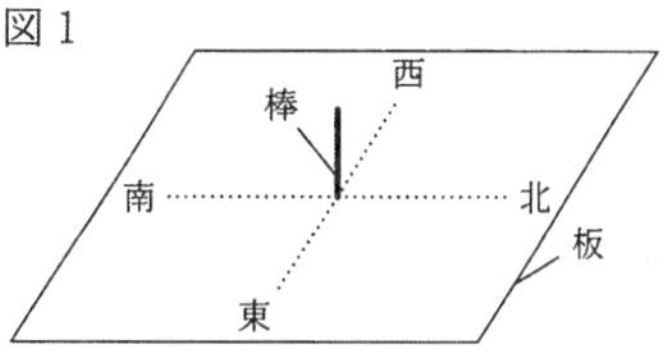


**ア**

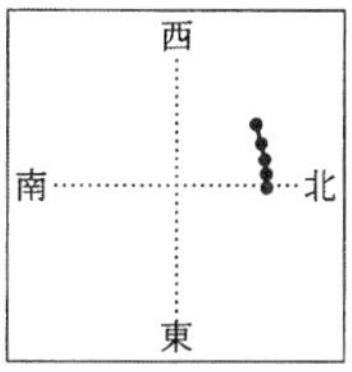


**イ**

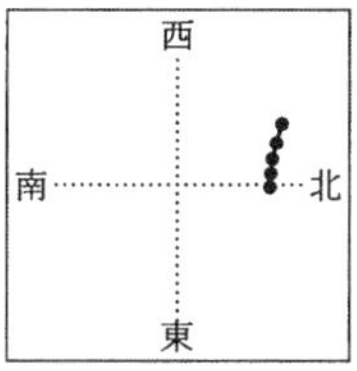


**ウ**

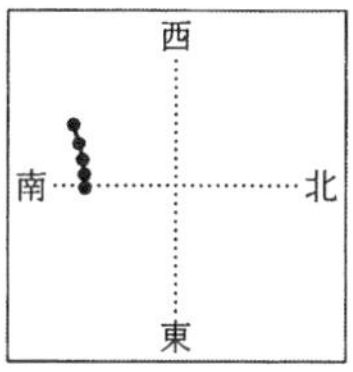


**エ**

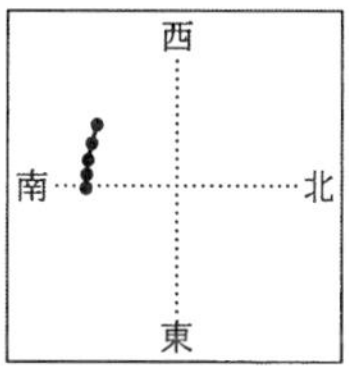


**問3**　Ⅲについて，50 kg の山田さんが，図2のように，水平な雪の面でスノーボードを履いて立っているとき，スノーボードが雪の面を押す圧力は何 Pa か，求めなさい。ただし，スノーボードの雪に触れる面積は 5000 $cm^2$ とし，山田さんの体以外の物体の重さは考えないものとする。また，質量 100 g の物体にはたらく重力の大きさを 1 N とする。

図2

**問4**　Ⅳについて，次の(1)，(2)に答えなさい。

(1)　月の表面に多数見られる円形のくぼみを何というか，書きなさい。

(2)　このとき，観測した冬至の満月の南中高度は，同じ場所で観測できる夏至の満月の南中高度と比べるとどうなるか，次の**ア**～**ウ**から最も適切なものを1つ選び，その符号を書きなさい。また，そう判断した理由を書きなさい。

**ア**　夏至より高い　　**イ**　夏至と同じ　　**ウ**　夏至より低い

令 和 4 年 度

公立高等学校入学者選抜学力検査問題

# 社　　　　　会

(50分)

**注 意 事 項**

1　問題は，1ページから6ページまであります。

2　解答は，すべて解答用紙に記入しなさい。

**1**　次の略地図を見て，下の各問に答えなさい。

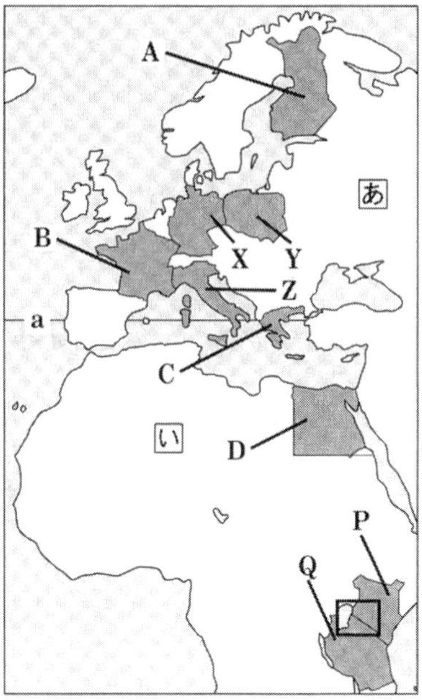


**問1**　略地図の あ の大陸名を書きなさい。

**問2**　次の**ア**～**エ**のうち，略地図の緯線 **a** が通っている日本の県を1つ選び，その符号を書きなさい。

**ア**　秋田県　　**イ**　富山県

**ウ**　兵庫県　　**エ**　鹿児島県

**問3**　次の**ア**～**エ**のグラフは，略地図の **A**～**D** 国のいずれかの首都における気温と降水量を示している。**ア**～**エ**のうち，**A** 国と **C** 国の首都にあてはまるグラフをそれぞれ1つ選び，その符号を書きなさい。

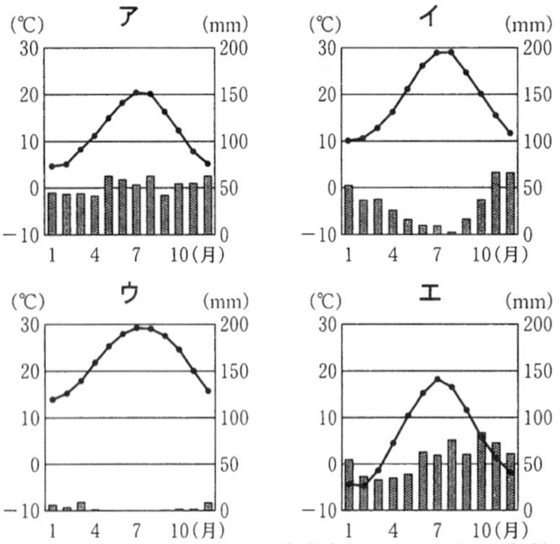


(気象庁ホームページより作成)

**問4**　略地図の **D** 国で最も多くの国民が信仰している宗教について，次の**ア**～**エ**のうち，人口にしめるこの宗教を信じる人の割合が最も大きい国を1つ選び，その符号を書きなさい。

**ア**　インド　　**イ**　タイ　　**ウ**　パキスタン　　**エ**　フィリピン

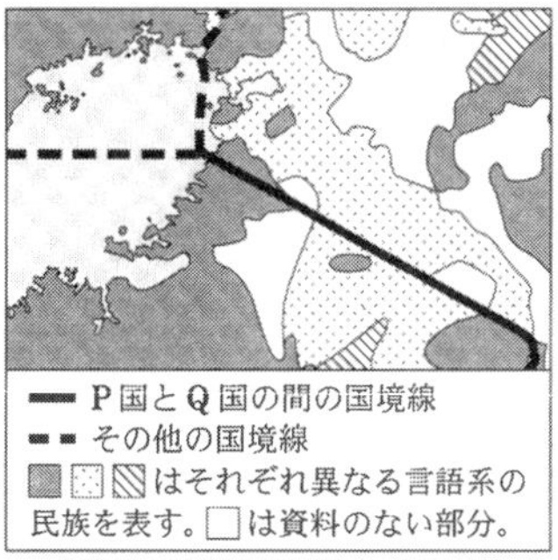


(「世界民族言語地図」などより作成)

**問5**　資料1は，略地図の □ 付近を拡大し，民族分布と国境を示したものである。略地図の い の大陸では，資料1の国境線 ━━━ のように，民族の分布と関係なく国境線が引かれているところが多い。い の大陸にこのような国境線が多いのはなぜか，ヨーロッパ諸国との関係にふれて書きなさい。

**問6**　資料2の**ア**～**ウ**は，略地図の **X**～**Z** 国のいずれかの国の2001年から10年間の自動車の生産台数の変化を表したものである。**ア**はどの国の変化を表したものか，**X**～**Z** から1つ選び，その符号を書きなさい。また，その国の自動車の生産台数が2004年以降に急激に増えた理由を，2004年に起こったその国のできごとにふれて書きなさい。

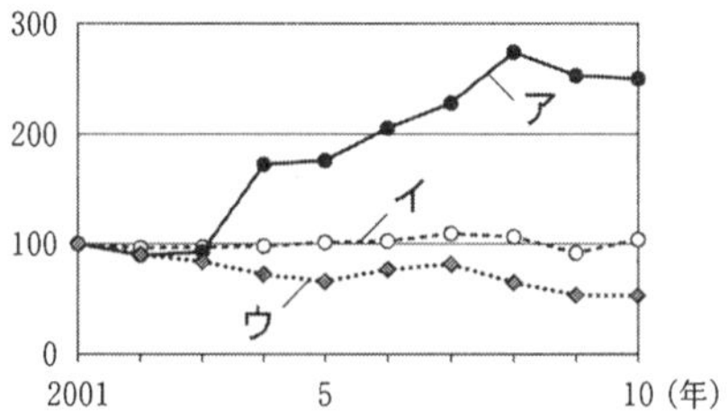


(注)生産台数の変化は，2001年のそれぞれの国の生産台数を100として表している。
(国際自動車工業連合会ホームページより作成)

**2** 次の年表を見て，下の各問に答えなさい。

| 年 | できごと |
|---|---|
| 1159 | ①平治の乱で平清盛が源義朝を破る |
| 1185 | 源頼朝が守護・地頭を置く |
| 1221 | ②鎌倉幕府と朝廷の戦いが起こる |
| 1333 | ③鎌倉幕府が滅亡する |
| | ↕④ |
| 1577 | 織田信長が安土に楽市令を出す |
| 1603 | ⑤徳川家康が江戸に幕府を開く |
| 1716 | ⑥徳川吉宗が享保の改革を始める |
| 1867 | 徳川慶喜が大政奉還を行う |

**問1**　①について，この後，平清盛が武士として初めて就いた当時の最高の官職は何か，次の**ア**～**エ**から正しいものを1つ選び，その符号を書きなさい。

**ア**　関白　　**イ**　征夷大将軍

**ウ**　摂政　　**エ**　太政大臣

**問2**　②の戦いを何というか，書きなさい。

**問3**　資料1は，③の翌年に書かれたとされる文書の一部である。この文書にある「都」の位置を，右の略地図の**ア**～**エ**から1つ選び，その符号を書きなさい。また，この文書にある「天皇」は誰か，書きなさい。

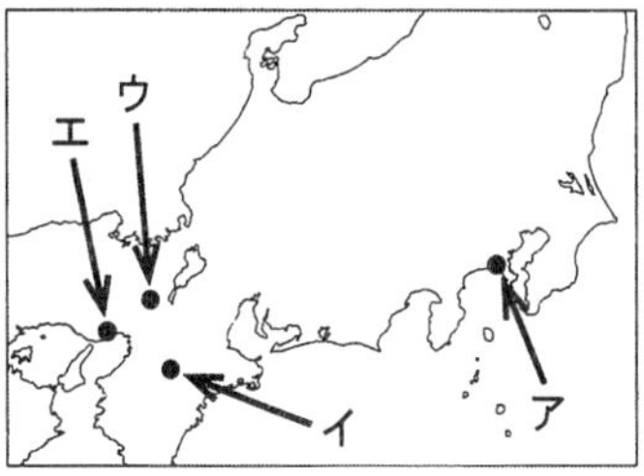


資料1

> このごろ，都ではやるものは，夜うちや強盗，天皇のにせの命令，逮捕された人や，緊急事態を知らせる早馬，無意味な騒動。

（「建武年間記」より作成。表現はわかりやすく改めた）

**問4**　次の**ア**～**エ**のうち，④の時期におこったできごとを**すべて**選び，その符号を書きなさい。

**ア**　イギリスが南京条約で香港を手に入れた。　**イ**　首里を都とする琉球王国が成立した。

**ウ**　チンギス・ハンがモンゴルを統一した。　**エ**　ルターが宗教改革を行った。

**問5**　⑤について，資料2は，江戸幕府が幕藩体制の維持のために定めた法令の条文である。この条文が大名の力を抑えることにつながるのはなぜだと考えられるか，書きなさい。

資料2

> 幕府の許可なく，かってに婚姻を結んではならない。

（「徳川禁令考」より作成。表現はわかりやすく改めた）

**問6**　⑥の改革では，役職に就任する家臣の家の石高が見直された。資料3は，町奉行を例に石高の変化を模式的に示したものである。幕府が資料3のような見直しを行ったのは，どのような目的があったためだと考えられるか，資料3と資料4を関連づけて書きなさい。

資料3　町奉行に就任する家臣の家の石高

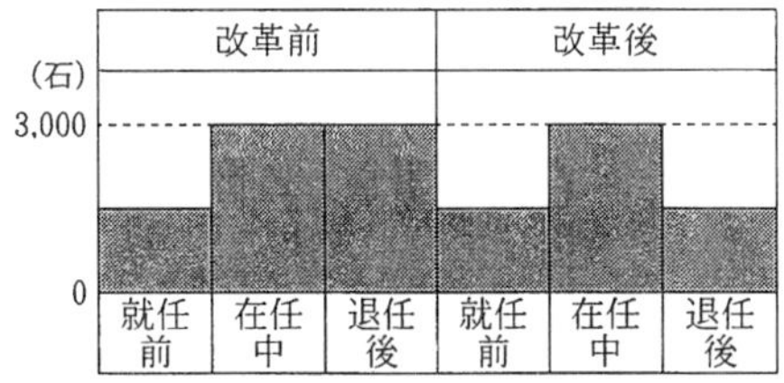


＜参考＞

町奉行の仕事には年間3,000石の経費がかかり，その経費は自己負担であった。3,000石未満の家の者が就任する場合は，上のように石高を調整した。

資料4　改革前後約70年間における町奉行の数

| 就任前の石高 | 登用した数（人） | |
|---|---|---|
| | 改革前 | 改革後 |
| 500石未満 | 0 | 6 |
| 500石以上～1,000石未満 | 0 | 6 |
| 1,000石以上～2,000石未満 | 15 | 7 |
| 2,000石以上～3,000石未満 | 3 | 2 |
| 3,000石以上～4,000石未満 | 2 | 1 |
| 4,000石以上～5,000石未満 | 1 | 0 |
| 5,000石以上 | 2 | 0 |

（資料3，資料4は「論集　日本歴史」などより作成）

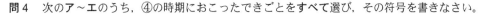

**3** 次のメモは，花子さんが内閣総理大臣の仕事についてまとめたものである。これを見て，下の各問に答えなさい。

・①内閣を率いて重要政策を決定する……閣議を開催して，予算や法律などを決める。
・国会で説明する……政策の基本方針を説明し，②予算案や法律案などについて質問に答える。
・③国家を守る……いざというときに最高指揮官として自衛隊に出動命令を出す。
・外交を行う……④国際連合の総会など国際会議に出席し，問題解決に向け話し合う。

**問1** 下線部①について，次の(1)，(2)に答えなさい。

(1) 日本国憲法で内閣に属すると定められている権力を，立法権や司法権に対して何というか，書きなさい。

(2) 日本は議院内閣制である。日本では，国務大臣はどのように選ばれるか，次の2つの語句を使って書きなさい。（ **任命**　　**過半数** ）

**問2** 下線部②について，資料1は，ある年の一般会計予算案の衆議院，参議院のそれぞれの本会議の採決結果をまとめたものである。この予算案はこの後，次の文で示された過程によって成立した。[ Ⅰ ]，[ Ⅱ ]にあてはまる適切な語句をそれぞれ書きなさい。

資料1

| | 衆議院 | 参議院 |
|---|---|---|
| 総数 | 476 | 234 |
| 賛成 | 328 | 110 |
| 反対 | 148 | 124 |

（衆議院ホームページ，参議院ホームページより作成）

[ Ⅰ ]を開いて意見が一致しなかったので，[ Ⅱ ]の議決がそのまま国会の議決となった。

**問3** 下線部③について，次の**ア**～**エ**のうち，国家や国家のもつ権利について述べた文として，正しいものを**すべて**選び，その符号を書きなさい。

**ア** 沿岸国の領海の外側には，その国の主権がおよぶ排他的経済水域がある。
**イ** 公海においては，どの国の船でも漁をし，自由に航行することができる。
**ウ** 国家の3つの要素とは，国民，領域，主権をいう。
**エ** 国家の領空は，領土と領海の上空であり，大気圏内とされている。

**問4** 下線部④について，資料2は，国際連合の総会の1つである緊急特別総会についてまとめたものである。また，資料3は，ある緊急特別総会の開催と決議にいたる経緯を示したものである。緊急特別総会に資料2のような権限が与えられているのはなぜだと考えられるか，資料3の安全保障理事会で反対が2票であったにもかかわらず，決議案が否決された理由にふれて，資料2と資料3を関連づけて書きなさい。

資料2

国際平和・安全の維持や回復について審議する。加盟国の過半数の出席で投票を行い，投票した国の3分の2以上の賛成で決定し，必要な措置を勧告することができる。

（国際連合ホームページより作成）

資料3

| | |
|---|---|
| 1979年12月24日 | ソ連がアフガニスタンに侵攻する |
| 1980年 1月 7日 | 安全保障理事会で「外国軍がアフガニスタンから即時に，無条件で撤退することを求める決議案」が否決される<br>（賛成13，反対2） |
| 1月14日 | 緊急特別総会で「外国軍がアフガニスタンから即時に，無条件で全面撤退することを求める決議案」が可決される<br>（賛成104，反対18，棄権18） |

（外務省ホームページより作成）

◇K 9 (308—1)

問
問5
問6
問7

というこ と。

問1. 3
問2. 2
問3. 6
問4. 4
問5. 4
問6. 4
問7. 7

四

問1
問2
問3
問4 A B C

問1. 2点
問2. 2点
問3. 2点
問4. A. 4点
B. 3点
C. 2点

五

10点

(25字×9行＝225字)

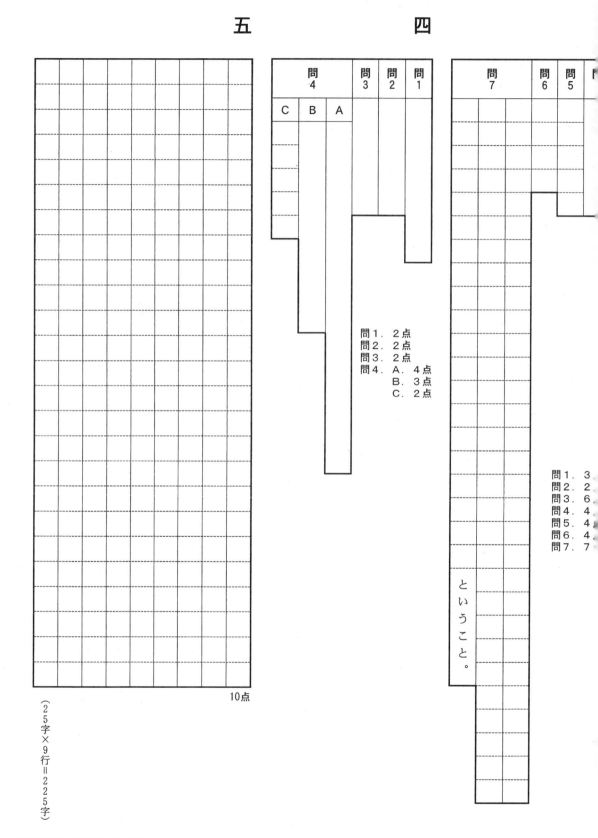

令 和 4 年 度

# 数 学 解 答 用 紙

（令和４年度）

# 数学解答用紙

※100点満点

受検番号　　番

**1**

⑴３点×５
⑵３点
⑶４点
⑷４点
⑸４点

⑴ ア　イ　ウ　エ　オ

⑵

⑶ $\angle x =$ 　度

⑷ $a =$

⑸ 通り

**2**

⑴４点
⑵６点

⑴ およそ　枚

⑵ 〔確率〕

〔考え方〕

**3**

⑴３点
⑵４点
⑶７点

⑴ L

⑵ km

⑶ 〔燃料を追加するまでに走る距離〕

km 以上，　km 以

〔考え方〕

**4**

10点

〔方程式と計算〕

答 { 学校から公園までの道のり
公園から動物園までの道のり

令 和 4 年 度

# 英 語 解 答 用 紙

（令和４年度）

# 英語解答用紙

※100点満点

## 1 〔聞くことの検査〕

Ａ．３点×２
Ｂ．３点×２
Ｃ．Part1．３点×３
Part2．No.1．３点
No.2．３点
No.3．４点

**A**

| 記入例 | a | 正 | ㊀誤 | b | 正 | ㊀誤 | c | ㊀正 | 誤 |
|---|---|---|---|---|---|---|---|---|---|
| No. 1 | a | 正 | 誤 | b | 正 | 誤 | c | 正 | 誤 |
| No. 2 | a | 正 | 誤 | b | 正 | 誤 | c | 正 | 誤 |

**B**

| | | | |
|---|---|---|---|
| No. 1 | | No. 2 | |

**C** Part 1

| | | | | | |
|---|---|---|---|---|---|
| No. 1 | | No. 2 | | No. 3 | |

Part 2

| | | | |
|---|---|---|---|
| No. 1 | | No. 2 | |
| No. 3 | | | |

受検番号　　番

## 2

３点×４

| | | | | | | | |
|---|---|---|---|---|---|---|---|
| ① | | ② | | ③ | | ④ | |

## 3

問１．２点×２
問２．３点
問３．２点
問４．２点×２
問５．３点×２
問６．４点
問７．３点×２

| | | |
|---|---|---|
| 問１ | あ | い |
| 問２ | | |
| 問３ | | |
| 問４ | A | B |
| 問５ | (1) | |
| | (2) | |
| 問６ | | |
| 問７ | | |

令 和 4 年 度

# 理 科 解 答 用 紙

（令和４年度）

# 理科解答用紙

※100点満点

## 1

問１．２点×２
問２．２点×２
問３．２点×２
問４．２点×２

| | | | | |
|---|---|---|---|---|
| 問１ | (1) | | (2) | |
| 問２ | (1) | | (2) | |
| 問３ | (1) | | (2) | |
| 問４ | (1) | | (2) | V |

## 2

問１．２点
問２．３点
問３．(1)３点
(2)２点
(3)３点
問４．４点

| | | | | |
|---|---|---|---|---|
| 問１ | | | | |
| 問２ | | | | |
| 問３ | (1) | | | |
| | (2) | ① | ② | |
| | (3) | | | |
| 問４ | （特徴） | | | |
| | （利点） | | | |

受検番号

番

## 3

問１．２点×２
問２．(1)３点
(2)３点
(3)２点
問３．３点×２

| | | | |
|---|---|---|---|
| 問１ | (1) | | |
| | (2) | | |
| 問２ | (1) | | |
| | (2) | | → |
| | (3) | | |
| 問３ | (1) | | |
| | (2) | % | |

令 和 4 年 度

# 社 会 解 答 用 紙

（令和４年度）

# 社会解答用紙

※100点満点

受検番号　　　　番

## 1

問１．２点
問２．２点
問３．２点
問４．３点
問５．３点
問６．５点

| | | |
|---|---|---|
| 問１ | 大陸 | |
| 問２ | | |
| 問３ | （A 国） | （C 国） |
| 問４ | | |
| 問５ | | |
| 問６ | （符号） | （理由） |

## 2

問１．２点
問２．２点
問３．３点
問４．２点
問５．３点
問６．４点

| | | |
|---|---|---|
| 問１ | | |
| 問２ | | |
| 問３ | （都） | （天皇）　天皇 |
| 問４ | | |
| 問５ | | |
| 問６ | | |

## 3

問１．(1)２点
　　　(2)３点
問２．３点
問３．３点
問４．５点

| | | |
|---|---|---|
| 問１ | (1) | |
| | (2) | |
| 問２ | Ⅰ | Ⅱ |
| 問３ | | |
| 問４ | | |

2点
2点
2点
4点
3点
4点

| | | | | |
|---|---|---|---|---|
| 問 1 | | | | |
| 問 2 | a | b | | |
| 問 3 | | | | |
| 問 4 | ア （符号） | （県名） 県 | ウ （符号） | （県名） 県 |
| 問 5 | （符号） | （理由） | | |
| 問 6 | | | | |

2点
1)3点
2)2点
3点
1)2点
2)4点
3点

| | | |
|---|---|---|
| 問 1 | | |
| 問 2 | (1) a | d |
| | (2) | |
| 問 3 | | |
| 問 4 | (1) | |
| | (2) | |
| 問 5 | → → → | |

. 2点
. 3点
. 2点
. 3点
. 5点

| | | | |
|---|---|---|---|
| 問 1 | | | |
| 問 2 | | | |
| 問 3 | Ⅰ | Ⅱ | Ⅲ |
| 問 4 | | | |
| 問 5 | Ⅰ，Ⅱ | Ⅲ | |

# 4

1．２点
2．２点
3．３点
　×２
4．３点
5．４点

| | | | |
|---|---|---|---|
| 問１ | | | |
| 問２ | | | |
| 問３ | ⑴ | （右の図を完成させなさい） | |
| | ⑵ | 秒 | |
| 問４ | | | |
| 問５ | （符号） | （理由） | |

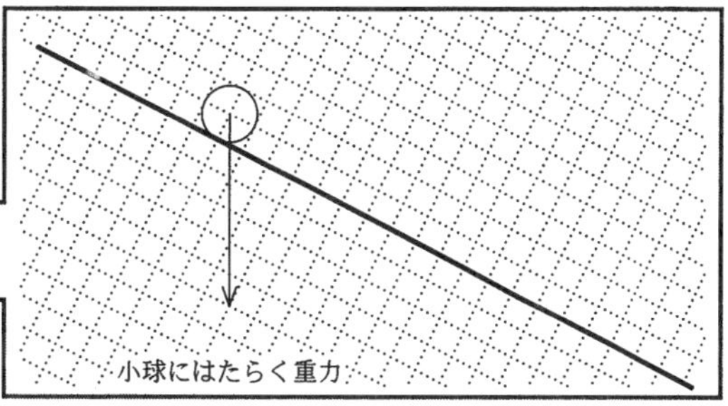


# 5

．２点
．２点
．⑴３点
　⑵４点
．５点

| | | | |
|---|---|---|---|
| 問１ | | | |
| 問２ | | | |
| 問３ | ⑴ | g | |
| | ⑵ | （符号） | （理由） |
| 問４ | （符号） | （理由） | |

# 6

．⑴２点
　⑵２点
．３点
．３点
．⑴２点
　⑵４点

| | | | |
|---|---|---|---|
| 問１ | ⑴ | | |
| | ⑵ | ① | ② |
| 問２ | | | |
| 問３ | | Pa | |
| 問４ | ⑴ | | |
| | ⑵ | （符号） | （理由） |

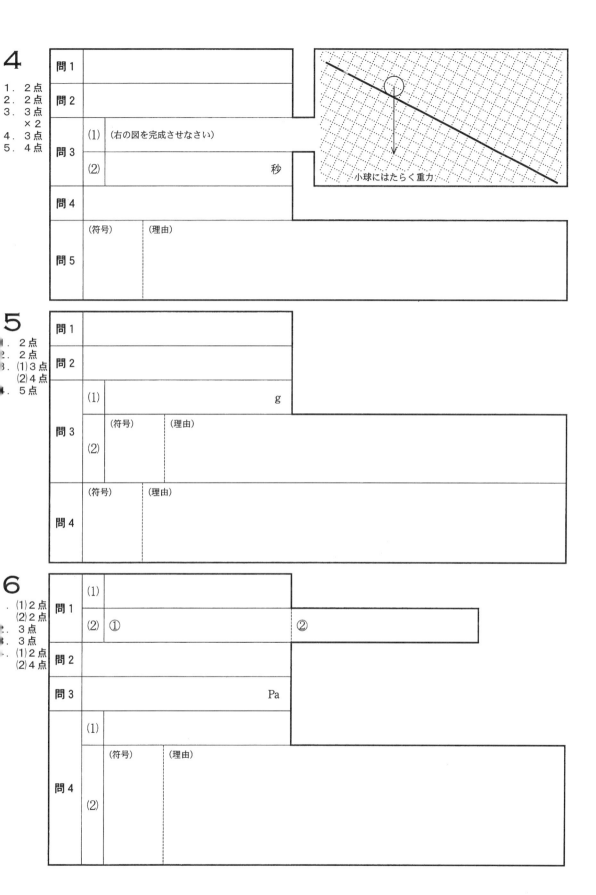

# 4

. 2点
2. 4点
3. 3点
. 3点
5. 3点
6. 3点
. (a)2点
(b)8点

| | | | | |
|---|---|---|---|---|
| 問1 | | | | |
| 問2 | (第1文) | →(第2文) | →(第3文) | →(第4文) |
| 問3 | | | | |
| 問4 | | | | |
| 問5 | | | | |
| 問6 | A | B | C | D |
| 問7 | (a) | | | |
| | (b) | | | |

**5**

3点

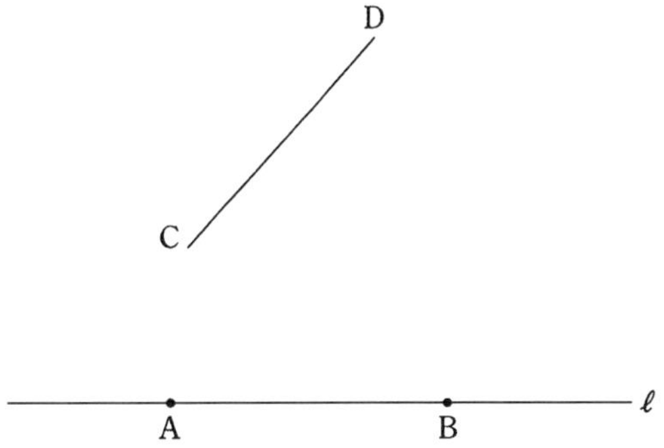


**6**

3点
5点
6点

(1) 度

(2) 〔証明〕

(3) 〔計算〕

答 cm$^2$

**7**

3点
5点
6点

(1)

(2) 〔計算〕

答 cm$^3$

(3) 〔計算〕

答 cm

（令和四年度）

# 国語解答用紙

※100点満点

| 受検番号 |
|---|
| 番 |

## 一

問1
(1) 整える　　える
(2) 緑茶
(3) 歓迎
(4) 研ぎ　　ぎ

問2
(1) ハシラ
(2) ユデン
(3) キンム
(4) セスジ

2点×8

## 二

問1

問2　　ため。

問3

問4

問5

問6

問7

問1．　3点
問2．　4点
問3．　2点
問4．　2点
問5．　5点
問6．　6点
問7．　7点

## 三

問1

問2

令和四年度

# 国語解答用紙

**4** 次の略地図を見て，下の各問に答えなさい。

略地図

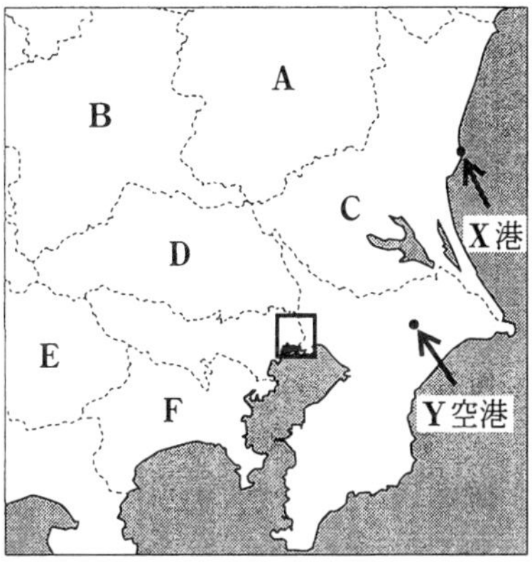


**問1**　略地図の地域に広がる台地は，富士山などの火山灰が堆積した赤土におおわれている。この赤土を何というか，書きなさい。

**問2**　次の**a**，**b**の文は，略地図の**X**港，**Y**空港について述べたものである。それぞれの文について，正しいものには○を，誤っているものには×を書きなさい。

**a**　北関東工業地域で工業出荷額が最大であるのは化学工業であり，**X**港からの輸出が増加している。

**b**　輸出と輸入を合わせた貿易額は，日本の港や空港の中では，**Y**空港が最大である。

**問3**　資料1は，略地図の**A**県で行われているいちごの生産方法について述べたものである。出荷時期をこのようにずらす栽培方法を何というか，書きなさい。

資料1

> **A**県では，いちごをクリスマスに合わせて出荷するために，夏から高原や冷房のある施設で苗を育て始め，秋にビニールハウス内に移して，照明をあてて栽培する。
> <参考>いちごは露地栽培では，夏ごろから苗を育て翌年の春に実を収穫する。

(**A**県ホームページより作成)

**問4**　資料2は，略地図の**B**～**D**県の発電量の内訳を示したものである。**ア**，**ウ**にあてはまる県はどれか，**B**～**D**からそれぞれ1つ選び，その符号を書きなさい。また，その県名を書きなさい。

資料2　(2018年度)(百万kWh)

| 県 | 火力 | 水力 | 太陽光 | その他 |
|---|---|---|---|---|
| ア | 33,948 | 68 | 869 | 168 |
| イ | 609 | 256 | 44 | 1 |
| ウ | 170 | 3,861 | 236 | 0 |

(「データで見る県勢」より作成)

**問5**　資料3は，略地図の**E**県と**F**県の夜間人口100に対する昼間人口の割合を示したものである。Ⅱにあてはまる県は**E**，**F**のどちらか，その符号を書きなさい。また，そのように判断した理由を，その県の人の移動に着目して書きなさい。

資料3　(2015年)

| 県 | Ⅰ | Ⅱ |
|---|---|---|
| 割合 | 99.2 | 91.2 |

(「データで見る県勢」より作成)

**問6**　資料4は，略地図の□の地域に位置する**Z**区が作成した水害ハザードマップで呼びかけている内容である。**Z**区が資料4の下線部のような呼びかけを行うのはなぜだと考えられるか，資料4，資料5，資料6を関連づけて書きなさい。

資料4

> 巨大台風や大雨が予測されるとき，どうすればいいでしょうか。
>
> ●区内にとどまるのは危険です！
>
> <u>頑丈なビルやマンションなどの高いところにいたとしても，**Z**区やその周辺地域の外へ避難しましょう。</u>

(**Z**区ホームページより作成)

資料5　□の地域における**Z**区の位置

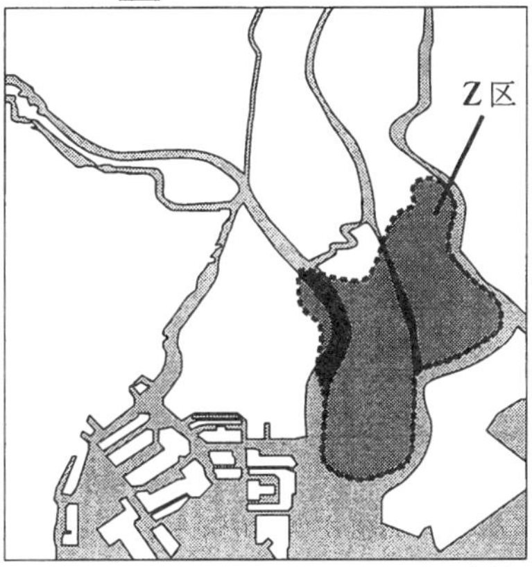


資料6　□の地域の海面からの高さ(m)

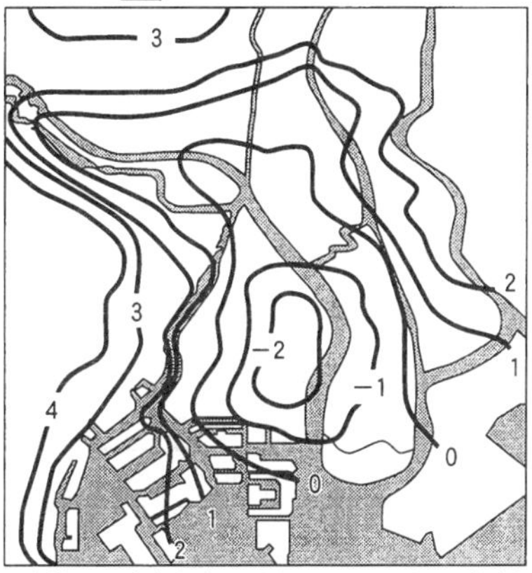


(資料5，資料6は東京都建設局ホームページより作成)

**5** 次のカードは，「近代以降の日本経済に関するできごと」について書かれたものの一部である。これを見て，下の各問に答えなさい。

| | |
|---|---|
| **A** 財閥が解体されるなど，経済の面で民主化が進んだ。 | **B** ヨーロッパで起こった第一次世界大戦の影響で，好況となった。 |
| **C** 地券により，土地所有者に所有権が認められ，売買ができるようになった。 | **D** 日清戦争前後に，紡績・製糸業などの軽工業が急速に発展した。 |

**問1** **A**について，このとき財閥の解体以外の民主化政策として，自作農を増やすための政策も行われた。この政策を何というか，書きなさい。

**問2** **B**について，次の⑴，⑵に答えなさい。

⑴ 資料1は，第一次世界大戦直前の国際関係について示したものであり，**a**～**d**は大戦に参加した国である。**a**，**d**にあてはまる国名をそれぞれ書きなさい。

資料1

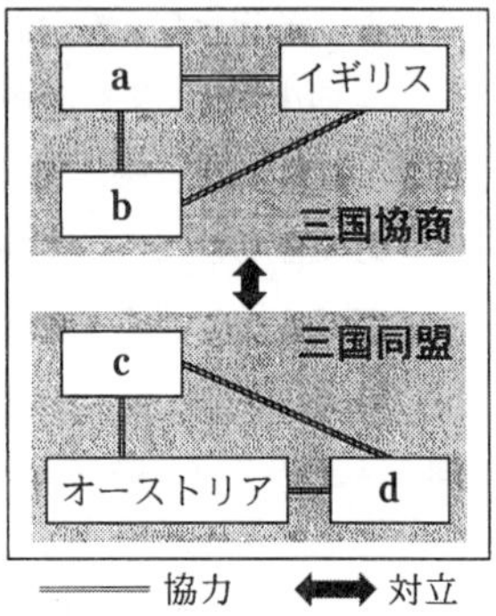


※**b**は**c**と大戦中に単独で講和を結ぶことになる。

⑵ 次の**ア**～**エ**のうち，第一次世界大戦中のできごとについて述べた文として最も適切なものを1つ選び，その符号を書きなさい。

**ア** 足尾銅山鉱毒事件が起こった。
**イ** 官営の八幡製鉄所が操業を開始した。
**ウ** 富山県で米騒動が起こった。
**エ** 南満州鉄道株式会社が設立された。

**問3** **C**について，このとき政府は，それまで不安定であった歳入を安定させる目的で，地券を発行し，地租改正を実施した。地租改正が歳入の安定につながるのはなぜか，改正前の歳入が不安定であった理由にふれて書きなさい。

**問4** **D**について，次の⑴，⑵に答えなさい。

⑴ 次の**ア**～**エ**のうち，日清戦争につながったできごととして最も適切なものを1つ選び，その符号を書きなさい。

**ア** 江華島事件　**イ** 甲午農民戦争　**ウ** 三・一独立運動　**エ** 辛亥革命

⑵ 資料2は，日清戦争が起こった前年の日本のある海運会社の動きについて述べたものである。資料2の下線部の事業を日本の紡績業界が支援したのはなぜだと考えられるか，当時の日本の紡績・製糸業で導入が進んでいた生産方法にふれて，資料2と資料3を関連づけて書きなさい。

資料2

当時，日本とインドを結ぶ航路は，ヨーロッパの海運会社3社の企業連合が独占しており，運賃が高かった。そのため，紡績業界の支援を受けて，わが社は，日本の海運会社では初めてとなる遠洋定期航路を，両国間に開設した。

（日本郵船ホームページより作成。表現はわかりやすく改めた）

資料3　日本とインドの貿易額（百万円）

| | インドへの輸出 | インドからの輸入 |
|---|---|---|
| 日清戦争終結の年 | 4.4 | 12.0 |
| 日清戦争終結の10年後 | 8.0 | 90.2 |

（「明治以降本邦主要経済統計」より作成）

**問5** **A**～**D**の4枚のカードを，時代の古いものから順に並べ，その符号を書きなさい。

**6** 次のメモは，太郎さんが市内のショッピングセンターで調べた内容についてまとめたものである。これを見て，下の各問に答えなさい。

・消費者が商品を購入するときに支払った①消費税は，事業者がまとめて納める。
・野菜や魚の価格の多くは，市場で決められる②市場価格である。
・輸入品の価格は，③為替レート（為替相場）の変動の影響を受けている。
・インターネットで注文を受けた商品を④宅配するサービスを行っている。
・⑤物価が大きく変動すると，店の売り上げに影響がある。

**問1**　下線部①について，消費税のように税金を納める人と負担する人が異なる税を何というか，書きなさい。

**問2**　下線部②について，太郎さんがレタスの市場価格を調べたところ，天候不順のため高くなっていることがわかった。このとき，市場価格が高くなった理由を，「**供給量**」という語句を使って書きなさい。

**問3**　次の文は，下線部③について，太郎さんがまとめたものの一部である。［Ⅰ］，［Ⅱ］にはあてはまる数字を，［Ⅲ］には「**有利**」「**不利**」のいずれかの語句を書きなさい。

> 為替レートが1ドル＝110円から1ドル＝100円に変動したとき，1台500ドルのタブレット端末の価格は，円に換算すると［Ⅰ］円から［Ⅱ］円になる。また，このような為替相場の変動は，一般に，主に輸入をする日本の企業にとって［Ⅲ］になる。

**問4**　下線部④について，資料1は，2015年に採択されたパリ協定にあわせ，政府が消費者に呼びかけを開始した内容の一部である。政府のこの取り組みが，パリ協定の目標達成につながるのはなぜだと考えられるか，書きなさい。

資料1

> ―再配達防止プロジェクト―
> 宅配便できるだけ
> 1回で受け取りませんか

（環境省ホームページより作成）

**問5**　下線部⑤について，資料2は，物価の安定を目的に，日本銀行が2013年に始めた金融政策の一部をまとめたものであり，下の文は，これについて，太郎さんが書いたものである。［Ⅰ］，［Ⅱ］にあてはまる語句の組み合わせとして正しいものを，下の**ア**～**エ**から1つ選び，その符号を書きなさい。また，［Ⅲ］にあてはまる適切な内容を，次の2つの語句を使って書きなさい。

資料2

> 日本銀行は，物価を前年比2％上昇させることを目標と定めて，様々な金融政策を行うこととしました。

（日本銀行ホームページより作成）

（ **一般の銀行**　　**景気** ）

**ア**　Ⅰ－一般の銀行に売る　Ⅱ－増やす　　**イ**　Ⅰ－一般の銀行に売る　Ⅱ－減らす
**ウ**　Ⅰ－一般の銀行から買う　Ⅱ－増やす　　**エ**　Ⅰ－一般の銀行から買う　Ⅱ－減らす

> 資料2の金融政策の一環として，日本銀行は，国債を［Ⅰ］操作や，一般の銀行から預かっているお金の量を［Ⅱ］取り組みを行った。日本銀行のこうした金融政策により，［Ⅲ］ことで，物価の上昇につながると考えられる。

2022(R4) 石川県公立高
K 教英出版